새로운 부의 시대

IN 100 YEARS:
Leading Economists Predict the Future by Ignacio Palacios-Huerta

In 100 Years

새로운 부의 시대

로버트 J. 실러 외 지음 | 이그나시오 팔라시오스-후에르타 기획 | 이경남 옮김

알키

100년 후를
생각하다

스코틀랜드의 철학자 데이비드 흄David Hume은 1748년 발표한 〈인간 오성에 관한 연구An Enquiry Concerning Human Understanding〉에서 연상 기억 associative memory의 원리를 유사성, 시공간상의 접근성, 인과율 등 세 가지로 요약했다. 이 책을 쓰는 데 필요한 아이디어가 어떻게 떠올랐는지 정확히 기억할 수는 없지만, 흄의 원칙은 내게 좋은 지침이 되었다. 나는 세 가지를 생각했다.

첫 번째는 나의 쌍둥이 아이들이었다. 지금부터 8년 6개월 전 그 아이들이 처음 세상에 왔을 무렵, 나는 그 어느 때보다 훨씬 더 신중하게 미래를 생각하게 되었다. 아이들이 태어나기 전에는 미래에 대해 보통 과학적으로 생각했다. 한 사람이 일생을 살아가는 데 인적 자본을 얼마나 투자해야 하는지 설명해주는 경제서 혹은 머나먼 미래의 어느 날 태양이 어떻게 소진되어 그 일생을 마감할지 말해주는 과학서 같은 것이 좋은 지침이 됐다. 그러다 아이들이 태어난 후부터는 10년이나 20년 뒤를 좀 더 구체적으로 세심하게 생각하기 시작했다. 가령 어떤 동네에서 살고, 어떤 학교에 아이를 보내는 것이 좋을지, 아이에게 어떤 외국어를 가르쳐야 할지 등을 진지하게 따져보게 되었다. 사실 이런 고민은 100년 뒤의 미래와는 전혀 상관이 없지만, 어쨌든 둘 다 내게 미래는 미래였다.

두 번째 생각은 간단한 말로 표현하기 어려운 문제다. 다름 아닌 '내 인생이 종착점을 향해 가고 있다'는 생각과도 상통하는 것이니 말이다. 이는 당연히 매우 슬프고, 근원적인 인식이다. 이승의 삶이 유한하다는 것은 누구나 알지만, 그것이 실제로 어김없이 끝난다는 사실을 인식하게 되면 어쩐지 마음이 편치 않다. 이런 생각을 해서인지 얼마 전부터 주로 캄캄한 새벽에 어쩌다 잠이 깨면, 좀 더 먼 미래의 세상을 생각해보는 엉뚱한 버릇이 생기기 시작했다. 내가 없는 세상은 어떤 세상일까? 세계 대전이 또 일어날까? 극지방의 빙하는 녹을까? 우리가 지금 알고 있는 빈곤은 사라질까? 내 손주의 손주들은 어떤 삶을 살까? 물리학자 스티븐 호킹Stephen Hawking이 제안한 대로 인류는 다른 행성으로의 이주를 계획할까? 그렇다면 언제, 어떻게? 궁금증은 계속 커져만 갔다.

세 번째 생각은 존 메이너드 케인스John Maynard Keynes가 1930년에 쓴 에세이 〈우리 손주 세대의 경제적 가능성Economic Possibilities for Our Grandchildren〉을 읽은 후 시작됐다. 케인스는 대공황이 시작될 즈음《설득의 경제학*Essays in Persuasion*》을 발표하면서 100년 후에는 생존을 위한 투쟁이 사라지고, 잘사는 법을 터득하는 시대가 들어설 것이라고 내다보았다. 그 외에도 케인스는 수많은 흥미로운 예측을 했다. 그중에는 정확하게 들어맞은 것도 있고, 완전히 빗나간 예측도 있다. 가령 생활수준이 네 배나 여덟 배 정도 높아질 것이라는 예측은 정확했지만, 주당 근무 시간이 약 15시간으로 줄어들 것이라는 예측은 터무니없었다. 15시간이라니, 2030년에도 어림없을 일이다!

확실하게 기억나진 않지만, 아마도 이들 세 가지 생각이 하나로 엉기면서 이런 의문이 들었던 것 같다.

"100년 뒤 세상은 어떤 모습일까?"

한번 궁금증이 생겨나기 시작하자, 도무지 그 생각이 머리를 떠나지 않았다. 100년 뒤 세상에 대한 의문은 어렵고도 흥미로운 것이었다. 이는 어쩌면 아주 중요한 의문일지 몰랐다. 나뿐 아니라 다른 사람들도 그렇게 생각할 것 같았다. 처음에는 나 혼자 이에 대한 몇 가지 답을 제시해보려 했다(물론 그 답들을 여기에 소개할 생각은 없다). 얼마 가지 않아 답을 꼭 알아야겠다는 욕구는 눈덩이처럼 커져갔다. 그리고 다른 사람들의 생각이 궁금해졌다.

"A와 B는 어떻게 생각할까? C와 D는? 그들은 뭐라 말할까? 그들은 미래를 어떻게 상상할까?"

그것만 알아내도 답답함이 많이 해소되리란 생각이 들었다. 그 순간 나는 이 주제를 책으로 엮어야겠다고 생각했고, 그것이 내 사명으로 느껴졌다.

적어도 내가 떠올렸던 특정인 A, B, C, D만큼은 이 질문이 매우 독창적이고, 어렵고, 매력적이라는 데 동의해줄 것이 틀림없었다. 하지만 그 밖의 사람들은 "재미없다"거나 "뚱딴지같은 질문"이라며 핀잔을 줄지도 몰랐다.

그러던 중 가까운 친구 몇 명에게 이 프로젝트에 대한 애기를 꺼내봤다. 그들은 내 생각을 진지하게 받아들이며 눈을 반짝였다. 결국 본격적으로 책을 써볼 용기가 나게 되었다. 마침 그때 MIT 출판부의 존 S. 코벨과 우연히 연락이 닿았다. MIT 출판부는 케인스가 1930년에 발표한 에세이에 대해 많은 학자들이 분석한 《케인스 다시 보기*Revisiting Keynes*》를 출간한 바 있다. 코벨도 내 아이디어에 관심을 보였고, 그 자리에서 책을 출판하고 싶다고 말했다.

마지막 단계는 그 질문을 A, B, C, D에게 던지고, 실제로 그들이 얼마나 그 질문에 관심을 보이는지 그리고 다음 100년에 대한 예측을 글로 쓸 시간이 있는지 알아보는 것이었다. 나는 평소 존경하던 학자들을 선정하여 10장에서 12장 정도로 된 책을 만들기로 마음먹었다. 무엇보다 통찰력 있고, 글을 재미있게 쓰고, 배경 및 전문 분야가 서로 다른 분들을 섭외해야 했다. 나는 일을 너무 쉽게 생각해선 안 된다고 스스로를 타이르며 그분들에게 편지를 보냈다.

그러나 이는 지나친 기우였다! 내 편지를 받은 분들의 반응은 그야말로 대단했고, 대단한 거물들이 그 자리에서 나의 청탁을 수락해주었다. 이런 식이었다.

안녕하십니까, 이그나시오 교수님. 교수님의 요청은 거절하기가 힘들 정도로 매력적이군요. 이런 생각이 드는 걸 보니 아마도 내가 나이를 먹긴 먹었나 봅니다. 나도 끼워주시오. 먼 미래를 예견하는 일은 아주 재미있을 겁니다. — 앨빈 로스

오랜만에 교수님으로부터 연락을 받아 무척 반갑습니다. 사실 확인할 길 없는 예측을, 확실한 지식을 가지고 예측하라는 제의는 단호히 거부해야 할 유혹일 겁니다. 그러나 적어도 이번만큼은 거부하지 않을 작정입니다. 내 전공이 통계학이니만큼, 내 예측은 보나마나 생각하신 것과 한참 다른 내용이거나 앞으로의 대책을 말하는 나만의 시나리오일 것이 거의 틀림없습니다. 그래도 상관없다면 승낙하는 것으로 받아들이시기 바랍니다. — 케네스 애로

정중하게 거절한 분들도 덕담을 아끼지 않았다.

며칠 곰곰이 생각해봤지만, 이런 문제에 대한 내 견해를 사람들과 공개적으로 나눌 자신이 생기지 않는군요. 그러나 나를 지목해주신 점에 대해 감사하며, 책이 나오면 꼭 읽어보겠습니다.

재미있는 이유로 거절한 분들도 있었다.

안녕하십니까, 이그나시오 교수님. 저를 지목해주시다니 무척 감사한 일입니다. 그러나 저는 미래를 예측하지 않습니다. 오히려 저는 과거를 이해하려 하는 편입니다. 저는 경제사학자이지, 예언자가 아니거든요. 고료는 탐나지만, 제 일은 아닌 것 같습니다. 모쪼록 계획하신 일이 잘되길 바랍니다.

케네스 애로Kenneth Arrow, 게리 베커Gary Becker, 로버트 포겔Robert Fogel 같은 분들은 처음엔 수락했지만, 애석하게도 개인 사정으로 출판 기한 안에 글을 완성할 수 없다며 사양했다.

어찌 됐든 이 책을 기획하게 된 것은 나로선 더없는 영광이다. 이 책은 지난 한 세기 동안 인류가 이룩한 경제적·사회적·정치적 환경에 대한 지식의 진전사항 가운데 가장 두드러진 것들만을 모아 20세기 최고의 경제·사회학자들의 손으로 요약한 것이다. 경제, 개발, 환경, 제도, 인간의 본성 그리고 지구상에 사는 우리 삶의 메커니즘에 관한 그들의 지식과 날카로운 직관은 먼 훗날 우리를 기다리고 있는 것들을 예측하는 데 유감없이 사용되었다. 물론 이들 예측이 얼마나 정확할지는 두고 봐야 할 것이다.

예측은 늘 어렵다. 빈 미술대학교가 아돌프 히틀러Adolf Hitler를 '화가로 부적합'하다고 판정하지 않고 그냥 받아주었다면, 이오시프 스탈린 Joseph Stalin에게 촉망받는 시인으로서의 경력에 어울리는 기회가 주어졌다면, 20세기는 아마 전혀 다른 방향으로 흘러갔을지 모른다. 또한 F. 프랑코F. Franco가 리프 전쟁에서 사망했다면, 내 고향 바스크 지방도 아주 달라졌을 것이다.

경제학자들이 우리에게 보여주려는 미래, 특히 먼 미래는 문인들이 작품을 통해 이룩해내는 것만큼 우리에게 정서적으로 와 닿진 않는다. 영화 작품처럼 시각적으로 매력적이지도 않다. 영화 〈블레이드 러너 *Blade Runner*〉 하면 먼저 미래에 대한 완벽한 묘사가 떠오른다. 인구가 밀집된 도시들에선 갱과 매춘부들이 여러 나라 말로 중얼거리며 거리를 배회하고, 하늘은 다른 행성으로 빠져나가는 길을 선전하는 거대한 영상 광고판으로 휘황찬란하다. 이처럼 미래를 그리는 영화는 시각적으로 그럴듯하고 무척 매력적이어서 어떤 경제학자가 이야기를 해도 이들만큼 재미를 주지는 못할 것이다.

하지만 영화 제작자나 다른 과학자들보다 예측 능력이 월등하게 뛰어난 경제학자들도 있다. 그들이라고 오류를 범하지 않는 것은 아니지만, 그들은 인간의 상호작용 법칙을 간파하고 그 누구보다 좋은 방법을 동원하여 미래에 대해 깊이 따지고 분석한다. 섣부른 판단일지 몰라도, 나는 그들의 예측이 그 누구의 예측보다 더 적중할 확률이 높다고 장담한다.

2113년에 이 책을 읽는 독자가 혹시 있다면, 2013년 당시 이 책의 집필진들이 당대의 내로라하는 경제학자, 사회학자 들이었다는 사실에 고개를 끄덕일 것이다. 한 가지 예측을 하자면, 2113년에는 이 분들 모두가 노벨경제학상 수상자로 기록되고도 남을 것이다.

마지막으로 윌리엄 포크너 William Faulkner가 한 유명한 연설의 한 구절을 인용하고자 한다. 그의 말에는 이 책에 중첩된 메시지들을 탄탄하게 발전시킬 수 있는 요소들이 담겨 있다. 그 말은 아마도 미래에 관한 논의의 결론을 가리키는 것으로 적절할지 모른다. 적어도 다음 100년 안에 "인류가 종말을 맞이하리라고는 생각지 않는다."

이그나시오 팔라시오스-후에르타

1장

권리혁명이
미래를 만든다

by 대런 애쓰모글루

대런 애쓰모글루 Daron Acemoglu(1967~)

MIT 경제학과 교수. 1967년 터키에서 태어나 런던정치경제대학교에서 박사 학위를 받았다. 정치 경제학, 개발 경제학, 경제 성장, 테크놀로지, 소득 불균형, 노동 경제학 등 전방위적인 연구를 진행하고 있다. 2005년 경제학적 사고와 지식에 가장 크게 기여한 40세 미만의 경제학자에게 수여되는 존 베이츠 클라크 메달John Bates Clark Medal을 받았다. 이 상은 '예비 노벨 경제학상'이라고 불린다. 2012년에는 제임스 로빈슨James Robinson과 함께 《국가는 왜 실패하는가Why Nations Fail》를 출간하며 전 세계적으로 뜨거운 이슈를 불러일으켰다.

"권리혁명은 느리고 불완전하긴 해도 꾸준히 계속되고 확산될 것이다. 나는 또한 이런 혁명이 아마도 다른 주요 트렌드의 방향에 결정적인 영향을 주리라고 생각한다."

　지금 나는 내 둘째 아들의 출생을 기다리며 이 글을 쓰고 있다. 아버지 되는 절차가 지난 수십 년 동안의 관행대로 계속된다면, 아마도 그 아이는 40대가 되었을 때 자식을 갖게 될 것이고, 내 손주들 가운데 몇 명은 2113년에 40대나 50대가 될 것이다. 그들은 어떤 세상에서 살게 될까?

　사회학의 지난 예측 실적을 따져보면, 100년 뒤에 일어날 일을 예측하는 우리의 능력에 별다른 신뢰가 가지 않는 것이 사실이다. 그러나 미래를 예측하다 보면, 앞에 놓인 도전 과제가 구체적으로 분명히 드러나는 경우가 많다. 그중에는 우리가 경험을 바탕으로 추정하는 것도 있기 때문이다. 따라서 예측은 우리의 시대상을 규정하는 트렌드를 종합적으로 평가할 기회가 되기도 한다. 그런 생각에서 나는 이 글의 청탁을 흔쾌히 받아들였다.

우선 여러 의견이 있을 수 있지만, 지난 100년 동안 우리의 경제적·사회적·정치적 삶을 규정했던 중요한 트렌드를 열 가지로 요약해보겠다는 말부터 해야겠다. 그다음에는 이 열 가지 트렌드를 해석하는 데 필요한 프레임워크를 제공할 것이다. 마지막으로 이 프레임워크를 기반으로 삼아 이 트렌드가 앞으로 100년 동안 계속될 경우 어떤 일이 벌어질지 예측해보려 한다.

트렌드1. 권리혁명

우리 시대는 정치적 권리의 시대였다. 표1은 정치적 권리와 민주주의라는 두 가지 지표가 진화해온 과정과 함께, 20세기가 시작된 이후와 1950년 이후에 전개된 민주화 트렌드를 보여준다.[1] 유사 이래 대중이 지도자를 선택하는 데 그렇게 많이 참여한 적도 없었고, 또 자신들이 속한 사회를 통치하는 방법을 놓고 그만큼 당당하게 자기 목소리를 낸 적도 없었다. 불길한 말을 하는 사람들도 없지 않았지만, 그런 경우에도 그리 나쁜 결과가 도출되지는 않았다.

20세기 초 오르테가 이 가셋Ortega y Gasset은 자유주의 성향의 철학자였음에도 불구하고, 자신의 저서 《대중의 반역The Revolt of the Masses》에서 대중이 참여하는 정치의 위험을 경고했다. 그러나 세계 대부분의 지역, 특히 서유럽과 인근 국가의 시민들에게 민주적 정치 참여는 너무도

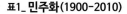

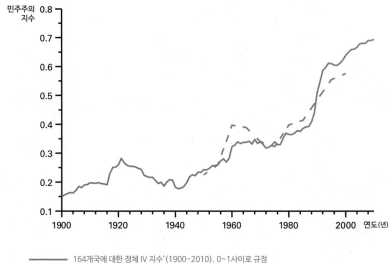

표1_ 민주화(1900-2010)

민주주의
지수

164개국에 대한 정체 IV 지수*(1900-2010). 0~1사이로 규정
프리덤 하우스Freedom House가 제시한 186개국에 대한 민주주의 지수(1950-2000).
*정체Polity IV 지수 = 민주주의/독재 지수

당연한 권리가 되었고, 대부분의 경우 대중들은 자신들이 제대로 된 목소리를 낼 수 있다는 사실을 입증해 보였다. 우리는 '아랍의 봄'을 통해 사회학자들이나 그 분야의 전문가들이 도외시했던 지역에서도 민주주의에 대한 거센 요구가 제기되는 현상을 목격했다.

아직도 대중은 무지하고 마음대로 다루기 쉽고 스스로 통치할 능력이 없는 존재여서, 민주주의는 그래봐야 불안한 제도일 수밖에 없다고 생각하는 사람들이 많다. 그들은 실제로 어떤 민주주의든 책임 있는 엘리트가 운영해야 하고, 그런 의미에서 시민들의 정치권력도 제한해야 한다고 주장한다. 미국의 지성 월터 리프먼Walter Lippmann은 이런 생각을 또렷이 글로 남겼다.

"공동의 이익은 여론과 전혀 다른 경우가 많다. 따라서 그것을 관리할 수 있는 집단은 개인적인 관심사가 지역성을 초월하는 전문 계급뿐이다."[2]

적어도 지성인들은 이런 생각을 지지하는 편이다. 일부 엘리트들의 저항에도 불구하고, 교육을 많이 받지 못하고 특권도 없는 사람들을 대변하는 정치적 권리는 종종 자원을 재분배하는 정책을 채택하거나 공공 서비스를 넓히는 본연의 역할을 무난히 해냈다.

토머스 후지와라Thomas Fujiwara가 브라질에서 실시한 최근 연구는 이런 사례를 잘 보여준다. 브라질에서는 낡고 까다로운 투표 제도 때문에 선거 때 무효표가 많이 나왔다. 무효표를 양산한 쪽은 대부분 저학력자들이나 가난한 유권자들이었다. 저학력자들에게 주어진 참정권이 알게 모르게 착취당해왔던 것이다.

그러나 투표 시스템을 단순화하고 자동화하자, 무효표가 대폭 줄어들었다. 후지와라의 자료를 보면 투표 제도를 바꾼 덕에 보다 폭넓은 재분배를 주장한 후보들이 시장에 많이 당선되었다는 사실을 알 수 있다. 꽤 괜찮은 방법이다. 그렇게 해서 선출된 시장들은 의료 보험 제도 개선 등 새로운 유권자들에게 유리한 정책을 실시했다. 덕분에 유아 사

망률도 크게 떨어졌다.[3]

권리의 진전은 다수를 위한 정치적 권리에만 국한되지 않았다. 세계 어디를 가든 개인과 여성 그리고 종교적·민족적·성적 소수자를 위한 자유와 민권도 100년 전에 비해 크게 향상되었다. 한 세기 전만 해도 여성은 투표권도 없었고, 법적으로나 관습적으로 많은 차별을 받았다. 성적 소수자들은 상황이 더 나빴다. 1895년 오스카 와일드Oscar Wilde는 동성애 혐의로 2년 징역과 중노동형을 선고받고 복역하는 수모를 겪었다. 여성과 소수 민족에 대한 노골적인 차별과 폭력은 오스만제국이나 러시아에서만 벌어지는 일이 아니었다. 유럽과 미국에서도 그런 장면은 늘 볼 수 있었다. 반유대주의 역시 그런 사례 중 하나다.

현실을 보면 그간의 여정이 결코 순탄치 않았다는 사실을 짐작할 수 있다. 독일과 이탈리아와 일본, 심지어 미국에서도 틈만 나면 파시즘이나 권위적인 정부가 추악한 머리를 들고 일어났다. 침략을 일삼는 국수주의와 호전주의도 꾸준히 세력을 넓혔다. 그리고 그들은 아직도 야욕을 버리지 못하고, 호시탐탐 기회를 노린다. 지금도 세계 인구의 대다수는 여전히 권위적인 정부의 지배를 받고 살아간다. 이들 정부는 다수 대중보다는 일부 엘리트의 관심을 충족시키는 정책을 추구하는 편이다. 여성과 소수에 대한 인권 침해는 권위적인 정부에서 더욱 기승을 부린다. 그 이유는 차차 밝히겠다.

그럼에도 불구하고 권리혁명은 우리가 사는 세계 곳곳으로 스며들어 중국에서부터 러시아나 이란에 이르기까지 권위적인 체제의 횡포에 압력을 가하고 있다. 결국 그들도 마지못해 개인과 여성과 소수에 대한 억압을 자제하고 있다.

아직 완전하진 않지만 민권과 정치적 권리가 전례 없이 확대되고 있는 요즘의 추세는, 수많은 사람들의 삶에 막강한 영향력을 미친다는 점뿐만 아니라 다른 주요 트렌드의 궤적에도 기준이 된다는 점에서 특히나 중요하다.

트렌드2. 테크놀로지의 독주

산업혁명은 새로운 기계의 발명을 불러오는 한편 방직 기술, 증기기관, 수송, 야금술, 통신의 발달을 촉진시켰다. 그러나 20세기에 들어와 새로운 장비와 기술과 제품이 선보인 속도는 산업혁명의 속도를 간단히 제압했다.

우리는 우리의 증조부들이 상상치도 못했던 기술을 실현시키고 있다. 거기에는 컴퓨터로 제어되는 기계와 로봇, 인터넷, 일련의 새로운 통신 기술, 소셜미디어 외에도 획기적인 의약품, 화장실, 냉장고를 비롯한 여러 가전제품, 성능이 크게 좋아진 조명, 라디오, TV 등이 포함된다. 나아가 지상 여행, 저가 항공, 오락거리와 식단 등은 그 종류가 다양해지며 선택의 폭이 넓어지기도 했다. 이렇듯 기술의 영향은 생산 조직을 뛰어넘어 우리 생활 구석구석에까지 침투하고 있다.

트렌드3. 거침없는 성장

이런 기술적 도약에 힘입어 인류는 지속적인 경제 성장을 구가했다. 19세기에도 경제는 성장했지만, 20세기 이후에 드러난 경제 성장의 속도와 침투 범위는 100년 전과 비교할 바가 아니다. 전 세계 도시의 시민들은 100년 전보다 훨씬 더 많은 소득을 올리고 있다.

표2는 지난 200년 동안 세계 경제의 1인당 평균 소득(2010년 고정 달러로 환산한 구매력평가PPP)이 얼마나 변화했는지를 보여준다. 우리는 20세기 초에 살았던 우리의 조부모(또는 증조부)보다 약 여덟 배 더 부유하게 산다.[4]

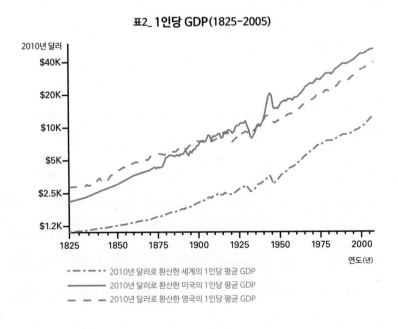

표2_ 1인당 GDP(1825-2005)

······· 2010년 달러로 환산한 세계의 1인당 평균 GDP
───── 2010년 달러로 환산한 미국의 1인당 평균 GDP
─ ─ ─ 2010년 달러로 환산한 영국의 1인당 평균 GDP

표2는 또한 이 기간에 대표적인 두 경제 대국인 미국과 영국의 1인당 소득이 증가해온 모습을 보여준다. 이 표를 통해 우리는 대공황에도 불구하고 이들 두 선두 주자가 지난 100년 동안 비교적 꾸준하게 경제 성장을 일구어왔다는 사실을 확인할 수 있다.

트렌드4. 고르지 않은 성장

주목할 점은 우리 시대의 경제 성장이 고르게 이루어지지 않았다는 사실이다. 세계가 아무리 좁아졌어도, 부국과 빈국의 격차는 꾸준히 넓어졌다. 표3은 국가 차원의 1인당 소득 분포 가운데 90백분위와 10백분위 사이 그리고 75백분위와 25백분위 사이의 비율을 보여준다. 이 표는 이 기간 동안 가장 잘사는 90백분위 국가와 가장 못사는 10백분위 국가의 격차는 물론, 적당히 풍족하거나 적당히 가난한 75백분위와 25백분위 국가들의 격차도 꾸준히 벌어졌다는 사실을 보여준다. 1900년에 90대 10의 비율은 9가 조금 못 되었지만, 이제는 30 이상으로 증가했다. 증기기관이 나오기 전이나 애덤 스미스Adam Smith가 《국부론Wealth of Nations》을 쓰기 전인 19세기 중반으로 돌아간다면, 이 격차는 아마도 3 이하로 줄어들 것이다.[5]

같은 표에서 인구 가중 수치의 그래프를 보면 미묘한 차이가 있는데, 지난 20년 동안 90백분위와 10백분위의 비율이 줄어들고 있는 모습을 확인할 수 있다. 이는 최근 브라질, 중국, 인도 같은 인구가 많은 나라들이 빠른 성장률을 보였기 때문이다.

그래도 대부분의 사람들은 국가 차원에서 본 소득 분포 90백분위와 10백분위 간의 비율이 지난 세기 동안 6 이하에서 거의 20까지 증가했다는 사실에 크게 실망했을 것이다. 물론 브라질, 중국, 인도 등 전 세계 절대 다수 인구를 보유한 국가의 경제적 가능성에 가중치를 두어 가장 낙관적인 예측을 하는 사람들은 예외겠지만 말이다.

표3_ 고르지 않은 경제 성장(1900-2010)

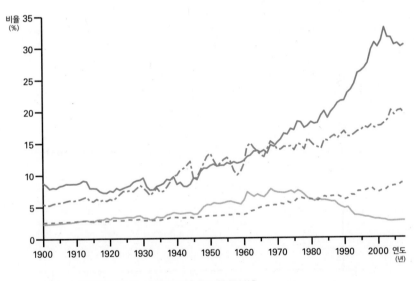

10백분위에 대한 90백분위의 비율, 인구 가중하지 않음
10백분위에 대한 90백분위의 비율, 인구 가중함
25백분위에 대한 75백분위의 비율, 인구 가중하지 않음
25백분위에 대한 75백분위의 비율, 인구 가중함

트렌드5. 노동과 임금의 변형

기술 변화는 또한 노동의 성격을 바꾸어놓았다. 19세기에 이미 선진 경제에서 농업의 비중은 크게 약화되었다. 이후로도 농업 부문은 계속 위축되었지만, 초기 선진 경제의 성장 동력인 공업 역시 한 세기를 거치며 점차 약화되어 서비스 부문에 선두 자리를 내주었다. 저개발국가에서도 농업 고용은 역시 하향 곡선을 그리기 시작했다.

마찬가지로 선진 경제에서는 근로 유형의 변형이 광범위하게 이루어졌다는 게 또 다른 특징이었다. 미국과 캐나다, 서유럽과 일본에서 많은 반숙련 제조업 일자리가 사라진 것도 그런 현상 중 하나였다.6 기

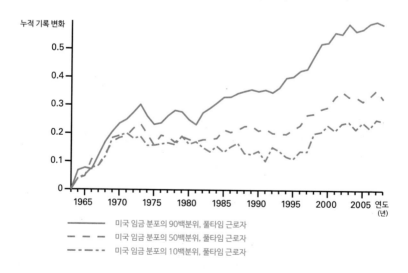

표4_ 미국 임금 분포의 10, 50, 90백분위의 변화(1963-2008)

누적 기록 변화

─── 미국 임금 분포의 90백분위, 풀타임 근로자
─ ─ ─ 미국 임금 분포의 50백분위, 풀타임 근로자
─ · ─ · 미국 임금 분포의 10백분위, 풀타임 근로자

술적 진보는 국경의 구분을 무색하게 만들어 기술과 생산의 세계화로 이어졌다. 선진국에서 미숙련 또는 반숙련 노동자들이 했던 많은 업무는 이제 중국 등 값싼 노동력을 가진 나라로 옮겨갔다. 이런 트렌드에서 드러난 중요한 결과 중 하나는 분포 문제였다. 소득 분포는 선진국에서 미숙련이나 반숙련 노동에 대한 수요가 줄어들면서 더 불평등해졌고, 반숙련 직업이 사라지면서 양극화되었다.

표4는 90백분위와 10백분위 간의 넓어지는 격차를 보여준다. 특히 미국의 소득 분포에서 90백분위와 50백분위 간의 격차가 벌어지는 점

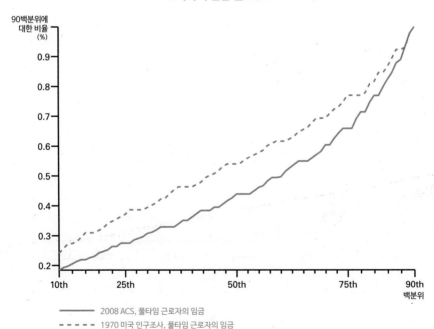

표5_ 미국의 임금 분포(1970-2008)

도 주목할 부분이다. 표5는 1970년부터 2008년까지 임금 분포 90백분위에 대한 각 백분위의 상대적 비율 변화를 보여줌으로써 소득 분포의 차이가 심해지는 정도를 가늠하게 해준다.7

트렌드6. 보건혁명

부유한 국가들은 더 불평등해지거나 아니면 적어도 20세기 초의 불

표6_ 좁혀지는 기대 수명(1900-2000)

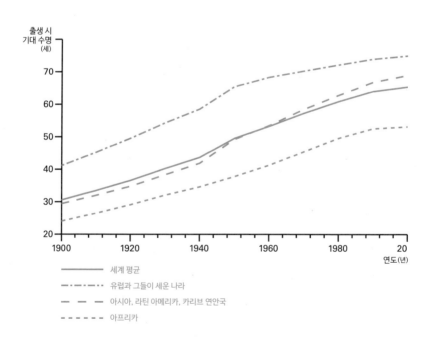

평등 상태를 유지했지만, 건강 상태는 전혀 다른 그림을 그린다. 표6은 유럽과 그들이 국외에 개척한 나라(호주, 캐나다, 뉴질랜드, 미국), 아시아와 라틴 아메리카, 사하라 이남 아프리카의 기대 수명을 전 세계의 출생 시 기대 수명과 함께 보여줌으로써 지난 100년간 기대 수명의 차이가 크게 좁혀졌다는 사실을 확연하게 드러낸다.[8] 대대적인 보건 혁신과 전 세계적으로 확산된 의료 기술 덕택에 요즘은 가장 가난한 나라 사람들도 19세기 사람들과는 비교할 수도 없을 만큼 건강 상태가 양호한 편이다.

표7_ 국제 무역(1872-2008)

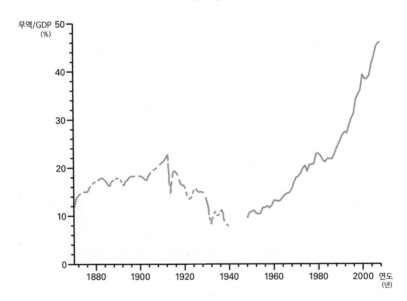

트렌드7. 국경 없는 기술

새로운 통신 기술과 무역 정책의 변화도 세계를 조금 더 좁혔다. 표7
에서 보듯 국민소득의 일부로서 국제 무역 역시 20세기 초에는 무척
활발했지만, 기술과 생산의 세계화는 최근 두드러진 현상이다.9 통신
기술의 발달과 아웃소싱 및 오프쇼링offshoring(아웃소싱의 일종으로 해외
에 업무 일부를 이전시키는 것-옮긴이)으로 이제 기업들은 전 세계 곳곳
의 저임금을 포괄적으로 활용할 수 있게 되었다. 이런 과정은 선진 경
제의 임금 불평등에 상당한 영향력을 행사했을 뿐 아니라 중국 같은 나
라의 경제를 크게 성장시키는 역할도 했다.

중국은 19세기와 20세기에 선진 경제가 겪었던 기술적·제도적 단
계나 투자를 거치지 않고, 풍부한 노동력을 발판으로 도약할 수 있었
다. 앞으로 살펴보겠지만, 이런 특징 또한 이들 신흥 경제강국의 제도
적·기술적 궤적을 짐작하게 해주는 중요한 대목이다.

트렌드8. 평화의 세기, 전쟁의 세기

경제적·사회적·정치적 삶의 측면에서 볼 때 20세기는 출발부터 좋
지 않았고, 이후로도 상황은 계속 나빠졌다. 큰 전쟁이 일어났고, 수백
만 명의 무고한 생명이 무의미하게 스러져갔다. 인류 역사상 가장 많은

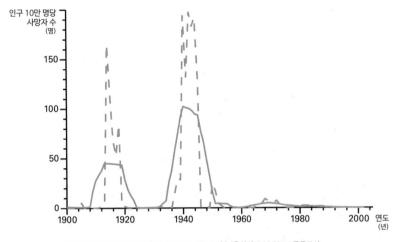

표8_ 국제전 사망자 수(1900-1997)

인구 10만 명당
사망자 수
(명)

150

100

50

0

1900   1920   1940   1960   1980   2000 연도
                                              (년)

──────── 11년 이동평균, 전쟁 사망자 수, 1900-1997 프리오/웁살라PRIO/UPSALA 공동조사

─ ─ ─ ─ 연간 사망자 수, 전쟁 사망자 수, 1900-1997 프리오/웁살라 공동조사

인명을 희생시킨 이 두 전쟁은 20세기 첫 50년 동안에 일어났다.

그러나 놀라운 사실이 있다. 이후 60년의 세월이 이어지는 동안 많은 목숨을 앗아가는 내전이나 국제전이 아주 없진 않았지만, 이때가 기록된 역사를 통틀어 인류에게 가장 평화로운 시기였다는 것이다. 표8은 인구 10만 명당 국제전 사망자 수의 합계와 이들 수의 21년 이동평균을 통해 이런 사실을 보여준다. 21년 이동평균은 두 차례의 세계 대전 때문에 높아졌다가 이후 60년을 거치며 낮아졌다. 표9는 내전으로 죽은 사망자 수와 이동평균을 보여준다. 세계 곳곳에서 식민 지배가 끝난 이후 사망자 수가 급격히 증가하긴 했지만, 지난 반세기 동안의 전반적

표9_ 내전 사망자 수(1900-1997)

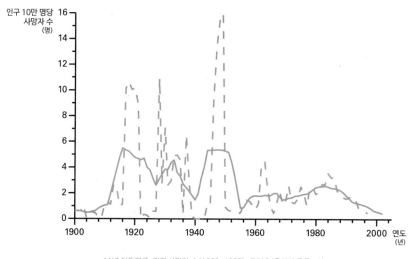

인 트렌드는 많은 인명을 앗아간 내전의 수와 규모를 줄이는 쪽으로 움직였다.[10] 표10은 선진국에 초점을 맞춘 것으로 살인에 관한 한 그 양상이 더 복잡하다는 사실을 보여준다. 1960년대에는 미국, 캐나다, 호주, 뉴질랜드 그리고 유럽 거의 모든 지역에서 살인이 급증했다. 그럼에도 불구하고 1990년부터는 살인 건수가 가파르게 떨어지는 추세를 보여준다.[11] 취합된 수치를 종합적으로 분석해볼 때 폭력과 살인은 여전히 전 세계 곳곳에서 자행되고, 내전도 여러 지역에서 여전히 계속되고 있고, 많은 정부들이 여전히 아무렇지도 않게 시민들을 살해하고 있

표10_ 살인율(1950-2005)

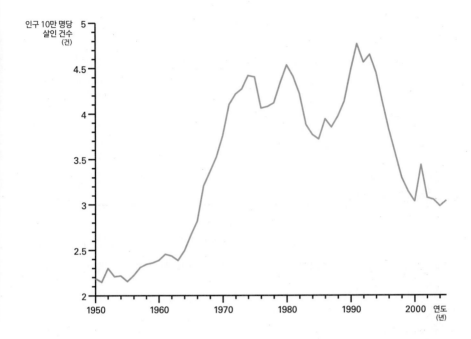

다. 그럼에도 100년 전에 비해 우리 삶의 영역 대부분에서 폭력이 줄어든 것만큼은 부인할 수 없는 사실이다.[12]

트렌드9. 정치에서의 반계몽주의

권리혁명을 예견한 사람은 거의 없었다. 그러나 이미 계몽주의적 관념과 이상이 널리 퍼진 터였기 때문에, 드니 디드로Denis Diderot나 돌

바흐D'Holbach 같은 학자들은 이성적 사고와 경험적 자산을 근거로 권리혁명을 당연한 결과로 여겼을지도 모른다. 이와는 대조적으로 최근 100년 동안 정치에서 결정적 역할을 했던 강력한 그리고 간혹 폭력적인 반계몽 운동도 있었다. 20세기 전반에는 파시즘과 공산주의가 기승을 부렸다. 이런 반계몽 운동은 여러 나라에서 막강한 세력을 형성하여 권력을 장악했고, 결국 수백만의 인명을 앗아가는 참혹한 결과를 낳았다. 파시즘과 그보다 더 사악한 사촌인 나치즘은 제2차 세계 대전으로 패망했고, 그들의 잔재 세력들도 그리스, 포르투갈, 스페인, 라틴 아메리카의 파시스트 정권이 무대에서 물러나면서 약화되었다.

그러나 지난 40년 동안 또 다른 반계몽적 움직임이 있었다. 바로 정치에서 영향력이 커진 종교의 입김이 그 주인공이다. 지난 반세기 동안 미국 정계에서 세력을 크게 확장한 기독교 근본주의자들 그리고 이스라엘과 중동 정치에서 중요한 역할을 하고 있는 극보수주의 유대교도를 보아도 알 수 있겠지만, 이런 경향은 여러 종교에서 공통적으로 나타나는 현상이다. 특히 이런 현상은 중동과 북아프리카, 남아시아에서 정치색이 강한 이슬람 세력이 다시 득세하는 과정을 통해 가장 뚜렷하게 나타난다.

20세기의 처음 60년 동안에는 이들 지역 대부분에서 보다 세속적인 체제가 등장했지만, 이후 무슬림 세계와 정치 전반에서 종교가 차지하는 역할은 점차 증대되었다. 이를 두고 문명의 충돌이 임박했다고 보는 학자도 많이 나타났다. 이런 견해는 조지 W. 부시George W. Bush 대통령이 선언한 테러와의 전쟁으로 더욱 강화되었다.

트렌드10. 인구 폭발과 자원 그리고 환경

세계 인구는 100년 전에 비해 크게 늘었다. 표11은 지난 100년 동안 나타난 인구 증가의 변화 양상을 보여준다(이 표는 앞으로 100년 뒤까지 예측하고 있다).13

표를 보면 알 수 있듯이 1900년에 15억 명이던 세계 인구는 2010년에 69억 명으로 늘어났다. 증가 추세를 주도한 것은 대부분 가난한 지역들이었다. 서유럽, 북아메리카, 호주, 뉴질랜드 등은 같은 기간 인구가 1.7배 증가하는 데 그쳤다. 늘어나는 인구와 함께 올라간 1인당 소

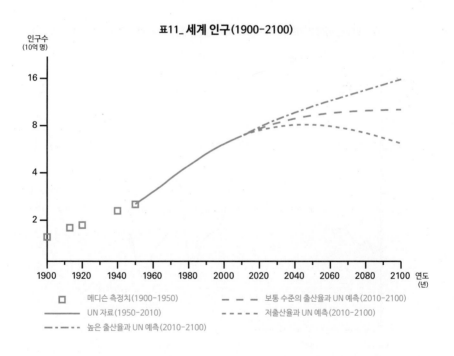

표11_ 세계 인구(1900-2100)

득은 환경을 압박하고 자원에 대한 수요를 증가시켰다. 많은 사람들은 지구가 인류를 먹여살릴 수 있는 능력 이상으로 인구가 더 많아지지는 않을까 걱정했다.

이에 대한 낙관적 견해와 비관적 견해는 환경주의자 파울 에를리히 Paul Ehrlich와 경제학자 줄리언 사이먼Julian Simon이 희소성 상품의 가격을 놓고 벌인 유명한 내기를 통해 그 성격이 규정되었다. 에를리히는 빠른 인구 증가로 인구학적 재앙이 닥치고, 자원 부족 사태가 확대될 것이라고 예견했다. 그는 낙관주의자 사이먼의 주장에 반박하면서 1980~1990년 사이에 인플레이션의 영향을 받아 가격이 크게 오를 것

표12_ 에를리히와 사이먼이 내기했던 상품의 가격(1960-2009)

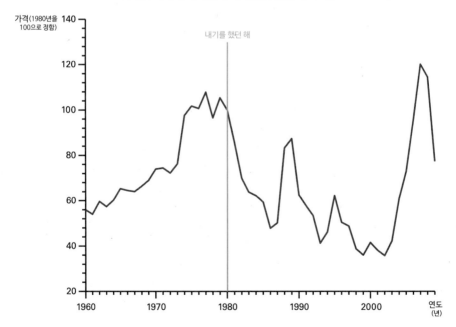

으로 예측되는 다섯 가지 상품으로 크롬, 구리, 니켈, 주석, 텅스텐을 들었다. 두 사람의 내기는 이들 다섯 가지 상품 가격이 전부 떨어지면서 낙관주의의 승리로 끝났다. 하지만 승리는 성급한 것일지도 몰랐다. 표12에서 보듯 나중에 이들 자원의 가격이 다시 올라갔기 때문이다.

어쩌면 이들 가격은 지엽적인 문제에 지나지 않을지도 모른다.[14] 보다 근본적인 환경 문제는 화석 연료의 엄청난 소비와 대기 중 이산화탄소의 증가에서 비롯된다. 석유를 비롯한 일부 자원이 계속 줄어들고 있기는 해도 화석 연료 소비와 이산화탄소 증가세는 빠른 속도로 계속될 것이다.

트렌드 해석을 위한 프레임워크

이들 트렌드는 결코 개별적으로 움직이지 않는다. 트렌드가 어떻게 계속될 것인지 평가하기 위해서는 각 트렌드들이 서로 어떤 연관을 갖는지 이해해야 한다. 이들의 관계는 다면적이어서 그런 다양한 트렌드에 대해 통일된 설명을 하려는 것은 무모한 일이다. 그러나 이런 생각을 하도록 만든 어떤 종류의 프레임워크가 내게 없었다면, 왜 우리 시대에 이런 트렌드가 형성되었는지에 관해 나도 할 말이 별로 없었을 것이다.

트렌드를 해석하는 데 사용한 프레임워크는 내가 제임스 A. 로빈슨과 함께했던 작업에서 상당 부분 가져온 것이다.15 우리 연구의 핵심은 경제 성장의 뿌리가 기술적 변화였다는 생각이다. 그런 생각은 내가 밝혀낸 트렌드의 기술적 본질에 썩 잘 들어맞는다. 그러나 나는 또한 기술의 성격과 발전 속도와 확산의 유형을 결정하는 것은 제도라고 주장한다. 이런 점에서 나는 사회학 전반의 통념과 결별한다. 지금까지의 일반적인 견해는 기술에서부터 제도에 이르기까지 모든 것이 강렬한 인과 고리로 연결되어 있다는 것이었다. 이런 견해의 구체적인 예가 마틴 시모어 립셋Martin Seymour Lipset이 공식화한 근대화 이론modernization theory이다.

립셋의 이론은 번영에서부터 민주주의와 정치적 권리에 이르기까지 모든 요소 사이에 강력한 인과 고리가 있다고 주장한다. 하지만 유감스럽게도 근대화 이론을 뒷받침해주는 자료는 거의 없다. 예를 들어 20세기 초 이후에 또는 제2차 세계 대전 이후에 갑자기 성장한 나라들은 좀 더디게 성장한 나라들과 마찬가지로 민주화될 가능성이 크지 않다.16 나는 근대화 이론 대신 권리혁명과 관련되고, 권리혁명에 의해 야기되고, 또 권리혁명의 원인이 되는 제도 발전이 우리가 지난 세기 동안 겪었던 기술적·경제적 변화의 주요 추진력이라고 생각한다.

기술 발전은 당연히 특정한 유형의 경제 체제에서 일어나고 확산된다. 그 제도를 우리는 포용적 제도inclusive institutions라 불러왔다. 포용적 제도는 사회 각 분야에서 경제 활동을 활성화하고 개혁할 인센티브와 기회를 제공한다. 이런 인센티브는 개혁가, 사업가, 근로자들의 안전한 재산권을 기반으로 하며, 기회는 공정한 여건, 사업과 직업으로의 진입을 막는 장벽의 제거, 사회 각 분야에서 경제 활동에 참여할 수 있게 하는 인프라와 기본적인 공공 서비스 등에 의해 뒷받침된다.

포용적 경제 제도를 뒷받침하는 것은 포용적 정치 제도다. 포용적 정치 제도는 두 가지 특성으로 정의된다. 첫째는 정치권력의 다변화와 광범위한 세력 분포다. 그래야 어떤 개인이나 특정 단체가 아무런 제약없이 독단적으로 권력을 행사하고 지배하는 사태를 막을 수 있다. 둘째는 확고한 국가중심주의다. 그래야 군부나 권력가나 사악한 집단이 아닌 국가가 폭력을 독점할 수 있다. 국가를 구성하는 영토의 안보와 안녕과 질서를 보장해주는 기반은 국가 그 자체다.

포용적 제도의 반대편에는 착취적 제도extractive institutions가 있다. 착취적 경제 제도는 다수의 재산권에 대한 위험, 강압, 일부 소수 엘리트들이 다수로부터 자원을 착취하는 데서 비롯된 자유의 결핍, 엘리트에게 독점지대獨占地代를 만들어줄 목적으로 만들어진 사업이나 직업에 대한 진입 장벽 때문에 그들에게만 유리하게 규칙이 정해지는 시장, 다수를 위한 기회나 공공 서비스의 전반적인 부족 등으로 특징지어진다. 이런 경제 제도는 착취적 정치 제도에 의해 자리 잡고, 권력을 행사하는 데 별다른 제제나 제약을 받지 않은 채 그 권력을 일부 소수 집단의 손에 집중시킨다.

또 다른 형태의 착취적 정치 제도는 국가중심주의의 결핍에서 비롯된다. 이것은 엘리트의 존재와 늘 연관 있는 것은 아니지만, 결국 탈법·무법 행태가 판을 치고 불안감이 확산되게 만든다.

포용적 제도는 가능한 한 많은 사람들에게 기회와 인센티브를 제공한다. 따라서 이런 제도하에서는 기술적 변화가 유도되어 성장으로 이어질 가능성이 더 크다. 반면 착취적 제도는 기술적 변화와 혁신을 노골적으로 방해한다. 이 제도를 옹호하는 이들은 변혁이나 혁신이 체제를 불안하게 하고, 권력을 장악한 일부 엘리트의 입지를 좁힌다고 간주하기 때문이다.

착취적 제도는 경제 성장에 도움이 되는 환경을 만들지 않는다. 착취적 제도는 실권을 가진 사람들에게 혜택을 주기 때문에, 예전부터 제도를 만드는 통치자들은 이를 당연한 기준으로 삼았다. 엘리트가 정치권력을 독점하면 국민 대다수가 억압받고 곤궁해지지만, 엘리트들은 풍요를 누릴 수 있다. 기술적 변화처럼 개혁은 권력 독점의 기반을 약화시킨다. 그래서 그들은 개혁을 반대한다.

착취적 제도의 출현과 존속을 엘리트 지배로 설명할 수는 있지만, 그것만이 그들의 지속력을 보장해주는 것은 아니다. 다른 형태의 조직처럼 착취적 제도도 사회적 기반을 갖고 있다. 그들은 그들만의 사회화와 주관화된 규범으로 사회 조직 전반에서 위계를 만들어낸다. 착취적 제도는 국가 정치만이 아니라 가족이나 마을이나 기업 내에서도 다양한 형태의 권위주의적 관념과 엄격한 위계에 그 기반을 둔다. 그래서 착취적 제도에서 비롯된 압제와 가난에 정면으로 맞서는 공동체나 가족 내에서조차 포용적인 제도로 바꾸려는 것을 반대하는 사람이 나온다. 사회적 위계 내에서 이미 확보한 자신들의 지위가 무너질 수 있고, 또 그들이 이런 제도의 테두리에서 사회화되어왔고 자신들의 가치와 규범을 주관화했기 때문이다.

그러나 착취적 제도의 지배를 받는 세계는 고정된 세계가 아니다. 착취적 제도는 다수를 희생시켜 얻는 소수의 풍요를 용인하기 때문에, 다수는 때로 반발하고 봉기한다. 착취적 제도의 논리는 엘리트의 손에 있는 경제적·정치적 권력의 독점에서 비롯되고, 또 모든 차원의 사회적 위계 내에 있는 이들 제도의 사회적 기반에서 비롯되기 때문에 좀처럼 변화를 허락하지 않는다. 하지만 동시에 사회에 내재된 갈등은 때로 착취적 제도의 구조를 손상시켜 보다 포용적인 제도로 나아갈 길을 열어 놓는다. 우리는 최근 아랍의 봄에서 이 같은 현상을 목격한 바 있다. 1688~1689년에 영국에서 일어난 명예혁명과 1789년에 일어난 프랑스혁명도 같은 사례다.

첫 번째 트렌드인 권리혁명은 이런 관점에서 평가되어야 한다. 착취적 제도에서 포용적 제도로 향하는 움직임은 수세기 동안 이어져왔지만, 아직까지 우리 시대는 그런 움직임의 속도와 힘을 축적하는 단계를 벗어나지 못했다. 이런 혁명이 정치 체제와 명문화된 헌법이나 법률의 변화에 국한되어선 안 된다. 시민의 권리와 다수를 위한 정치적 권리는 포용적 제도가 가장 확실하게 유지되는 곳에서 세력을 넓혔고, 개인은 대대적인 착취 제도의 소우주로 기능했던 권위주의적 사회의 공동체와 가족의 규범에서 해방되는 꿈을 실현시켰다.

포용적 제도가 착취적 제도가 만들어낸 사회적 위계와 사회화에 편승한다면, 그 수명은 오래가지 않을 것이다. 따라서 개인의 자유가 제대로 존중받지 못하는 민주주의도 있을 수는 있지만, 그런 민주주의는 결코 지속적인 포용적 체제가 될 수 없다. 그렇다고 권리 확장을 위해 싸우는 혁명이나 운동이 반드시 포용적인 제도로 이어지는 것도 아니다. 그런 운동이 정부를 변화시킨 경우는 많지만, 1917년 볼셰비키혁명에서 보듯 근본적인 제도를 바꾸지 않거나 대다수 국민의 권리를 신장시키지 않는다면, 소수 세력이 기존의 독재 체제를 밀어내고 더 가혹한 또 하나의 독재 체제를 만들지도 모른다. 국가의 궤적이 포용적 제도를 향해 움직이는 도중에도 불필요한 유혈 사태가 발생할 수 있다. 프랑스혁명이 그런 경우였다. 그럼에도 불구하고 20세기의 전반적인 트렌드는 보다 포용적인 제도를 향해 나아갔고, 그것은 권리혁명과 행보를 같이했다.

이어지는 다섯 가지 트렌드들, 즉 테크놀로지의 독주, 거침없는 성장, 고르지 않은 성장, 노동과 임금의 변형, 보건혁명 등은 이런 권리혁명에서 직접 유래한 것이다. 착취적 제도가 계속되었다면, 지난 세기에 우리가 목격한 기술의 획기적인 발전은 불가능했을 것이다. 세계 여러 지역에서 뿌리를 내리고 있는 포용적 제도가 제공하는 인센티브, 자유, 기회, 공정 경쟁 체제는 영국 명예혁명의 뒤를 이은 최초의 포용적 제도가 산업혁명의 근거가 되었던 것처럼 이들 기술적 변화의 기초가 되었다. 그리고 이러한 기술적 약진을 통해 경제 성장이 이루어졌다.

그러나 성장 과정이 고르지 않았던 이유는 19세기와 20세기의 포용적 제노가 고르게 확산되지 않았기 때문이었다. 비교적 포용적인 제도를 채택한 나라들이 기술 개발에 투자하고 선진 경제로부터 첨단 기술을 빌려와 번창할 때, 착취적 제도로 운영되는 나라들은 시민들이 투자를 하거나 기술을 사용하도록 만드는 인센티브를 거의 만들어내지 못했다. 오히려 그런 것이 자신들의 체제를 와해시킬 것이라 판단하여 산업화와 현대 기술의 활용을 노골적으로 방해하기도 했다.[17]

다섯 번째와 여섯 번째 트렌드인 노동과 임금의 변형과 보건혁명도 같은 힘에서 나왔다. 노동의 변형은 우리 시대 기술적 변화의 성격에서 유래했다. 의약품과 백신의 향상에 직접 탄력을 받은 보건혁명 또한 우리의 위대한 기술적 재능이 낳은 가장 주목할 만한 결과물이었다. 20세기 중반에 뿌리를 내린 포용적 제도는 또 다른 면으로 보건혁명에서 중요한 역할을 했다. 표6에서 보듯 건강과 기대 수명의 의미 있는 변화는 개발도상국들에서 있었지만, 그들 중 대부분은 여전히 소수의 특권을 옹호하기에 바쁠 뿐 아니라 의료 보험, 의약품, 백신을 국민들에게 나눠주고 싶어도 그럴 능력이 없는 착취적 체제의 지배를 받고 있다. 대신 그런 활동을 할 수 있는 추진력은 부유한 나라들과 그들의 국제적 기구에서 나왔다. 세계보건기구World Health Organization, WHO가 그런 예다. 우리가 이만한 권리혁명을 이룩한 것 또한 그들 덕분이다.

개인과 여성과 소수 민족들이 자신들의 나라에서 기본권을 누리고 보호받아야 하는 것은 너무도 당연한 일이지만, 세계 곳곳에서 질병으로 고통받는 사람들도 그들 못지않은 도움을 받아야 한다. 그래서 보건혁명을 권리혁명에 의해 멍에를 벗고 뛰쳐나온 시민의 힘이 만들어낸 구체적인 결과가 되도록 해야 한다.

일곱 번째 트렌드인 국경 없는 기술은 권리혁명의 또 다른 결과다. 그러나 그 의미를 제대로 이해하려면, 잠깐 본래의 논지를 접을 필요가 있다. 포용적 제도는 분명 기술적 변화의 주요 원천이지만, 착취적인 제도라고 해서 성장이 불가능한 것은 아니다. 특별한 경우가 아니라면, 착취적 제도를 운영하는 사람들도 가능한 한 경제를 성장시키려 한다. 그들의 자식들도 그런 성장의 혜택을 받을 수 있기 때문이다. 경제 성장으로 그들의 지분이 줄거나 그들의 권력을 무너뜨릴 신기술이 나타난다면 문제가 되겠지만, 체제가 위험에 빠지지 않고 국가나 엘리트나 그들의 동맹국들이 통제하는 사업에 의존하지 않은 채 경제가 운영될 때에는 경제 성장도 얼마든지 가능하다.

착취적 제도에서 이런 종류의 성장을 이룩할 수 있는 시나리오는 두 가지다. 하나는 한 국가의 특정 부문이 다른 국가에 비해 상대적 우위에 있는 경우다. 물론 그런 부문은 소수 집단의 통제를 받더라도 무엇보다 효과적으로, 공정하게 기능할 수 있어야 한다. 바베이도스나 쿠바나 아이티 같은 카리브 식민지들이 그런 예다. 16~18세기까지 이들 국가는 소수 대농장주들이 운영하는 노예제도와 사탕수수 집단 농장을 기반으로 하는 가혹한 착취적 제도에도 불구하고 급속한 성장을 이룩했다.

다른 하나는 캐치업catch up 과정과 선진 국가들로부터의 기술 이전을 통해 성장이 추진되는 경우다.18 착취적 제도를 갖고 있던 대표적 사례인 소련의 고속 성장은 1930년대와 1970년대 초 사이에 나타난 캐치업에 의해 힘을 받았고, 일부는 농업 자원을 강제적이고 무자비한 방법으로 공업화하여 추진되었다.

이 두 가지 시나리오를 통해 성장은 급속히 그리고 장기간에 걸쳐 실현될 수 있지만, 착취적 제도하에서의 성장은 궁극적으로 한계가 있다. 전 세계적으로 설탕의 수요가 줄어들고 그로 인해 집단 농장의 경기가 침체되면서 카리브 식민지의 경제도 함께 기울었다. 소련은 강제적 공업화가 한계에 이르렀을 때 경제가 정체되고, 국력이 기울었다. 이들 중 어느 국가도 이후로는 별다른 기술적 성장을 이뤄내지 못했다.

중국은 착취적 제도에서 성장한 또 다른 국가지만, 중국 역시 별다른 차이는 없다. 국경 없는 기술이 시작되었다는 것은 착취적 제도하에서 성장의 범위와 속도가 훨씬 더 커졌다는 것을 의미했다. 독일과 러시아는 19세기에 캐치업 과정을 겪었다. 그들의 성장률이 이 시대 경제의 선두 주자인 미국과 영국의 성장률보다 더 높았던 것은 사실이지만, 그것도 정해진 기간 동안뿐이었다. 그리고 독일과 러시아가 괄목할 만한 성장을 이룩할 수 있었던 근본적인 원인은 사회 곳곳에 깊이 뿌리를 내리고 있었던 변혁의 움직임이었다. 이는 궁극적으로 당시 가동되고 있던 체제를 흔들고 무너뜨렸다.

중국은 지난 30년 동안 급속한 캐치업 성장을 이룩할 수 있었는데,

거기에는 기술의 성격이 변한 덕도 일부 있었다. 19세기 말 독일과 러시아의 캐치업 성장, 20세기 후반 일본과 한국의 캐치업 성장에는 공업을 발전시키고, 국내 시장을 조성하고, 구조적·사회적·제도적 변화를 일구어내는 과정이 포함되었다. 그러나 필요한 신기술을 모두 발명해야 하는 절차를 생략할 수 있었던 이들 국가들도 방직, 수송, 화학, 야금 등의 분야에서 세계 시장에 완제품을 내놓는 데 필요한 일부 기술은 수입할 수 없었다.

이와는 대조적으로 기술의 성격과 생산의 세계화에서 일어나는 최근의 변화는 산업 전반을 발전시키지 않고도, 신흥 시장 경제가 몇 가지 임무를 맡을 수 있다는 사실을 입증하고 있다. 특히 중국은 세계의 기술에 의지하는 한편 값싸고 풍부한 노동력을 발판으로 매우 빠른 성장을 이룩할 수 있었을 뿐 아니라 예전에 캐치업 성장을 겪은 나라들이 경험했던 구조적·사회적·제도적 변화의 요구를 효과적으로 뿌리칠 수 있었다. 여기서 우리는 포용적 제도가 만든 기술적 약진의 역설적 결과를 만나게 된다. 그것은 다름 아닌 일부 지역의 착취적 제도가 어떤 한 가지 가능성으로 인해 다른 지역으로 확산될 수도 있다는 사실이다.

사실 역설은 그 이상일지도 모른다. 사회적 변화를 요구하는 목소리가 움츠러들면서 중국이 빠른 성장을 이룩했고, 그로 인해 기술적 약진을 이룩하고 오프쇼링의 기회를 잡았다면, 표4와 표5에서 보이는 대로 선진 경제 내에서 벌어지는 불평등 격차와 함께 다섯 번째 트렌드인 '노동과 임금의 변형'도 그들에게 같은 기회를 가져다주었다. 즉 국경 없는 기술이 만들어낸 생산의 세계화는 중국의 빠른 성장의 불길에 기름을 끼얹으면서 그들의 제도적 변화를 지연시켰다.

착취적 제도는 영원하지 않다. 물론 포용적 제도도 영원하지 않다. 두 제도는 모두 다수를 희생시켜 정치력을 확장하고, 그렇게 해서 얻은 권력을 경제적 특권에 사용하고, 그 경제적 특권을 더 많은 정치력을 얻기 위한 발판으로 삼으려는 집단에 의해 꾸준히 위협받는다. 이러한 집단의 불순한 시도가 어떤 제지도 받지 않고 계속되면, 아무리 기반이 튼튼한 포용적 제도라도 서서히 무너질 수 있다.

미국 등 선진국에서 크게 심화되는 불평등은 중국의 성장에 기름을 부은 것과 같은 종류의 기술 발전과 세계화에서 일부 비롯된 것으로 두 가지 점에서 좋지 않은 조짐이 될 수 있다. 하나는 불평등의 심화가 부의 힘을 무기로 정치력을 키우는 매우 부유한 민간 집단을 만들어낸다는 점이다. 정치권력은 한편으로는 그들의 부를 지켜주는 한편, 그들의 경제적·정치적 이데올로기의 아젠다를 진전시킨다. 또 하나는 역시 표4와 표5에서 본 대로 포용적 제도의 강력한 지기 기반인 중산층이 줄어든다는 점이다.

내가 지금까지 제시했던 프레임워크의 윤곽은 또한 여덟 번째 트렌드의 두 번째 부분인 전쟁과 폭력의 감소가 왜 권리혁명의 결과인지를 분명하게 보여준다. 이것은 부분적으로 권리혁명이 개인의 자유를 신장시키고, 여성과 소수 집단의 권리를 높이는 것과 같은 이치다. 권리혁명은 또한 여러 가지 이유로 전쟁을 억제한다. 첫째, 이들 자유와 권리는 당연히 유혈 전쟁과 호전적인 모험, 갈등을 만들어낸다. 둘째, 잭 스나이더Jack Snyder가 주장한 것처럼 전쟁은 대부분 국내의 정치 갈등 에서 비롯되는데, 그런 갈등은 착취적 제도에서 일어날 가능성이 크 다. 그러니 권리혁명이 확산되면 갈등도 줄어들 것이다.19 셋째, 미흡 하긴 하지만, 국제전에 대한 억지력을 행사하는 권리혁명은 당대에 활 동 중인 국제기구에 힘을 실어주고, 기존의 규범을 변화시키는 철학적 기반이 된다. 예를 들어 1815년 빈 회의의 결과로 유럽에서는 전쟁이 크게 줄어들었다. 회의 결과에 대한 기대가 크게 늘어나고 국가 간의 소통이 활발해지면서 독단적인 군사 행동이 좀처럼 용납되지 않았기 때문이다. 제2차 세계 대전 이후 국제연합United Nations, UN도 같은 역 할을 해오고 있다. 최근의 리비아 사태는 아무리 국내적인 문제라고 해 도 잔학 행위는 외국이 국내 문제에 개입할 구실을 주어 내전과 권위적 인 체제의 유혈 도발을 억제할 수 있다는 사실을 입증해주었다.

그러나 그뿐이 아니다. 착취적 제도에서 꾸준히 포용적 제도로 이행 하려면 사회의 기반이 근본적으로 변해야 한다. 특히 가족과 공동체의 권위적이고 위계적인 구조가 변해야 한다. 전쟁과 폭력을 줄이는 문제 는 지금 세계 여러 지역에서 진행되고 있는 이러한 구조의 변화 여부에 달려 있다고 나는 생각한다. 미국의 보수 논객 찰스 머레이Charles Murray 같은 사람들은 1970년대와 1980년대에 도심 폭력이 증가한 원인을 부 모들이 젊은이들을 예전처럼 권위로 다스리지 않은 데서 찾으려 했다. 그러나 더욱 주목할 트렌드는 사회 집단이나 가족 집단에서 권위적인 구조와 질서가 무너지면서 사회 폭력이 줄어들었다는 사실이다.[20] 조금 과장된 추측일지는 모르지만, 노동의 변형 또한 농업이나 다른 제조업의 중요성을 감소시킴으로써 착취적 제도를 지탱해주는 기존의 사회적 구조와 규범의 약화를 가속화시킨다고 볼 수도 있다. 물리적인 노동이 노동의 기반일 때는 일부 폭력의 위협을 기반으로 세워진 권위적이고 가부장적인 가족과 권위적이고 위계적인 공동체 구조가 더 효과적으로 기능하기 때문이다.

하지만 그렇다면 20세기 전반에 발발한 세계 대전이나 20세기 전반과 후반에 나타난 반계몽주의 트렌드는 어떻게 설명해야 할까? 모르겠다는 것이 정직한 답일 것이다. 그러나 내가 제시한 프레임워크가 단서가 될 수도 있다. 권리혁명은 주로 권위적 제도 아래서 발전한 사회 구조에 맞서 강력한 반격의 씨앗을 뿌릴 수도 있다. 이것은 착취적 체제의 몰락 여파로 진행되어온 강렬한 분배 갈등과 결합하여 반계몽 운동의 기반을 만들어낼 수도 있다. 공산주의와 파시즘과 정치에서의 종교적 극단주의가 모두 사회 내 소득과 자원의 분배에 관한 갈등에서 등장하고, 그들을 둘러싼 변화에 의해 불만이 싹트고, 소외된 사람들을 움직이게 했다는 사실을 생각하면, 이런 관점은 좀 더 그럴듯해진다. 이 문제는 뒤에서 정치적 이슬람이 발생한 다른 원인들을 다루는 자리에서 좀 더 자세히 논할 것이다.

마지막으로 열 번째 트렌드인 인구 폭발과 우리가 환경에 가하는 부담은 포용적 제도의 세계적인 발전과 그에 따른 기술적 변화의 또 다른 역설적 결과다. 기술적 변화는 전 세계의 생산량을 훨씬 더 빠르게 늘려놓았다. 이미 살펴본 대로 그런 변화들은 또한 의약품과 백신 등 의학 기술을 크게 향상시켜 수백만 명의 목숨을 때 이른 죽음으로부터 건져냈다. 이것은 결과적으로 일찍 사망했을 여성들이 임신 가능한 나이까지 살게 되었다는 의미였고, 출산 능력이 크게 달라지지 않은 사회에서는 인구 폭발을 겪었다는 의미였다. 이런 인구 증가는 다른 경제적·사회적 도전을 만나지 않는 한 그 자체로는 우리 행성에 별다른 문제를 일으키진 않는다. 그러나 1인당 소득이 증가하면서 인구 증가는 화석 연료 사용에 따른 배기가스의 방출을 크게 늘려놓았다. 그리고 그것은 기후의 안정을 위협하고 있다.

이들 트렌드를 연결지어 생각하게 해주는 프레임워크와 우리 시대를 규정해온 트렌드의 목록을 갖추었으니, 이제 이런 트렌드가 지속될지 아니면 역전 현상이 나타날지, 또 이들 발전이 우리의 자손들이 살게 될 이 행성에 어떻게 작용할 것인지 등을 계속 논의해보겠다.

예측1. 권리혁명은 계속될 것인가

프랜시스 후쿠야마Francis Fukuyama는 변증법적 역사는 끝났지만, 그럼에도 불구하고 민주적 자본주의는 승리한다고 선언했다. 하지만 근대화 이론의 예측이나 이를 기반으로 한 후쿠야마의 선언은 매우 불완전한 권리혁명의 논리일 뿐이다. 아울러 우리의 번영이 지속되고 확대된다는 보장도 없다. 사실 정치적 권리와 시민의 권리가 팽창되는 것을 막는 장애물들은 많다. 그리고 그 장애물들은 대부분 여기서 논의된 다른 주요 트렌드의 부산물이다. 그중 가장 중요한 것들 몇 가지만 짚어 보자.

- 민주적이고 포용적인 제도를 기반으로 20세기에 최전성기를 구가하며 최고의 민주국가를 표방했던 미국의 민권과 정치적 권리는 지금 거센 공격을 받고 있다. 공격은 두 가지 방향에서 이루어진다. 첫 번째는 미국식 민주주의에 대한 직접적인 위협이다. 지적한 대로 미국에서는 소득 불평등과 사회 양극화로 아주 부유한 집단이 형성되었다. 정치에서 그들의 역할은 갈수록 커지고 있다. 지난 수십 년 동안 돈은 정치 기부금과 로비 등 여러 분야에서 영향력을 행사하는 활동 수단으로서 정치에 없어서는 안 될 필수 요소가 되었다. 그러나 돈은 결국 미국식 민주주의를 손상시킬 것이다. 미국식 민주주의가 비틀거린다면, 국내외적으로 정치적 권리와 민권도 흔들릴 수밖에 없다. 두 번째는 소위 테러와의 전쟁에서 비롯된 개인의 자유와 소수의 자유에 대한 직접적인 공격이다. 조지 W. 부시George W. Bush 대통령에 의해 시작된 이러한 공격은 버락 오바마Barack Obama 대통령에 의해 계승되어 더욱 강화되었다. 이 또한 미국식 민주주의를 좀먹는 월권행위다.

• 지난 몇 년 동안 미국과 유럽이 겪은 경제 문제와 비교하면 중국의 성장은 부국으로 가는 대안적이고 권위적인 경로를 오해하게 만든다. 그래서 민주주의는 부담스러운 장애물이며, 오히려 계몽적 권위주의가 인민에게 더 도움을 줄 수 있다는 주장이 나온다. 이런 권위적인 사고가 아시아와 유럽의 독재자들의 구미를 당긴다는 사실은 놀라운 일이 아니다. 심지어 미국과 유럽에서도 이런 주장에 열광하는 부류가 있다. 이는 중국의 성장 원인과 본질을 잘못 해석한 데서 비롯된 현상이지만, 그렇다고 해서 일부 국가들이 권위주의로 선회하는 것까지 막을 수는 없다.

이런 위협에도 불구하고, 전반적인 상황은 권리혁명이 계속되기 좋은 쪽으로 흘러갈 것이다. 그 속도는 비교적 더딜지 몰라도 근대화 이론이 제시한 이유와는 전혀 다른 이유로 인해 권리혁명은 계속될 것이다. 권리혁명이 이들 장애물을 극복할 수 있다는 낙관적인 생각은 네 가지 사실을 근거로 한다.

첫째, 포용적 제도는 언제든 공격을 받을 수 있지만, 웬만한 공격은 자체의 회복력으로 극복해왔다. 도금 시대Gilded Age에 도전 세력들은 요즘의 착취 세력만큼이나 부유하고 훨씬 더 무자비한 강도 귀족들을 허용할 정도로 강력했지만, 그럼에도 불구하고 포용적 제도는 이들을 물리쳤다. 서구 유럽에서 포용적 제도는 조금 다른 궤적을 그렸고 또 유럽연합EU과 유로화의 미래는 여러 가지 도전에 직면하고 있지만, 선진 경제의 다양한 포용적 제도는 재계의 몇 안 되는 인사들의 대규모 착취를 막을 수 있는 강력한 보증서로 건재하다.

둘째, 인터넷과 소셜미디어의 확산은 포용적 제도를 지탱해주는 또 하나의 기둥이 되었다. 최근에 위키피디아Wikipedia나 구글Google이나 레딧Reddit 같은 저명한 사이트들이 인터넷상에서 자유로운 발언과 의견 교환을 심각하게 방해하는 '불법복제방지법'을 중단시키는 과정을 보며, 우리는 이 기둥의 위력을 목격했다.

셋째, 정확히 단정할 수는 없지만, 노동의 변형과 권리혁명은 개인과 소수의 권리, 자유에 대한 침해를 더 이상 대중이 지지하지 못하게 만들었다. 그리고 그 과정에서 권위적인 사회나 가족 구조를 크게 약화시켜왔다.

마지막으로 내가 제시한 프레임워크는 중국의 두 자릿수 성장률이 아무리 기술과 생산의 국제화 혜택을 받았다고는 해도, 그것이 어디까지나 일시적인 현상이라는 사실을 암시한다. 따라서 중국이 제도를 포용적인 방향으로 개혁하지 않는다면, 그들의 경제가 미국의 1인당 소득의 약 30~40퍼센트 수준에 도달할 20~30년 뒤에는 본래의 추진력을 잃고 말 것이다. 세계에서 가장 인구가 많은 나라에 사는 국민들에게 이는 나쁜 소식이 아닐 수 없다. 사실 중국의 성장세가 둔화되면, 공산당은 제도를 개혁하기보다 더욱 권위적이고 억압적인 방향으로 나아갈 가능성이 무척이나 크다. 그렇게 되면 권위적 성장 모델의 매력도 시들해질 것이다.

권리혁명이 역풍을 맞지 않는다 해도 그 진전 속도가 느려지리란 비관적인 견해도 가능하다. 이런 주장은 여전히 우리를 둘러싸고 있는 착취적 제도가 끈질긴 생명력을 갖고 있다는 사실을 근거로 한 것이다. 실제로 오늘날 착취적 제도의 지배를 받는 사회들은 대부분 중국과 사정이 다르다. 이들에게 광범위한 정치 참여의 기반을 조성하고 복수 정당을 보장하는 것은 급한 문제가 아니다. 오히려 이들 사회는 정치력이 중앙으로 집중되지 않아 고전하는 경우가 많다. 따라서 포용적 제도로 가려면 국가 제도를 수립하는 과정이 우선되어야 하고, 이어서 몇몇 소수 집단의 이해관계에 의해 이들 제도가 악용되지 않도록 막을 수 있는 안전장치가 마련되어야 한다. 그 여정은 험난할 수밖에 없다. 최근 전 세계의 이목이 쏠린 아프가니스탄과 아이티, 소말리아 사태는 이런 과정의 어려움을 잘 보여준다.

　종합적으로 볼 때, 권리혁명은 느리고 불완전하긴 해도 꾸준히 계속되고 확산될 것이다. 나는 또한 이런 혁명이 아마도 다른 주요 트렌드의 방향에 결정적인 영향을 주리라고 생각한다. 하지만 이런 낙관주의가 자기만족으로 끝나서는 안 된다. 내가 규명하려 했던 프레임워크가 근대화 이론과 크게 다른 점은 권리혁명이 지속되는 문제에 관한 한 필연적인 결말은 아무것도 없다는 사실이다. 권리혁명과 그 혁명을 둘러싸고 만들어지는 포용적 제도를 수호하고 진전시키는 과제는 오로지 세계의 수많은 개인이 얼마나 활약하느냐에 달려 있다.

예측2. 테크놀로지의 미래

테크놀로지의 미래에 관한 이야기는 많다. 로봇 기능의 한계, 새로운 의학 기술과 의약품의 범위, 자가용이나 트럭이나 비행기가 운전자나 조종사 없이도 제대로 움직일 수 있는지 또는 로봇이 집을 청소하고 잔디를 깎을 수 있는지 여부, 우리 주변에 널려 있는 수많은 정보를 더 잘 활용하는 방법 등 수많은 이야기가 회자되고 있다.

그러나 이런 세부적인 내용이 아니더라도 간단하고 분명한 사실이 하나 있다. 우리의 혁신이 바닥나고 있다는 증거는 거의 없다는 사실이다. 새로운 기술과 제품을 만들어낼 수 있는 아이디어는 무궁무진하다. 또모든 혁신은 새로운 문제를 제기하고, 그 이상의 혁신을 위한 길을 열어놓는다. 최근의 스마트폰이나 태블릿이나 소셜미디어를 보면 알 수 있는 일이다. 이런 것들은 이들 플랫폼을 위한 애플리케이션을 중점적으로 개발하는 새로운 산업을 창출했다.

기술의 미래에 대한 또 한 가지 좋은 징조가 있다. 바로 생산 요소와 제품과 부문에 대한 기술적 변화를 이끌어내는 사회적 능력이 우리에게 있다는 사실이다.[21] 워커 핸론Walker Hanlon은 최근 발표한 저술에서 19세기 혁신으로부터 나온 증거를 토대로 이런 유형의 기술적 변화 사례를 설명한다. 그는 영국 산업에 사용되었던 미국 면화가 남북전쟁으로 공급이 중단되면서 인도산 면화로 대체되고, 그 과정에서 방직 공정이 급속도로 발전하게 된 경위를 보여준다.[22] 좀 더 근래의 사례는 베이비붐과 그로 인한 출산 증가로 다양한 유형의 의약품 시장 규모가 변화했을 때 미국 제약업체들이 보인 반응에서 찾을 수 있다. 미국의 제약업체들은 시장을 팽창시킨 질병에 대처하기 위해 새로운 약품과 신약 후보 물질을 크게 늘렸다.23

기술적 역동성을 위협하는 것은 새로운 아이디어의 고갈이 아니라 포용적 제도와 완전히 결별하는 사태다. 그런 일만 일어나지 않는다면 혁신과 기술 개선은 얼마든지 지속될 수 있다. 포용적 제도에 대한 이런 위협을 과소평가해서도 안 되겠지만, 지난 세기 동안 발전해온 전반적인 체제가 우리 눈앞에서 무너지는 일은 절대로 없을 것이다.

예측3. 성장세는 둔화될까

지속적인 경제 성장은 자연 법칙이 아니다. 경제 성장은 둔화될 수 있고, 멈출 수도 있다. 그러나 아직 경제 성장의 막바지에 가까워지지는 않았다고 생각할 만한 이유가 몇 가지 있다. 첫째, 경제 성장의 주요 동력인 기술 변화가 둔화되리라고 예측할 만한 뚜렷한 근거가 없다. 게다가 중국뿐 아니라 다른 개발도상국 곳곳에서 캐치업 성장이 빠른 속도로 이루어지고 있다.

물론 경계해야 할 위험이 아주 없는 것은 아니다. 미국이나 서유럽을 비롯한 선진 경제는 재정 문제와 경제 문제로 애를 먹고 있다. 물론 대부분 단기적인 현상이고 보기보다 심각한 수준은 아니지만, 그래도 중대한 정책 오류를 야기할 가능성을 완전히 배제할 수는 없다. 또한 그들이 세계 경제 성장의 선봉을 맡기 위해 개발도상국에 의지할 수 있는 정도에도 한계가 있다. 개발도상국의 성장은 선진 경제에서 나오는 수요와 기술 및 생산의 지속적인 세계화에 의지하기 때문에, 미국과 서유럽의 경제적 상태에 많은 영향을 받게 마련이다. 또한 손쉬운 캐치업 방식이 소진될 때 성장 속도는 일부 느려질 수밖에 없다.

세계적 차원에서 포용적 제도와 결별하려는 별다른 움직임만 없다면, 우리 자손들은 우리 시대의 거침없는 성장을 흥미로운 연구 대상으로 삼을 수 있을 것이다.

예측4. 고르지 않은 성장은 얼마나 심화될까

다음 세기의 경제 성장으로 부국과 빈국의 격차가 확실하게 줄어들 것이라 생각하는 사람이 있다면, 그는 분명 이상주의자일 것이다. 그러나 다음 세기의 경제 성장은 20세기처럼 숱한 우여곡절을 겪지는 않을 것이다. 그렇게 예상할 만한 몇 가지 이유가 있다.

첫째, 다음 세기의 권리혁명은 보다 포용적인 제도와 함께 비록 느리고 불완전하기는 해도 더 많은 나라로 확산될 것이다. 둘째, 기술과 생산의 세계화가 계속되어 전 세계 곳곳의 값싼 노동력에 대한 수요를 더 많이 창출할 것이다. 그것이 주로 착취적인 제도가 여전한 나라에서 일어난다 해도 말이다. 셋째, 우리는 또한 착취적 제도의 성격에서 어떤 변화를 기대할 수도 있을 것이다. 특히 사하라 이남 아프리카와 아시아에서 내전으로 찢긴 많은 지역들이 국가의 중앙집권화와 국가 건설이라는 과정을 밟기 시작했다. 대부분의 경우 이런 과정은 권위적 정부의 지지를 받을 것이다. 그런 정부는 매우 약탈적이고, 법과 질서가 정부와 그 주변의 엘리트에게 유리하게 작용하는 환경을 조성한다. 이로 인해 그들은 세계적으로 수요가 증가하는 천연자원을 보다 효율적으로 발굴하고, 값싼 노동력을 미끼로 외국 자본을 끌어들일 수 있게 된다.

예측5. 노동의 변형은 계속된다

손으로 하는 노동과 다양한 일상 업무를 기술과 기계가 대신하는 트렌드는 앞으로도 수십 년 더 계속될 것이다. 이런 트렌드가 수요의 구도를 바꾸는 소득 수준의 향상과 결합되면, 많은 나라에서 구조적 변형이 지속될 것이다. 사하라 이남 아프리카와 아시아, 라틴 아메리카에서 농업 노동력의 비중은 줄어들겠지만, 서비스 산업은 더 중요해질 것이다. 선진 경제의 각 분야에서 반숙련 직업의 약세 또한 계속될 것이다. 그러나 이 두 가지 트렌드가 소득 불평등을 심화시킬 것이라고 속단하긴 어렵다. 이주자를 기다리는 도시와 비농업 부문의 상황은 여전히 가

혹하고 기회는 한정되어 있지만, 농업에서 제조업과 서비스업으로의 전환은 종종 수많은 사람들을 빈곤에서 끌어내는 평등화의 힘으로 작용할 수 있다.

선진 경제, 특히 미국 경제에서는 기술적 변화 및 그와 관련된 노동의 변형으로 지난 30년 동안 소득 불평등이 심화되었고, 또 앞으로 로봇 유지비가 줄어드는 추세에 따라 미숙련 노동과 반숙련 노동의 수요가 계속 줄어들 것이다. 그렇다고 이런 결과 역시 피할 수 없는 것은 아니다.

첫째, 미국의 불평등이 심화된 것은 기술 때문만이 아니다. 교육 보급이 제대로 확대되지 않았고, 또 제도적·정치적 변화가 위계의 정상 부분에 유리하게 진행된 것도 주효했다. 따라서 미국은 미취학 아동과 중등 교육을 받는 아이들이 대학에 입학하기 전 교육 수준을 높일 수 있도록 과감한 투자를 하여 새로운 중간 계층의 일자리를 창출해야 한다. 그런 일자리는 우리 부모 세대가 접근했던 제조업이나 반숙련 직업이나 중간 계층의 직업이 아니더라도 상관없다.

둘째, 기술적 변화로 모든 종류의 노동 수요가 감소된 것은 아니었다. 오히려 기술적 변화는 보건 의료 기술, 취사, 간병 같은 다양한 서비스 직종에 대한 수요와 고용을 증가시켰다. 기술은 이들에게 계속 유리하게 작용하고, 또 소득이 증가함에 따라 앞으로 이들 서비스에 대한 수요와 이런 서비스직에 종사하는 근로자는 더욱 늘어날 것이다. 근로자들은 서비스직에 필요한 기술에 돈을 투자하여 소득을 높일 것이므로, 다음 수십 년 동안 이들 직종들은 대부분 높은 임금을 유지하리라 예측할 수 있다.

셋째, 기술의 방향성이 중요한 역할을 할 것이다. 기술의 변화 경로는 융통성 있고 인센티브와 정책에 득이 되는 쪽으로 반응할 것이다. 서비스 직종의 고용이 확대되면, 기술 또한 이들 업무의 생산성을 개선하는 쪽으로 발전하리라 예측할 수 있다. 이들 직종은 또한 중산층의 등장에 도움이 될 것이다.

마지막으로 새로운 중산층의 형성 여부가 세금과 노동 시장 정책의 변수로 작용할 것이다. 누진세가 강화되면 임금과 소득 분포에서 양극화가 심화되는 것을 억제할 수 있다.

한 국가에서 국내 경제의 성장으로 인한 수익 증대의 배분 방식은 기술의 경로와 제도와 정치적 선택에 의해 결정된다. 이런 것들은 다양한 유형의 기술을 공급하고, 사회 내의 자원을 배분하는 데 영향을 미칠 뿐 아니라 기술의 진화에도 영향을 줄 것이다.

예측 6. 계속되는 보건혁명

보건혁명이 계속되리라는 사실에는 의심의 여지가 없다. 더 좋은 기술, 더 좋은 약품, 더 좋은 백신이 개발되고 빠르게 보급되는 현재 상황에 비추어볼 때, 앞으로 선진국에 사는 우리 자식과 손주들은 우리보다 더 건강하게, 더 오래 살 것이다. 가난한 지역의 아이들도 그들의 부모나 조부모보다 훨씬 더 건강하게 살 것이다. 그래서 공중 보건을 위해 어떤 종류의 인프라 투자를 해야 하는지도 더 분명하게 파악할 수 있게 될 것이다. 물론 얼마든지 기근을 모면할 수 있는데도 여전히 달라지지 않는 동아프리카 여러 나라들의 문제도 있다. 어쩌면 공중 보건 서비스의 보급은 우리가 원하는 것만큼 빠르게 이루어지지 않을지도 모른다.

그러나 동서양의 격차가 줄어들고 건강이 향상되는 트렌드는 앞으로도 계속되어 큰 규모의 전쟁이 일어날 가능성을 억제할 것이다. 이것이 경제 성장에 있어 어떤 의미인지는 좀 더 논의해볼 문제다. WHO와 제프리 삭스Jeffrey Sachs. 같은 일부 경제학자들은 건강 상태가 개선되면서 성장 배당이 대규모로 이루어질 것이라 예측한다. 그러나 1950년대 이후에도 이와 유사한 발전이 있었고 그런 배당으로 세계 곳곳의 많은 사람들의 삶과 복지가 향상되긴 했지만, 이것이 대단한 수준으로 이어지지는 않았다.24 따라서 지속적인 보건혁명으로 많은 사람들의 삶과 건강이 좋아질 것은 틀림없을지라도 그 자체가 경제 성장의 주요 동력이 될 정도는 아닐 것이다.

향상된 삶과 환경을 지향하는 다른 모든 트렌드와 마찬가지로 보건혁명의 가장 큰 위협은 권리혁명을 거스르는 흐름이다. 첫째, 사하라 이남 아프리카와 아시아 여러 지역에서 어떤 제도적 개선이 이루어지지 않는다면, 의료 서비스를 개선하는 데도 한계가 있을 것이다. 둘째, 선진국에서 권리혁명이나 그 개념을 거스르는 역류는 그들로 하여금 세계인의 건강을 개선하는 데 필요한 투자와 외국에 대한 지원을 외면하게 만들 것이다. 보건혁명은 그런 역류를 막을 수 있느냐 없느냐에 따라 지속 가능 여부가 결정될 것이다.

예측7. 세계화의 미래

세계화는 커뮤니케이션과 교통수단의 획기적인 발전에 힘입었지만, 그것은 또한 하나의 선택이기도 했다. 표7은 세계화의 초기 에피소드가 소요와 전쟁으로 인해 어떻게 끝났는지 여실히 보여준다. 따라서 세계화는 언제나 기복을 보일 가능성이 있다. 물론 세계가 갈수록 통합적으로 변화하고, 따라서 무역 정책을 바꾼다고 그런 추세를 되돌리긴 어려울 것이다. 새로운 진보는 기술의 세계화를 촉진시킬 것이고, 이로 인해 컨설팅이나 건강 진단처럼 일대일 접촉을 통해 이루어졌던 일들을 아웃소싱하고 오프쇼링하기가 훨씬 쉬워질 것이다.

그러나 기술 세계화의 속도는 두 가지 이유에서 전보다 둔화될 것이다. 첫째, 중국이나 인도나 인도네시아처럼 풍부한 노동력으로 저임금을 유지하고 있는 나라에서 이런 변화를 일으킬 수 있었던 주요 추진력은 임금이었지만, 그 임금도 이런 차이를 이용하는 바로 그 세계화의 결과로 인해 이미 오르기 시작한 상태다. 둘째, 중국의 성장은 급정거할지도 모르고, 그렇게 되면 노동의 국제적 분할 체계가 일부 흔들릴 것이 분명하다.

예측8. 평화의 세기를 기대할 수 있을까

20세기는 전쟁의 세기이자 동시에 평화의 세기였다. 21세기는 어떨까? 평화의 세기로만 규정될 수 있을까? 그렇게 볼 이유도 몇 가지 있지만, 그래도 우려의 여지는 있다.

긍정적인 측면에서 보자면, 지난 60년 동안 국제전과 내전은 많이 줄어들었고, 르완다나 발칸 반도의 경우처럼 많은 인명 피해를 유발하는 국내 사태에도 불구하고 최근 몇십 년은 그 전에 비해 한결 평화로웠다. 표10에서 볼 수 있듯이, 유형은 다르지만 보다 선진화된 지역에서도 폭력은 줄어들었다. 권리혁명과 그로 인한 태도와 규범의 변화 그리고 세계 평화를 보호하는 국제기구의 발전 등 이런 트렌드를 가능하게 한 근본 원인은 계속 유지될 가능성이 크다.

예를 들어 권리혁명이 세계 여러 지역으로 확산되면, 정치적인 이유에서 비롯되는 전쟁은 줄어들지 않을까 추측할 수 있고, 또 권리혁명에 어울리는 가치와 사회규범으로 폭력에 대한 사람들의 인식이 달라지면서 모든 종류의 폭력이 결국 억제되리라 희망할 수 있다. 제도를 둘러싼 다른 트렌드도 또한 도움이 될 것이다. 세계 여러 지역에서 확인할 수 있는 포용적 제도를 향한 첫걸음은 국가중심주의를 강화할 것이다.

정반대 방향으로 갈 수 있는 위험도 언급하지 않을 수 없다. 지난 60년 동안 전쟁을 줄이는 데 중요한 역할을 했던 UN 등의 국제적 기구나 집단은 미국과 소련 간의 전쟁 같은 특정 문제를 해결하기 위해 만들어진 것이었다. 그러나 앞으로의 도전은 매우 다른 유형일 것이다. 중국과 인근 국가들 간의 잠재적인 갈등 등이 그렇다. 결국 이런 제도나 기구가 새로운 갈등을 감당할 수 있는지 여부는 여전히 의문으로 남는다.

예측9. 반계몽에서 계몽으로

파시즘은 이미 옛말이 되었지만, 어느 지역이든 정치에서 종교가 차지하는 역할은 부인할 수 없는 현실이 되었다. 그렇다면 미래에는 관용과 합리적 사고가 극단주의를 대체하여 폭력이 줄어들게 될까? 쉽게 대답하기는 어렵다. 이는 정치에서 종교의 비중이 커지는 원인을 아직 제대로 파악하지 못한 탓도 있다. 굳이 추측하자면, 중동과 북아프리카, 남아시아 여러 지역의 정치에서 이슬람의 역할이 커지는 현상은 엇갈리는 세 가지 트렌드의 결과다.

첫 번째 트렌드는 반계몽주의이다. 반계몽주의는 권위적이고 전통적인 사회와 가정에서 성장한 개인이 주변에서 일어나는 당황스럽고 위협적인 변화에 대해 보이는 반작용이다. 사이드 쿠틉Sayyid Qutb의 경우가 그런 실례다. 쿠틉은 이집트의 지식인이자 이론가로 여러 권의 책을 썼으며, 1950년대와 1960년대에 이집트 무슬림형제단Muslim Brotherhood의 중심인물로 활약했다. 그는 알카에다를 비롯한 많은 정치적 이슬람 단체에 정신적 영감을 주었다. 쿠틉은 미국에서 공부하는 동안 물질주의와 문란한 성 문화, 영성의 결핍으로 요약되는 현실을 직접 지켜보며 서구 근대성의 허구에 대해 깨닫고, 그에 대한 반응으로 급진적인 사상을 갖게 되었다. 그는 이런 풍조가 미국을 좀먹는 데 그치지 않고, 그의 조국 이집트까지 물들인다고 판단했다.

　두 번째 트렌드는 많은 이슬람 국가의 근대화 과정이 착취적 제도의 지배하에서 일어났고, 그로 인해 사회 각 부문이 뒤처지게 되었다는 사실이다. 이런 이유로 정치적 이슬람을 지지하는 것은 종종 분배적 성격을 띠게 되고, 이슬람 세력은 유복하지 못하고 박탈당한 사람들을 더 두둔하게 된다(사우디아라비아는 예외이지만). 일부 이슬람 원리주의 위에 세워진 정당, 가령 터키의 정의개발당Justice and Development Party, 이집트의 무슬림형제단, 튀지니의 나흐다당Ennahda 등의 태도를 보면 수단과 방법을 가리지 않고 자신들의 이익을 도모하는 것 같지만, 그들은 분명 그들이 도전하는 체제보다 약자들을 위한 목소리를 더 많이 낸다. 이것은 1994년에 일부 터키 지역에서 어렵게 정권을 잡은 이슬람 계열의 정당을 연구한 에릭 마이어슨Erik Meyersson의 최근 논문을 보면 잘 알 수 있다.[25] 그는 이런 이슬람 계열 정당에서 출마한 사람들이 신승을 거둔 지역에서는 여자 아이들의 진학률이 상당히 높아졌다고 밝혔다. 보수적인 부모들도 딸을 학교에 보내는 것이 더 안전하다고 생각했기 때문이고, 또 이 당이 터키를 지배했던 엘리트보다 가난한 사람들의 학교 교육에 더 많은 관심을 가졌기 때문이다.

이슬람의 역할이 커지는 것에 잠재적으로 기여하는 세 번째 트렌드는 이들 나라 대부분이 서구는 제국주의적이고, 그래서 자신들이 속한 지역의 개발이 상대적으로 저조할 수밖에 없었다고 생각한다는 사실이다. 이것은 '문명의 충돌clash of civilizations'이라는 최근의 수사修辭로 더욱 극명하게 굳어졌다.

이들 나라에서는 권리혁명이 뿌리를 내린다 해도 그 과정이 매우 더딜 것이다. 이 세 가지 트렌드가 여전히 이들 지역의 국내 정치와 여론을 형성하고, 또 많은 유형의 정치적 이슬람 세력들이 개인과 여성, 소수의 자유나 권리 등을 신장하려는 여러 형태의 권리혁명에 반대하기 때문이다. 그럼에도 불구하고 나는 이들 지역에도 권리혁명이 확산될 수 있다고 생각한다. 이것은 근대화 이론이 강조한 요소 때문이 아니라 이 지역의 정치적·사회적 역학 때문이다. 우리는 이미 아랍의 봄에서 이 지역 여러 나라의 착취적 체제가 예전만큼 안정적이지 못하다는 사실을 확인했다.

시작이 잘못된 것도 많고 그 과정에서 갈등도 계속되겠지만, 앞으로 수십 년 동안 이곳에서는 정치적 변화가 계속 이어질 것이다. 무슬림형제단 같은 보다 온건하고 대중적인 종교적 정치 운동은 많은 사람들에게 정치적 권리와 시민권을 안겨주었다. 궁극적으로 이것은 모두를 위한 권리로 크게 확대되는 계기가 될 것이다.

물론 앞으로 몇십 년 내에 이 지역 국가들이 계몽주의를 선뜻 받아들일 것이라고 예측한다면, 그것은 너무나 순진한 발상이 분명하다. 사실 정치적·시민적 권리가 개인이나 여성이나 소수에게로 확대될 가능성은 크지만, 사회 내부의 담론은 여전히 종교의 영향에서 완전히 벗어나지 못할 것이다.

나는 정치에서 종교가 갖는 역할에 초점을 맞추고 있지만, 그렇다고 다음 세기에 새로운 반계몽주의 세력이 나올 수 있는 가능성을 모두 배제하지는 않는다. 중국이나 미국에서 아니면 이 두 곳 모두에서 또 다른 형태의 군사주의나 파시즘이 재유행할 가능성도 분명 상존한다. 싱클레어 루이스Sinclair Lewis는 1935년에 "미국에 파시즘이 등장할 때, 그들은 국기를 몸에 두르고 십자가를 손에 들고 나타날 것"이라고 단언했다. 미국 정치에서 종교의 역할이나 테러와의 전쟁, 중국과의 갈등이 점점 거세지는 것을 보면, 이런 발언도 간단하게 웃어넘길 일은 아닌 것 같다.

기술과 경제적 진보에 반대하는 반근대주의 운동이 일어날 가능성도 생각해볼 수 있다. 이런 운동은 기후 변화나 그 밖의 환경적 재앙으로부터 지구를 구해야 한다는 당연한 관심에서 비롯된 것도 있고, 또 역설적이지만 사람들로 하여금 다른 사람들의 권리와 복지에 관해 더 관심을 갖게 만드는 권리혁명에서 비롯된 것도 있을 수 있다. 물론 얼마든지 가능한 위협이지만, 내가 보기에 이런 위협들은 별다른 설득력을 갖지는 못한다.

예측10. 21세기의 인구와 자원 그리고 환경

표11은 저·중·고 세 가지 출산 시나리오에 입각한 UN의 세계 인구 예측을 보여준다. 여기서는 두 가지 중요한 결론을 끌어낼 수 있다. 첫째, 세계 인구는 당분간 계속 증가할 것이다. 둘째, 다음 세기 어느 때엔가 세계 인구는 현상 유지 상태에 도달할 가능성이 있다. 지구는 팽창한 인구를 쉽게 수용할 수 있다. 더구나 인류에게는 심각한 자원 부족이나 인구와 관련하여 특별히 두려워해야 할 별다른 이유가 없다. 표12에서

표13_ 전 세계 이산화탄소 배출량과 농도(1900-2008)

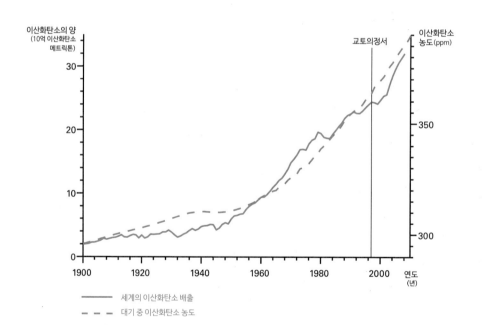

보듯 오늘의 가격을 예측하는 내기에서라면 줄리언 사이먼이 졌겠지만, 가격에 반영된 희소성 문제를 기술이 능숙하게 처리할 것이라는 큰 그림을 생각하면 그가 옳았다. 그것은 내가 지향점이 분명한 기술적 변화를 논할 때 설명한 대로 기술이 개혁의 물꼬를 터주어 병목을 해소시키기 때문이다. 보다 중요한 의문은 기후 변화와 화석 연료 소비와 관련된 문제다. 화석 연료의 사용으로 배기가스가 만들어져 생겨나는 피해는 비극의 교과서적 사례이기 때문이다. 탄소세 등 어떤 적절한 규제를 도입하지 않는다면, 개인이 환경에 가하는 피해는 측정하기 어려울 정도가 되고, 그렇게 계속 화석 연료의 배기가스를 방치하게 되면 언젠가는 그것이 우리 지구의 안위를 위협하게 될 것이다.

표13에는 탄소 배출의 변화 과정과 대기 중 탄소 농도 그리고 교토 의정서Kyoto Protocol가 발표된 시점이 나타나 있다.26 우리는 21세기로 접어든 이후 탄소 배출량을 계속 늘려왔다. 사실 중국을 비롯한 신흥 경제국들에서 일어나는 빠른 산업화를 지켜보면, 당장에 가시적인 감축안을 실현시킬 수 있는 방법은 없어 보인다. 대신 우리는 기술적 발전과 정치적 발전이라는 두 가지의 불확실한 항목에 유일한 희망을 걸어왔다.

기술적인 면에서 볼 때, 에너지를 생산하고 보급하는 저탄소 방법을 찾기 위해서는 대체에너지로의 획기적인 전환과 에너지 그리드the energy grid가 필요하다. 지구 공학적인 방법에 의지하면, 이산화탄소 포집 같은 과정을 통해 이미 방출된 탄소와 현재 방출되는 탄소의 영향을 줄일 수도 있을 것이다. 그러나 이런 조치들은 임시방편에 지나지 않는다. 결국 우리 지구의 생존을 보장할 수 있는 유일한 방법은 청정에너지로의 전환밖에 없다. 아직까지는 무리한 주문일지 모르지만, 기술적 변화는 지향성을 갖고 있기 때문에 생각했던 것만큼 힘든 일은 아닐 것이다. 특히 중단기적으로 보아도 청정에너지가 반드시 비용 대비 효과적이어야 할 필요는 없다. 정책이 뒷받침되어 청정에너지가 화석 연료를 기반으로 하는 에너지보다 50퍼센트 정도 비싼 수준만 되어도, 얼마든지 대체에너지로의 전환이 이루어질 수 있다. 일단 대체에너지가 어느 정도 시장점유율을 확보하고 그 이상의 팽창도 가능해진다면, 기술도 낡고 오염 물질을 많이 만드는 현재의 방식을 탈피하여 대체에너지를 지향하는 쪽으로 나아갈 여력이 더욱 커질 것이다.[27] 이런 혁신이 청정에너지 분야의 기술적 시행착오를 통해 얻은 지식과 결합된다면, 우리는 대체에너지로 나아가려는 당초의 목표에 한 걸음 더 가까이 다가설 수 있을 것이다.

물론 이 같은 낙관적인 시나리오에도 내부적인 위험 요소는 있다. 청정에너지 기술의 지속적인 발전이, 탄소 배출을 줄이고 화석 연료를 청정에너지원으로 바꾸는 문제에 대해 어떤 조치도 취하지 않는 구실로 작용할 수 있기 때문이다. 그렇게 된다면 기술 우위에 대한 우리의 자신감은 결국 약이 아니라 독이 될지도 모른다.

정치적으로는 대체에너지원으로의 전환을 합의하기 위한 국제 협정이 필요하다. 물론 참가국들로서는 단기간에 많은 비용을 투입해야 한다는 부담이 있겠지만, 그렇다고 이런 협정을 마냥 미룰 수는 없는 일이다. 지금까지의 실적은 결코 만족할 만한 수준이 아니었다. 하지만 국면을 전환시킬 수 있는 중요한 요소가 한 가지 있다. 다름 아닌 권리혁명이다.

권리혁명이 계속 확산된다면, 우리가 기후 변화를 억제하려는 노력을 게을리할 경우 고통을 겪게 될 사람들의 복지에 사람들이 관심을 갖게 될 것이다. 우리는 이미 선진국 국민들의 희생정신에서 이런 관심의 일단을 보고 있다. 희생의 규모는 크지 않지만, 그들은 스스로 이산화탄소 배출량을 줄이거나 환경을 보존할 다른 방법을 찾으려는 의지를 보여주고 있다. 이런 트렌드가 계속되고 유권자들이 기후 변화에 대한 국제적 합의를 요구하고 나선다면, 정치가들은 더 이상 다른 핑계를 댈 수 없을 것이다.

마지막으로 우리가 사는 세상을 더 좋은 곳으로 만들어왔고 앞으로도 계속 그렇게 해야 하는 여러 트렌드들을 생각할 때, 지구의 건강한 미래를 바라는 우리의 희망은 다시 권리혁명의 지속과 강화에 초점이 맞춰져야 한다는 점을 강조하고 싶다. 반드시 그래야만 한다.

2장

어둠을 뚫고
더 밝은 미래로

by 앵거스 디턴

앵거스 디턴 Angus Deaton(1945~)

프린스턴대학교 경제학과 교수이자 우드로윌슨스쿨WWS의 드와이트 D. 아이젠하워 석좌교수. 미시경제학 분야의 세계적인 학자로 1978년 미국 계량경제학회가 수여하는 프리시 메달의 1회 수상자로 선정됐으며, 2009년에는 미국경제학회 American Economic Association 회장을 역임했다. 그는 미시경제학 차원의 소비자 행동에 대한 분석 외에도 세계 빈곤의 측정, 보건경제학 및 경제 발전 등에 관해서도 폭넓게 연구하고 있다. 현재 영국학술원British Academy 특별 회원이며, 미국예술과학아카데미와 세계계량경제학회 정회원이기도 하다. 저서로는 《위대한 탈출The Great Escape》이 있다.

"에이즈는 금세기가 다 가기 훨씬 전에 지상에서 사라질 것이다."

케인스가 그의 유명한 에세이 〈우리 손주 세대의 경제적 가능성〉을 쓸 당시의 시대 분위기는 무척 암울했다. 미래에 대한 전망도 안개 속이어서 사람들은 매우 불안해했다. 그러나 케인스는 단기 전망과 장기 전망을 혼동하지 말라고 타이르면서 장기적 펀더멘털은 건전하다고 사람들을 안심시켰다. 지금의 세계가 있도록 해준 기술적 진보는 앞으로도 계속되리라 믿어도 좋다며 그는 자신 있게 말했다. 하지만 케인스는 일을 그르칠 수 있는 환경을 걱정하면서 "큰 전쟁이나 비정상적인 인구 증가가 없어야 한다"는 조건을 달았다. 제2차 세계 대전과 인구 폭발은 분명 그가 우려했던 상황 이상이었지만, 오늘날의 생활수준은 그가 예측한 것보다 훨씬 좋다.

지금 우리 시대도 암울하기는 마찬가지다. 미국은 대침체로 비틀거리면서 케인스 이후 최악의 상황을 견디고 있다. 인도와 중국의 성장은 답보 상태다. 유럽 경제의 미래도 전혀 안전하지 못해 언제 유로화가 폭락할지 알 수 없는 노릇이다. 실제로 그렇게 된다면, 장기적 경기 침체의 수렁으로 빠질지 모른다. 물론 그보다 더 나쁜 상황도 생각할 수 있다.

험악한 하늘

나는 이 글을 허리케인 샌디가 미국 북동부를 할퀴고 간 직후에 쓰고 있다. 해수면이 꾸준히 상승하면, 이런 허리케인은 더 자주 닥칠 것이다. 이때 들어가는 복구 비용과 별 효과도 없을 방어 비용은 국내총생산Gross Domestic Product, GDP 수치를 끌어올리겠지만, 이것은 거꾸로 가는 복지와 GDP의 대표적인 사례일 뿐, 실제 우리의 복지와는 아무런 상관이 없는 일이다.

어쩌면 우리도 케인스처럼 더 나은 삶을 향해 가려는 인간의 무서운 창의적 추진력으로 이런 단기적인 위협을 물리칠 수 있으리라 예측할지 모른다. 우리는 언젠가 모두 죽는다. 지금부터 100년 뒤에는 내 손주들도 거의 틀림없이 죽었을 테지만, 내 손주의 손주들은 우리가 상상하는 것 이상으로 더 부유하고 더 건강하게 살 것이다. 그러나 오늘 우리를 위협하는 것은 눈앞의 환경만이 아니다. 단기적인 문제는, 금방 사라지지 않는 더 깊은 과정의 증상처럼 보인다.

인구 증가와 세계 대전은 케인스 때만큼 위협적이진 않지만, 걷잡을 수 없는 기후 변화는 전혀 예측하지 못했던 새롭고 커다란 위험이다. 기후 변화에 대한 장기 전망은 빈약하기 그지없다(2012년 미국 대통령 선거는 이 문제를 외면한 선거로 유명하다). 또한 인도와 중국이 증가하는 온실가스 배출량을 조절한다 하더라도 당장은 성장률 감소를 걱정해야 할 입장이기 때문에, 기후 문제는 당초 예정했던 것과 달리 우선순위에서 밀릴 것이다.

생활수준을 높이는 문제는 기후 변화 문제가 심각해지기 이전에도 위협을 받았다. 미국의 1인당 GDP 성장률은 금융 위기가 터지기 몇십 년 전부터 이미 지속적으로 떨어지고 있었다. 유럽의 성장은 제2차 세계 대전 이후의 재건 사업으로 본격 가동되기 시작했지만, 성장률은 유로화 위기가 있기 오래 전부터 떨어지고 있었다. 비평가들은 현재의 기술 진보가 대부분 정보통신 분야에만 쏠려 있다고 지적하면서 생산과 소비의 다른 면들은 지난 30년 동안 거의 바뀌지 않았다고 지적했다. 인터넷, 이메일, 스마트폰, 아이팟, 태블릿 등은 생산성 증가에 보탬이 될지는 모르지만, 인간의 행복에는 별다른 도움을 주지 못하는 심심풀이 장난감에 지나지 않는다고 그들은 개탄한다.

지난 30년간 크게 악화된 불평등이 경제 성장의 발목을 잡는 현상도 우려할 만한 일이다. 성장의 혜택이 고루 분배되지 않고 극소수에게만 쏠려 일부 계층만 터무니없는 부를 누릴 때, 그 부가 가져다주는 권력은 다른 모든 사람들의 번영에 하나의 위험이 되어버린다. 슈퍼 리치들은 공공의 이익이나 의료 보험, 공교육이나 심지어 어떤 종류의 기본적인프라도 크게 아쉬워하지 않는다. 그러나 교육과 건강은 그들 자신의 복지와도 관련된 문제다. 또한 개혁을 통한 성장을 기대하려면, 교육을 받은 건강한 사람들이 있어야 한다. 동시에 부자들은 새로운 개혁에 필요한 창조적 파괴를 막을 인센티브는 물론 그렇게 할 수 있는 수단도 갖고 있다.

성공한 사람들은 가진 것을 지키고, 새로운 이익을 추구하기 위해 다수를 희생시키는 등 수단과 방법을 가리지 않을 것이다. 그래서 그들은 특정 이해가 얽힌 규정과 규제를 놓고 로비를 벌인다. 예전부터 금융 위기는 허리케인처럼 주기적으로 밀어닥쳤다. 그러나 가장 최근에 전 세계를 급습한 허리케인은 해수면 상승을 부추기며 피해를 가중시킬 가능성이 컸다는 점에서 문제가 더욱 심각하다. 더구나 이번 금융 위기는 그 원인 중 상당 부분이 과도한 권력과 통제되지 않는 금융 부문이라는 점에서 더욱 질이 나쁘다.

미국은 GDP의 18퍼센트를 의료 보험에 지출하지만, 그 대부분은 건강 개선에 별 도움이 되지 않는 절차와 장치에 투입된다. 의료 서비스의 기술적 향상은 수명 연장 문제에 투입된 예산의 양뿐 아니라 정부가 어느 부문에 예산을 투입하는지에 전적으로 좌우된다. 의료 서비스 산업이 커지고 부유해질수록 의료업계 당사자들은 비용 규정에 더 많은 영향력을 행사하게 되고, 번거로운 절차의 신설로 인한 비용 효과를 감시해줄 정부 기관의 설립을 막을 힘을 더 많이 갖게 된다. 로비스트들이 규정과 가격을 정하고, 정부가 대부분의 건강 비용을 치르는 시스템은 소수가 다수를 약탈하도록 방치하는 시스템이다. 비대해진 금융과 의료 분야는 임원진의 지분을 효과적으로 챙겨주는 장치일지 모르지만, 이런 제도에서 나머지 사람들의 복지 지분은 줄어들 수밖에 없다. 그런 상황이 오래 지속되면 경제 성장에 제동이 걸리고, 결국 장기 성장의 전망은 어두워지게 된다.

꾸준히 늘어나던 기대 수명 또한 상승 탄력을 잃을 것이다. 처음에 수명 연장을 이끌었던 주요 원동력은 유아 및 아동 사망률의 감소였지만, 지난 반세기를 거치면서 이 같은 역할은 고령자 사망률 감소가 대신했다. 중년과 노년의 심혈관 질환 사망률을 감소시킨 주요 원인은 흡연율 감소, 고혈압 약 개발, 심장 마비에 대한 적절한 치료 등이었다. 한때 양질의 영양분 섭취로 사망률이 감소되었지만, 이제는 오히려 비만과 당뇨가 사망률을 높이는 원인이 되고 있다.

암은 또 다른 무서운 살인자다. 인류는 오래 전부터 암과의 전쟁을 선언했지만, 아직 승리는 요원해 보인다. 그리고 이 전쟁에서 어떤 진전이 이루어진다 해도 미래의 사망률 감소는 사망률이 이미 낮은 젊은 이들이 아니라 노인들 사이에서 이루어질 것이 틀림없다. 노인들이야 몇 년 더 살면서 손주와 시간을 보내고, 심지어 한가하게 앞으로 100년 뒤 증손주의 자식들 삶까지 걱정하게 될지 모른다. 하지만 더 좋아진다고 해봐야 불가피한 순간을 몇 년 더 연장하는 것일 뿐 기대 수명 개선에 큰 의미를 부여할 수는 없다.

이것은 우울한 그림이다. 생활수준이나 기대 수명이 크게 나아질 것 같지도 않다. 만약 나와 달리 '생활수준이 과대평가되었고, 인간의 복지가 경제 성장으로 향상되는 것은 아니며, 오히려 사회관계나 신체적 건강이나 더 많은 여가생활 등 다른 곳에서 행복의 증진을 추구해야 한다'는 주장을 받아들인다면, 당신은 한결 기분이 나아질지도 모른다.

그렇긴 하지만 그래도 나는 여전히 조심스럽게 낙관적인 전망을 견지하려 한다.

이미 언급했지만, 부정적인 주장은 너무 강한데 경우에 따라 틀리기도 했다. 게다가 범위가 좁고, 근거도 너무 빈약하다. 그런 주장은 부유한 나라들 사례만 포함했을 뿐, 지구상의 대부분 지역에서 일어나고 있는 일과 일어날 수 있는 일은 무시한다. 내 증손주의 자식들이 그들의 할아버지보다 더 부유하고 더 오래 살지 못할 수도 있지만, 아프리카와 인도와 중국에 사는 사람들은 한결 전망이 밝다. 케인스가 언급한 내용 역시 범위가 너무 좁았다. 그는 물질적 생활수준만 언급했지, 건강이나 기대 수명은 말하지 않았다. 그러나 건강과 부의 측면에서 바라보면, 우리의 자손들이 나아질 가능성을 얼마든지 찾을 수 있다.

밝은 면1. 성장은 계속될 것이다

250년에 걸쳐 경제 성장을 이룩하는 동안 우리가 진보를 측정하는 데 사용한 기준은 '우리는 얼마나 많은 것들을 만들어내나', '개인이 소유하는 재화가 얼마나 많은가' 등이었다. 요즘은 기준이 달라져 재화보다는 서비스를, 양보다는 질을 더 중시한다. 이에 따라 복지 증진의 기반이던 양적 성장을 질적 성장이 대신하고 있다. 그러나 서비스는 측정하기 어렵고, 질은 아예 측정 자체가 불가능하다.

좀 더 일반적으로 말해, GDP는 그것이 갖는 실제의 문화적 위상에 비해 측정 방식에 문제점이 많은 개념이다. '총Gross'이라는 개념은 자본을 평가절하하거나 파괴하는 것까지 가리지 않고 모두 계산에 포함시킨다. 여기에는 개념적인 문제도 있고, 실질적인 문제도 있다. 먼저 개념적 문제는, 거래되지 않는 서비스와 레저에는 어떤 가치도 붙지 않는다는 점이다. 거래되지 않는 서비스 중 가장 중요한 것은 보수를 받지 않는 집안일이다. 실질적인 문제는, 가설을 기반으로 한 추산의 역할이 선진 경제에서 더욱 커진다는(가계 소득의 3분의 1까지) 점이다. 그런 추산은 측정이라기보다는 통계상의 '대치imputations'다. 현행의 이런 관례에는 그럴 만한 이유가 있지만, 이를 바꿀 만한 이유도 얼마든지 있다. 어쨌든 그러는 사이에 개념적·실질적 불확실성은 더욱 커져 우리는 결국 줄어드는 성장 수치를 회의적인 입장에서 다루게 되었다.

서비스업은 대부분 생산량을 측정하기 어렵기 때문에, 통계학자들은 할 수 있는 것만 한다. 즉 생산량이 아닌 투입량을 측정한다. 물론 그들도 각국의 국민 계정national accounts을 분석하거나, 국가들끼리 국민 계정을 비교할 때는 생산성을 적용한다. 그러나 이것 역시 통계상의 대치여서 현실과는 큰 차이를 보일 수밖에 없다. 공직 같은 경우에는 생산성이 증가해도 고려 대상이 되지 않는다. 서비스업은 더 심해서 생산성이 아무리 크게 증가해도 대부분의 경우 통계에 잡히지 않는다. 가장 중요한 서비스 중 하나인 자기 소유의 집에서 살 때 받는 혜택은 규모가 작은 비공식적 임대 시장으로부터 추정하거나, 자산의 사용자 비용을 대치하는 식으로 거의 전부 대치된다. 가정의 소비력을 높여주는 기술 향상은 대부분의 경우 측정되지 않는다.

　서비스 성장을 체계적으로 과소평가하고 있다는 증거는 없지만, 품질 향상이나 아주 새로운 재화가 주는 혜택을 과소평가한다는 증거는 많다. 품질 향상과 새로운 재화는 국민소득 계정으로 들어간다. 많은 학자들은 ATM, 휴대전화, 이메일, 인터넷 쇼핑, 개인 엔터테인먼트 장비 등 우리 시대의 중요한 소비 혁신이 주는 혜택이 터무니없이 저평가되어 있다고 주장한다. 이런 혜택을 측정하는 방법을 아는 사람은 아무도 없다. 통계청은 차나 컴퓨터 등 장비의 품질 향상을 고려하지만, 물질적 생활수준의 향상은 이들 아이템을 취급하는 방식 때문에 거의 대부분 저평가된다.

　나는 또한 정보통신혁명과 그와 관련된 장비가 인간의 복지와 별다른 관계가 없다는 주장에 동의하지 않는다. 친구나 가족과 시간을 보내고 이들과 관계를 유지하는 생활이 중요하다는 사실은 이미 많은 사람들이 동의하는 바다. 그런데 이런 생활을 크게 향상시키는 것이 바로 새로운 커뮤니케이션 방식이다. 우리는 언제든 마음만 먹으면 아이들이나 친구들에게 연락할 수 있다. 화상통화는 당연히 무료이고, 수천

킬로미터 떨어진 곳에 사는 사람들과도 친구가 될 수 있다. 우리 부모님은 더 나은 삶을 위해 스코틀랜드를 떠나 캐나다나 호주 등지로 이민 가는 친척이나 친구를 배웅할 때, 그들을 다시 보게 된다거나 하다못해 그들과 통화라도 할 수 있게 될 거란 생각을 아예 하지 못했다. 누가 죽었을 때 편지를 보내거나 요금이 비싼 국제전화를 거는 정도가 예외적이지만 있을 수 있는 일에 속했다.

요즘 우리는 함께 일하고, 함께 얘기를 나누고, 함께 노는 사람들이 어디에 사는지조차 모르는 수가 많다. 우리는 또한 그동안 인류가 이룩해놓은 대단한 업적을 아무렇지도 않게 이용하고, 언제 어느 때든 문학과 음악과 영화를 많지 않은 돈을 내고 즐긴다. 하지만 이런 즐거움도 성장 통계에는 잡히지 않는다. 여기서 우리는 기술 중심의 성장 통계에 관해 조금 다른 생각을 하게 된다. 사람들이 통계에 잡히지 않는 것들을 하찮게 여기고 반영하지 않는다면, 우리도 자신들의 기호를 기준으로 다른 사람의 즐거움을 판단하는 사람들을 무시해도 좋다는 그런 생각 말이다.

부유한 나라가 아닌 지역에 사는, 세계 인구 대부분을 차지하는 사람들에게는 성장의 둔화라는 개념이 아예 없었다. 지역에 따른 편차는 있지만, 그들의 경제는 꾸준히 성장했다. 인도와 중국에 사는 25억 명 이상의 인구는 최근 어느 나라나 어느 시기에도 볼 수 없었던 성장률을 경험했다. 이런 고속 성장이 앞으로도 계속될까?

인도와 중국의 공식 통계는 성장을 과장하고 있지만, 두 나라의 성장률은 금융 위기 이후로 둔화되었다. 성장 둔화는 단기적 현상일 수도 있지만, 국가의 과도한 성장세가 인도나 중국처럼 오래 유지되는 경우는 원래 거의 없다. 그런 성장세는 언제고 멈출 수밖에 없다. 중국의 정치 체제는 창조적 파괴를 쉽게 용인하는 체제도 아닌 데다 부패했고 착취적이어서 시간이 갈수록 성장의 발목을 잡을 것이다.

다시 케인스로 돌아가 생각해보면, 인도와 중국 그리고 가난한 몇몇 나라들은 앞으로도 계속 빠르게 성장할 것이다. 그렇게 추측할 만한 기본적인 이유가 몇 가지 있다. 우선 캐치업 성장은 처음부터 스스로 새로운 아이디어와 새로운 장치와 새로운 방법을 찾아내는 것이 아니라 외국에서 간단히 수입해오기 때문에 선두 그룹의 성장보다 더 쉽게 이루어진다. 그런 수입에는 공짜로 따라오지 않는 지역적 혁신과 적응 및 파괴 과정이 수반되어야 하지만, 그래도 캐치업 성장은 자력 성장보다 훨씬 더 수월하다. 또 환경만 맞으면 수입해온 나라에서의 성장보다 훨씬 더 빠른 속도를 낼 수도 있다.

1980~1990년대 초 경제 성장에서 소외되었던 사하라 이남 아프리카조차 이제 부활의 조짐을 보이고 있다. 이 조짐의 일정 부분은 높은 일용품 가격에서 비롯된 현상이라 이것이 오래 갈 수 있을지는 알 수 없지만, 외국에서 배워온 한 수 위의 거시 경제적 경영 덕택도 있으니 쉽게 주저앉지는 않을 것이다. 서구 세계가 현재 아프리카에 쏟아붓는 파괴적 '원조'만 중단해도 이 지역의 통치는 크게 향상될 것이고, 이에 경제적 성장도 뒤따를 것이다.

밝은 면2. 인류는 더 건강해질 것이다

미국인의 기대 수명은 1900년 이후 30년 정도 늘어났다. 하지만 기대 수명의 연간 증가 속도는 1950년 이후보다 이전이 약 두 배 빨랐다. 동시에 부자와 가난한 자의 기대 수명 격차도 좁혀졌다. 복지 측정 수단으로 기대 수명과 소득을 결합하면(가령 1인당 국민소득에 기대 수명을 곱하면), 부유한 나라의 전반적인 성장은 소득 성장만 따졌을 때보다 훨씬 더 빨리 둔화될 것이다. 그래서 가난한 나라가 부유한 나라를 따라잡는 형국이 전개될 수도 있다. 에이즈의 영향을 받는 나라는 예외지만, 이들도 에이즈 퇴치법이 발견된다면 다시 부유한 나라를 따라잡으리라 기대해볼 수 있다.

부유한 나라의 성장세가 둔화되고 가난한 나라가 이를 따라잡는 현상은 기대 수명의 구조적 특징이다. 기대 수명은 편리하지만, 건강 척도로는 너무 임의적이다. 기대 수명은 성인의 죽음보다는 어린이 사망에 더 많은 비중을 둔다. 따라서 기대 수명의 증가세가 둔화된다고 해서 모든 사망률 감소세가 둔화된다든가, 부유한 나라와 가난한 나라의 모든 사망률 격차가 좁혀질 것이라고 해석하기는 어렵다. 앞으로도 기대 수명의 증가 속도 둔화를 앞으로 다가올 미래의 징표로 받아들일 수는 없다. 미래의 사망률을 줄이는 문제를 실제로 위협하는 것들은 따로 있다. 에이즈도 그중 하나다. 그러나 기대 수명의 증가 속도 둔화는 거기에 해당되지 않는다.

부유한 나라든 가난한 나라든 일반 성인보다는 어린아이와 노인들의 생명이 더 위험하다. 가난한 나라에서 태어난 아기가 몇 년 안에 죽을 확률은 부유한 나라보다 훨씬 높고, 그 수치는 부유한 나라의 과거 수치와 비슷하다. 인도에서 태어나는 아기 1,000명 중 약 50명은 1년 안에 죽는다. 이는 내가 태어났던 해(1945년)의 스코틀랜드 유아 사망률과 비슷한 수치다. 하지만 2010년에 스코틀랜드에서 태어나는 아기 1,000명 중 1년 안에 죽은 아기는 4명이 채 안 됐다. 이는 지금까지 나온 세계 기록으로는 가장 낮은 수치고, 가장 낮은 사망률이다. 요즘 부유한 나라에서는 죽음이 노인들의 뒤를 따라다닌다. 과거 부유한 나라에서도 그랬지만, 요즘은 가난한 나라에서 죽음이 어린아이들을 따라다닌다. 개선된 점이 있다면, 가난한 나라들이 과거의 부유한 나라처럼 아이들의 사망률을 줄인 것 그리고 부유한 나라가 어른들의 사망률을 줄인 것이다.

건강이 좋아진 첫 번째 원인은 깨끗한 물, 위생, 백신, 병을 유발하는 해충의 감소 등 공중 보건 환경이 개선된 데 있었다. 지금도 일부 지역에서는 이런 이유로 계속 건강 문제가 개선되고 있다. 덕분에 유아 및 아동 사망률은 급격히 떨어졌고, 기대 수명은 급상승했다. 기대 수명에 대해 이런 '손쉬운 요인'을 적용하고 나면, 건강 증진의 두 번째 원인은 성인의 사망률을 줄이는 데서 찾아야 한다. 성인의 사망률이 줄었다는 것은 심장병과 암이 줄었다는 뜻이다. 부유한 나라들은 심장병으로 인한 사망자 수를 크게 줄여 수많은 중년과 노인들의 생명을 구했다. 하지만 기대 수명의 측면에서 볼 때 이런 종류의 진전은 유아 사망률 감소의 성과에 크게 못 미친다.

갓 태어난 생명이 중년이나 노년의 생명에 비해 더 가치 있는지는 함부로 단언할 수 없지만, 몇 년 더 살게 하는 것이 무조건 최선이라고도 쉽게 단정할 수 없다. 기대 수명 증가율의 둔화는 본질적으로 성공의 척도이지, 실패의 척도가 아니다. 부유한 나라는 주로 기대 수명에 큰 영향을 미치는 조기 사망의 원인을 해결하는 데 치중했고, 그다음 두 번째 사망 원인인 노령자 사망을 줄이는 데 힘을 집중하고 있다.

우리 손주의 손주들과 관련된 진짜 문제는 그들이 사망률을 계속 줄여나갈 것인가 하는 점이다. 전망이 밝다고 확언할 수는 없지만, 그래도 나는 그렇게 되리라고 생각한다.

심혈관 질환에 의한 사망은 조금씩 줄고 있지만, 그래도 아직 만족스러운 수준은 아니다. 고혈압 약은 싸고 효과도 좋지만, 환자들은 주기적으로 의사에게 검진받아야 한다. 그러나 그렇게 하는 사람은 많지 않다(저렴한 비용으로 생명을 구할 수 있는 방법은 많다). 남성 흡연율은 줄어들고 있지만, 여성 흡연율은 남자들만큼 줄지 않는다. 그 탓에 지난 몇 해 동안 남녀의 기대 수명 격차가 조금 좁혀졌다. 담배를 끊는 여성의 비율이 남성 수준만 된다면, 심혈관 질환이나 폐암으로 죽는 여성의 수는 많이 줄어들 것이다.

폐암 이외의 암 중에서 가장 중요한 것은 주로 여성이 걸리는 유방암과, 남성들만 걸리는 전립선암, 남녀 모두에 해당되는 직장암이다. 이 세 가지 암 치료에 있어서도 최근 의학적으로 큰 진전이 있었다. 영상 검진과 신약 개발, 시행착오를 통한 재래요법의 개선, 암의 특성에 대한 과학적인 이해 증진 등이 복합된 결과였다. 심장마비 환자들의 사망률을 떨어뜨리는 데 활용된 아스피린이나 고혈압 약의 복용, 흡연 자제 등의 방법과 달리 이런 치료법들에는 돈이 많이 든다. 반면 소득 증가율은 상대적으로 낮기 때문에, 이런 치료법들을 널리 활용하는 데는 한계가 있다. 그러나 많은 학자들은 앞으로 50년 뒤에는 과거 50년 동안 심혈관 질환과의 싸움에서 이루었던 것과 같은 놀라운 진전을 암과의 싸움에서 보게 될 것이라 믿고 있다.

사람들의 건강이 계속 좋아지리라고 생각하게 되는 이유는 사람들이 그것을 원하고, 또 생활습관에 대한 연구와 의료 혁신과 기초 과학과 의약품 개발, 치료 절차, 건강 보조 기구 등에 들어가는 비용을 치를 준비가 되어 있기 때문이다. 혁신은 마트에서 살 수 있는 것도 아니고 필요할 때마다 늘 따라오는 것도 아니다. 그러나 목마른 사람은 우물을 판다. 하나의 질병이 정복되면 다음 질병이 주요 타깃이 된다. 50세를 넘기는 사람이 전체 인구의 4분의 1밖에 되지 않았을 때는 아무도 알츠하이머병에 관심을 갖지 않았다. 그러나 기대 수명이 올라가면서 이런 노인병들이 우선적인 관심사가 되고, 사람들이 점차 부유해지면서 그러한 병을 다루는 데 들이는 돈도 늘어났다. 그래서 지출은 국민소득보다 더 빨리 증가한다.

지난 30년 동안 많은 진전이 있었다고는 해도, 가난한 나라의 아동 사망률은 여전히 인류에게 던져진 암울한 저주다. 부유한 나라에서 태어났더라면 죽지 않았을 아이들이 가난하다는 이유만으로 죽어간다. 이런 사망은 막을 수 있는 것이다. 그들은 다른 나라에서 들어온 불치병으로 죽는 것이 아니라 호흡기 감염이나 설사병으로 죽고, 백신만 있으면 예방할 수 있는 병으로 죽는다. 부유한 나라의 아이들은 이런 문제를 겪지 않는다. 따라서 앞으로 좋아질 가망성은 아주 크다. 교육 수준 향상, 특히 여성들의 교육 수준 향상도 전망을 밝게 해주는 요인이다. 교육 수준이 향상되면 손을 자주 씻는 것과 깨끗한 물을 마시는 것의 중요성은 물론 질병과 세균에 대해서도 더 많이 알게 될 것이다.

가난한 나라의 문제는 의약품이 아니다. 의약품은 값싸고 손쉽게 얻을 수 있다. 정작 중요한 것은 현재의 치료법을 아이들과 엄마에게 적용할 시스템을 개발하는 정부의 능력이다. 경제 성장도 중요한 문제가 아니다. 중국은 경제 성장을 이룩하기 전에 이미 아동 사망률을 줄이는데 성공했고, 규모만 못 미칠 뿐 그 점은 인도도 마찬가지였다. 결국 의지하게 될 것은 국가의 역량과 실행 능력이다.

오랜 역사에서 인류를 위협했던 가장 무서운 적은 전염병이었지만, 사하라 이남을 제외한다면 요즘 병 가운데 가장 많은 사람을 죽음으로 몰고 가는 것은 심장마비나 암 같은 비전염성 질병이다. 이미 살펴본 대로 최근 부유한 나라들은 심혈관 질환으로 인한 사망률이 급격히 떨어졌다. 값싼 약이 개발되고, 흡연 인구가 크게 줄었기 때문이었다. 암은 새로운 치료법이 개발되어도 비용이 많이 들기 때문에, 부유하지 못한 나라의 보건 당국으로서는 그 비용을 감당하기가 벅찰 것이다. 그러나 그들도 아스피린이나 이뇨제 정도는 스스로 해결할 수 있을 것이다. 그리고 세계적으로 의료 서비스를 제공하는 공공 기관이나 개인의 치료율도 크게 높아지리라 기대할 수 있다. 중요한 것은 공공 부문에서 '적절한 의사가 기반이 된 건강 시스템이 치료율을 어느 정도까지 높일 수 있느냐' 하는 것 그리고 민간 부문에서 '그런 시스템을 어디까지 규제할 수 있느냐' 하는 점일 것이다.

가난한 나라의 흡연율은 전망이 별로 밝지 않다. 소득이 증가하면 흡연이 늘고, 또 담배 회사들이 중진국 소비자를 표적으로 삼기 때문이다.

지난 50년 동안 아프리카 여러 나라에서 늘어난 기대 수명을 무위로 만들었던 에이즈조차 항레트로바이러스제 공급으로 많이 억제되고 있다. 2003년 가난한 나라에서 이 약을 받은 사람들의 수는 300만 명이 채 안 됐지만, 2010년에는 1,000만 명 넘는 사람들이 약을 받아갔다. 운이 좋다면, 에이즈는 금세기가 다 가기 훨씬 전에 지상에서 사라질 것이다.

소득 증가에서 건강 향상으로 이어지는 데는 연결 고리가 존재한다. 즉 좋은 영양 섭취는 경제력에서 비롯되고, 식수나 위생 같은 공중 보건 프로젝트는 튼튼한 국고가 뒷받침되어야 하며, 혁신의 압력은 생활 수준 향상에 자극을 받아 추진된다. 그러나 소득과 건강이 늘 나란히 가는 것은 아니다. 캐치업 성장처럼 캐치업 건강도 적절한 혁신이 뒷받침되어야 한다. 그리고 그 혁신은 개념적인 혁신이 아니라 방법과 절차의 혁신이어야 한다. 생활수준이 정체되어 있어도 항생제, 식수 공급,

모기 퇴치 등으로 사망률을 크게 감소시켰던 경우가 많았다. 앞으로의 상황을 고려할 때도 건강 문제가 전적으로 경제 성장에 달렸다고 생각한다면 오산이다. 경제가 비틀거린다고 해서 건강 수준까지 흔들린다는 법은 어디에도 없다.

밝은 면3. 그 밖의 모든 것들

궁핍하고 병약한 상태에서는 질 좋은 삶을 꾸리기가 어렵다. 하지만 질 좋은 삶도 내가 살아 있을 때 누리는 것이 아니라면 별다른 의미가 없을 것이다. 그래서 여기서는 사망률과 생활수준에 초점을 맞추어 설명하겠다.

건강하다는 것은 오래 산다는 뜻이 아니다. 요즘 사람들은 더 오래 살 뿐 아니라 건강한 상태로 오래 산다. 여기에는 여러 가지 이유가 있겠지만, 무엇보다 의학 발달이 그 핵심적인 이유라 할 수 있다. 나는 인공 고관절을 해 넣었다. 그게 없었다면 지금처럼 만족스럽게 활동적인 삶을 살 수 없었을 것이다. 인공 무릎이나 인공 심장을 갖고 있는 사람도 있다. 인공 와우(달팽이관)는 듣지 못하는 사람들의 수를 크게 줄였다. 백내장 수술은 많은 사람들에게 시력을 되찾아주었다.

요즘 사람들은 어린 시절 영양분을 잘 섭취하고, 좋은 환경에서 자란 덕에 평균 키가 크다. 지난 100여 년 동안 유럽인들의 평균 키는 10년에 약 1센티미터씩 커졌고, 중국인들도 같은 속도로 커지고 있다. 모두 그렇지는 않다. 미국인들은 성장이 거의 멈춘 상태이고, 인도는 시작도 하지 않았으며, 1980년대에 태어난 아프리카 성인들은 10년 전에 태어난 사람들보다 오히려 더 키가 작아졌다. 어린 시절 소득이 높은 가정에서 건강하게 자라면, 키 큰 어른이 된다. 키가 큰 사람들은 기운도 더 세고 돈도 더 많이 버는 경향이 있기 때문에, 살아가는 데도 더 유리한 것 같다. 어린 시절의 영양 결핍과 소아 질병은 신체적 성장뿐 아니라 두뇌 발달도 억제하기 때문에, 어려서 병치레를 많이 하고 영양 섭취를 제대로 하지 못하면 어른이 되어도 인지 기능이 떨어진다. 반대로 건강하게 자라면 인지 기능이 높아진다. 그런 점에서 세계인들의 평균 아이큐IQ는 상승하는 추세다.

폭력은 줄어들었다. 사람들이 살해될 확률도 예전에 비해 크게 떨어졌다. 불안하게 살지 않아도 되기 때문인지, 사람들의 건강뿐 아니라 우리 삶의 질도 향상되었다.

민주주의는 50년 전에 비해 더 많은 지역으로 확산되었다. 사회적으로도 특정 집단이 다른 집단을 억압하는 경우가 드물어졌다. 남성이든 여성이든 이성애자가 동성애자를, 자본가가 근로자를, 귀족이 농장 일꾼을, 어떤 민족이 다른 민족을, 신분이 높은 사람이 신분이 낮은 사람을 억압하는 정도가 크게 줄었다. 사람들은 그 어느 때보다 사회에 참여할 기회를 많이 갖고 있다.

교육 수준은 세계 대부분의 지역에서 올라갔다. 1950년에는 전 세계 인구 중 글을 읽을 줄 아는 사람이 절반 정도였는데, 지금은 5분의 4가 글을 안다. 하지만 아직도 인도 어느 지역의 여성들은 학교 문턱에도 가보지 못했고, 그들의 딸들 역시 학교 구경을 하지 못하고 있다. 그래서 더욱 할 일이 많다. 특히 아프리카가 그렇다. 궁극적인 자원은 사람이다. 개방된 사회에서 가장 가치 있는 존재는 교육받은 건강한 사람들이다. 그들이 만들어내는 아이디어와 혁신은 모두에게 혜택을 주고, 경제 성장을 지속시키는 기반이 된다.

물론 세계 어느 곳에서나 이런 일들이 아무런 제재도 받지 않고 순조롭게 이루어지리라 기대할 수는 없다. 제대로 해보려고 해도 이를 방해하는 일은 언제 어디서든 일어난다. 전쟁은 모든 것을 파괴하고, 파괴적인 정치 체제는 건설적인 체제를 몰아내어 기껏 이루어놓은 진보를 무위로 돌리고, 사회를 퇴보시킨다. 에이즈 같은 전염병은 수십 년 동안 개선해온 건강 상태를 물거품으로 만들었다. 그러나 과거에도 그랬듯이 미래에도 이런 정도의 걸림돌은 극복될 것이라 생각한다.

불확실하면서도 중요한 한 가지 문제는, 인류가 기후 변화를 적절히 다룰 수 있는가 하는 점이다. 세계적인 차원의 합의가 이루어질 것이란 전망도 낙관하긴 어렵다. 사람들이 힘을 합해 세상을 바꾸기 전에 불행한 일이 재앙처럼 닥쳐 커다란 시련을 경험하게 될 수도 있다. 그런 일이 언제, 어떤 식으로 일어날진 모른다. 그러나 임박한 위험에 맞서는 집단적인 조치와 진보의 힘 역시 강력하다. 그리고 나는 그들이 이긴다는 쪽에 돈을 걸 것이다.

3장

새로운
부의 조건

by 애비너시 K. 딕시트

애비너시 K. 딕시트 Avinash K. Dixit(1944~)

프린스턴대학교 경제학과 석좌교수. 케임브리지대학교를 졸업한 후 MIT에서 박사학위를 받은 그는 저명한 경제학상인 폰 노이먼 상을 수상했다. 또한 MIT의 객원교수이자 국제통화기금IMF, 런던정치경제대학교, 스톡홀름의 국제경제연구소 Institute for International Economic Studies, 러셀세이지재단Russell Sage Foundation의 객원 연구원이기도 하다. 그는 게임이론 분야의 세계적인 대가로 매해 유력한 노벨 경제학상 수상자로 거론되고 있다. 저서로는 《전략의 탄생The Art of Strategy》, 《불확실성 하에서의 투자Investment Under Uncertainty》, 《균형성장의 이론The Theory of Equilibrium Growth》 외 다수가 있다.

"결국 미국은 계속 돈을 빌려와야 하는 만성 부채 상태에서 벗어나지 못할 것이다. 유럽인들은 우조(그리스의 전통주)나 와인, 맥주를 홀짝일 권리를 지키기 위해 온종일 시위 장소에서 자리를 뭉개고 앉아 구호를 외칠 것이다."

물리학자 닐스 보어Niels Bohr나 뉴욕 양키스의 전설적 포수 요기 베라 Yogi Berra 같은 남다른 재능을 가진 사람들도 예측은 아주 어려운 일이라고 잘라 말할 것이다. 먼 미래에 관한 예측이라면 특히 그렇다. 나는 이 책에 글을 실은 여러 학자들도 그런 예측의 어려움을 강조할 것이라고 자신 있게 예측할 수 있다. 그런데 왜 우리는 기를 쓰고 이런 예측을 하는가?

우선 나의 경우, 여러 가지 복잡한 동기가 있다. 첫째, 이런 탁월한 동료 학자들과 어깨를 나란히 하고 케인스의 발자국을 따라가는 작업은 뿌리치기 어려운 유혹이다. 둘째, 예측이 완전히 빗나가더라도 사람들의 비웃음을 살 걱정을 하지 않아도 된다. 기상 캐스터나 금융 시장을 점치는 사람들은 낯이 두꺼운 이들이다. 그들은 자신들의 말이 금방 엉터리로 판명되는데도 매일 새로운 예언을 아무렇지도 않게 내놓는다. 하지만 내게는 확실한 안전판이 있다. 예측이 틀려도 그때 나는 이미 이 세상 사람이 아닐 테니 말이다. 셋째, 이것이 가장 중요한 동기인데, 과감한 추측을 남발하는 재미는 해본 사람만이 안다.

기상 캐스터들도 몇 가지 안전판을 마련해놓는다. '강수' 예보에 갖다 붙이는 확률이 그것이다. 그들은 허리케인의 예상 진로를 놓고 '불확실성 원추cones of uncertainty(계획한 일은 당초 예상했던 것보다 4분의 1에서 네 배까지 변할 수 있다는 개념으로 이를 그래프로 나타냈을 때 원추 모양이 되기 때문에 그렇게 불린다─옮긴이)'를 보여줌으로써 일단 오차범위를 크게 넓혀놓고 과감하게 미래로 나아간다. 경제 예측도 크게 다르지 않다.

확실하게 예측할 수 있는 것

허리케인 비유는 특히 이 글에 잘 어울리는 것 같다. 허술한 정책과 그로 인한 충격파로 세계 경제는 이미 대침체를 겪었다. 그리고 대침체는 그보다 더한 사태가 또 올 수 있다는 두려움을 남겨놓았다. 따라서 나는 허리케인을 예보하는 방식으로 시작하여 불확실성 원추 내에서 그릴 수 있는 경로를 제시할 것이다.

자신 있게 내놓을 수 있는 예측이 적어도 한 가지는 있다. 바로 추의 중앙 경로에 대한 예측이다. 다음 세기 동안, 중앙 경로에서는 여러 차례의 금융 위기나 경제 위기가 나타날 것이다. 어떤 위기든 그 직전에는 벼락 경기와 도취 상태가 자리 잡는다. 이때는 거의 모든 사람들이 입을 모아 말한다.

"이번은 예전과 다르다. 우리는 위기를 피하는 방법을 배웠고, 그래서 마침내 '대안정Great Moderation'을 지속시키는 비결을 터득했다."

그러나 위기가 닥치면 정책 입안자들은 누구 할 것 없이 얼이 빠져 두 손을 놓고 만다. 공황이 닥쳤을 때 그들은 문제를 얼버무리거나 숨기려고만 한다. 그렇게, 다음 몇 년 뒤에 닥칠 위기의 원인을 제공하는 것이 전부다.

안전하게 예측할 수 있는 것이 또 있다. 세계 전체를 이롭게 하는 정책을 마련하기 위한 국제 간의 협조 문제가 그것이다. 특히 여기서는 기후 변화의 위험을 줄이는 예방 조치가 중요한 이슈로 대두된다. 이런 문제는 합의를 이루기도 어렵고, 이행하기도 쉽지 않다. 믿을 만한 약속을 내놓고, 또 실제로 이행하려 애쓰는 나라는 독일과 스칸디나비아 국가들뿐이다. 영국은 흉내는 내겠지만, 성공하지는 못할 것이다. 미국은 국내 정치 사정을 핑계 삼아 별다른 언질을 주지 않아 프랑스나 이탈리아 같은 나라로부터 비난받을 확률이 크다. 하지만 프랑스나 이탈리아도 약정만 맺을 뿐 실제로는 어떤 조치도 취하지 않을 것이다. 중국과 인도는 잘해보겠다고 입버릇처럼 말하지만, 그들의 급선무는 경제 성장이다. 그리고 국내 문제를 해결하기 바빠 환경이 성장에 미치는 영향 따위를 생각할 겨를이 없을 것이다.

세계에서 사용되는 전기는 대부분 석탄과 석유를 태워 만들어진다.

이에 따라 온실가스가 배출된다. 태양열, 풍력, 조력潮力을 이용한 전력 생산은 별다른 도움이 되지 못할 것이다. 핵분열에너지는 조금씩 생산량이 증가하고 있지만, 원자로 사고라도 나면 갑작스럽게 줄어든다. 이런 패턴은 주기적으로 반복될 것이다. 핵융합에너지는 미래 기술인 만큼 아마도 한 세기 뒤에나 현실화될 것이다.

지구 온난화에 대한 예측이 사실로 드러나면, 국제 활동이 줄어들면서 몇 가지 반사 이익이 나타날 것이다. 예를 들어 북극의 북서 항로와 북동 항로에는 빙하가 사라져 동아시아에서 유럽이나 미국 동쪽 해안으로 가는 수송 비용이 줄어들 것이다. 그러나 그때의 주요 교역 흐름은 아시아의 동쪽 해안을 따라 서태평양을 오르내리거나, 어쩌면 태평양을 가로질러 남아메리카의 유복한 나라들로 갈 것이다. 예전에 명성을 누렸던 북극 항로를 지나는 배들은 대부분 로알 아문센Roald Amundsen과 아돌프 에릭 노르덴스크욜드Adolf Erik Nordenskiöld의 경로를 뒤따르는 관광객들로 채워질 것이다.

불확실성 원추의 양극단은 어떨까? 미국과 유럽은 오른쪽 끝에 있다. 제 기능을 못하는 정치와 계속되는 불리한 인구 동향은 예전의 경제 대국들을 평범한 나라로 전락시킬 것이다. 이런 상황은 1970년대와 1980년대 라틴 아메리카의 여러 나라들이 처했던 상황을 떠올리게 한다. 미국과 유럽은 어쩌다 호황을 누리기도 하겠지만 대부분의 시기에 줄곧 정체를 면치 못할 것이며, 반면 아시아 경제는 새로이 활기를 찾을 것이고, 남아메리카 및 아프리카 여러 나라들은 빠른 성장세를 보일 것이다.

유럽과 미국은 개인이든 나라든 빚에 허덕이며 주기적으로 찾아오는 인플레이션과 통화 위기에 시달릴 것이다. 싱가포르에 새로 지은 IMF에서 파견된 특사들은 워싱턴과 브뤼셀로 날아가 신규 융자 조건을 논의할 것이다. 미국과 유럽의 시민들은 그들이 제시하는 무거운 부담에 발끈할 것이다. 미국인들은 최근에 새로 수입된, 관객을 영화 속으로 곧장 빨려 들어가게 만드는 3-D 서라운드 홈시어터와 자가용 헬리콥터를 즐길 권리가 헌법에 보장되어 있다고 주장할 것이다. 미국 생산량의 가치는 이 모든 소비의 가치에 한참 못 미쳐, 결국 미국은 계속 돈을 빌려와야 하는 만성 부채 상태에서 벗어나지 못할 것이다. 그렇다고 미국인들이 돈을 빌려주는 다른 나라들에게 불평을 그치지는 않을 것이다. 비록 남의 나라에서 돈을 빌려 흥청망청 써대더라도 말이다!

유럽인들은 우조(그리스의 전통주)나 와인, 맥주를 홀짝일 권리를 지키기 위해 온종일 시위 장소에서 자리를 뭉개고 앉아 구호를 외칠 것이다. 정부는 재집권이 우선 관심사이기 때문에 유권자를 거스를 엄두를 내지 못할 것이고, 따라서 IMF에 서약했던 조건을 이행하지 못할 것이다. 길고 험난한 협상 끝에 IMF는 어쨌든 채무 상환 기한을 연장시켜줄 것이다. 돈을 빌리는 사람은 잘 안다. 은행에서 1억 달러를 빌리면 은행의 손아귀에 잡히고 말지만, 1조 달러를 빌리면 은행을 손아귀에 넣을 수 있다는 사실을.[1]

미국에서 반복되는 거시 경제 위기는 기술을 선도하지 못하면서 더욱 악화될 것이다. 종교 보수단체의 힘에 휘둘리는 정부가 생명 과학과 관련 분야의 연구를 제한하기 때문이다. 미국의 교육 역시 종교 근본주의자들과 교원 노조의 요구 사이에서 계속 기를 펴지 못할 것이고, 그래서 교육 수준의 하락은 가속화될 것이다. 장구한 세월에 걸쳐 서서히 쇠락해갔던 중국 왕조가 바로 그런 경우였다.

중국은 수백 년 동안 과학과 기술 분야에서 세계의 선두 자리를 지키고 있었지만, 황제들이 내린 변덕스러운 결정으로 탐험이 중단되었고, 전통에 대한 지나친 자부심과 우월감에 사로잡혀 외래 문화를 경시하면서 정체와 쇠락의 길을 걸었다. 이를 회복하기까지는 거의 600년의 세월이 걸렸다.[2] 미국에게 21세기는 이와 비슷한 내리막길의 시발점이 될 것이다.

퇴보가 득으로 나타나는 경우도 있다. 미국은 제조업 대국으로서의 지위를 되찾을 것이다.[3] 2011년에 이미 막대 걸레와 빗자루를 생산하는 일은 중국을 떠나 미국으로 되돌아오고 있는 상황이다. 중국인들은 이런 자잘한 플라스틱 상품을 더 이상 만들려고 하지 않는다. 그들은 보다 선진화되고 복잡한 기술 부문에 뛰어들려 하고 있다. 이런 역전 현상은 교육 수준이 낮고 기술도 없는 미국의 근로자들에게 일자리를 마련해줄 것이다.

불확실성 원추의 왼쪽 끝에는 중국과 인도가 있다. 21세기 초 현시점에서 자신 있게 예측할 수 있는 것은 이들 두 나라의 발흥이 부인할 수 없는 필연적 사실이며, 이들이 그 힘을 바탕으로 세계를 지배하려

들 것이라는 점이다. 하지만 이 두 나라는 지역적·민족적 불평등으로 내부 갈등이 그치지 않을 것이다. 이런 상황을 처리하기 위한 군대나 경찰은 정부 자원의 많은 부분을 소모하기 때문에, 생산적인 사회적 지출이나 공적 투자를 할 여력을 거의 남겨두지 않을 것이다. 주요 인프라 프로젝트는 무시당하고, 내부 갈등으로 인한 폭력과 태업으로 많은 피해가 발생할 것이다. 외국의 투자도 고갈되고, 성공한 국내 회사들도 정국이 어수선하지 않은 나라를 찾아 떠날 것이다.

내가 제시한 시나리오 중에는 공존할 수 있는 것도 있고, 배타적인 것도 있다. 그러나 이들 시나리오 중 몇 가지는 매우 두려운 예측이다. 이 글을 쓰고 있는 이 순간이 마침 할로윈을 앞둔 시점이어서 그런지 두려움은 더욱 증폭된다. 그러나 내가 이런 악몽을 설명하는 진짜 목적은, 독자들에게 충격을 주어서 바라건대 일어날 수 있는 악몽이 현실화되지 않도록 조치를 취하게 하는 데 있다.

그렇다면 이상적인 시나리오에는 어떤 것이 있는가? 그런 시나리오를 실현시키려면 어떤 조치가 필요할까?

꿈의 시나리오

내가 이상적으로 생각하는 꿈의 시나리오는 간단하다. 위기는 피할 수 없다. 그러니 좋은 시절에 미리 대비하는 것이 가장 확실한 대책이라는 사실을 정책 입안자들이 깨달아야 한다. 그렇게 되는 것이 바로 최선의 시나리오다.

2000년 초 구리 가격이 치솟으면서 구리가 주요 수출 종목이던 칠레 정부는 때 아닌 호황을 맞았다. 각종 이익단체들은 쏟아져 들어온 돈을 자신들이 원하는 부문에 지출하라며 성화를 부렸다. 하지만 당시 재무 장관이던 안드레스 벨라스코Andrés Velasco는 그런 성화를 완전히 무시하며 못 들은 척했다. 대신 그는 비축 펀드를 만들어 많은 사람들의 원성을 샀다.

2007년에 대침체가 세계를 강타했을 때, 대부분의 나라들은 빚더미에 올라 여러 가지 프로젝트를 취소하거나 줄였다. 하지만 칠레는 무사했다. 벨라스코가 아니었다면 칠레는 구리 가격이 곤두박질쳤을 때 다른 어느 나라보다 더 극심한 고통을 겪었을 것이다. 그러나 벨라스코는 비축 펀드로 충격을 흡수하여 하루아침에 영웅으로 부상했다. 그가 한 말은 곳곳에서 자주 인용되었다.

"케인스 학도가 된다는 것은 순환 주기 두 부분 중 어느 한 쪽에 있다는 말이다."4

이 슬로건이 모든 나라의 재무부 벽에 커다랗게 인쇄되어 걸리고, 모든 재정 정책의 실질적인 집행도 그에 맞춰 이루어지는 것, 이것이 바로 내가 꿈꾸는 시나리오다.

나는 또한 미국의 공립 학교들이 20세기 전반의 수준과 목적을 회복하여, 고등학교 졸업생들이 졸업장을 가졌다는 자부심뿐만 아니라 기술까지 갖추게 되는 세상을 꿈꾼다. 이들 졸업생들은 대학 교육을 받을 여유를 가지게 되는 것은 물론, 요즘 많은 학생들에게 인기 있는 실용적인 전공뿐 아니라 수학, 자연과학, 공학 그리고 기본적인 경제학에도 관심을 가지게 될 것이다.5 다시 말해 교육이 소비재가 아니라 가장 중요한 투자 상품이라는 사실을 미국인들이 깨달았으면 하는 것이 나의 희망이다.

교사들은 봉급도 많이 받고, 사람들로부터 존경을 받으며, 직업에 대한 자부심을 가지고 헌신적으로 아이들을 가르칠 것이다. 그들은 직책에 안주하지 않고 각자의 창의력을 발휘하며, 짧은 근무 일수와 짧은 학기를 즐기고, 두둑한 연금을 받아 일찍 퇴직할 것이다. 대학 시절부터 상위 3등 안에 들었던 그들은 자신들이 가르치는 과목을 누구보다 좋아하고, 그 분야에 대해 누구보다 잘 알 것이다. 정도는 다를 수 있지만, 2013년 부유한 축에 속한 나라들에도 같은 희망과 꿈을 적용할 수 있다.

내 꿈속에서 2113년은 도전 정신과 창의력과 혁신적인 발상을 가진 사람들의 성공 기회가 더 확대되는 시기다. 기회는 모든 사람에게 똑같이 주어질 것이다.

그 결과야 같지 않겠지만, 분배의 아래쪽에는 튼튼한 사회 안전망이 마련되어 있어 충격을 흡수할 것이다. 사회 안전망은 간단하고, 포괄적이고, 비교적 확고한 정책들로 구성된다. 가령 모든 복잡한 복지 지출을 대신하는 부의 소득세negative income tax와 그에 덧붙여 가계를 위협하는 의료비 지출로부터 모든 국민을 보호할 수 있도록 의료 보험 적용 범위를 확대하는 정책이 그런 예다.

이런 말만 하면 미국 사람들은 거의 반사적으로 사회주의라며 언성을 높인다. 하지만 그들만 모르고 있을 뿐 예전에도 이와 비슷한 제도가 있었고, 자유주의 우파의 영웅인 밀턴 프리드먼Milton Friedman도 이런 정책을 설득력 있는 논리로 주장했었다.6

내가 생각하는 이상적인 안전망은 구제의 범위가 크지 않아 사람들이 빈둥거리는 것을 허락지 않는다. 무엇보다도 그 안전망은 모든 사람들에게 적당한 수준의 보조 소득만 제공해줄 것이다. 제빵사보다 은행가를 먼저 싸고도는 일은 없을 것이다. 그 안전망은 허리케인과 홍수의 위험이 높은 지역에 고급 주택을 짓거나 구입하는 사람들, 또는 집값이 절대 떨어지지 않으리라는 기대를 갖고 거액을 대출받거나 홈에쿼티론home equity loans을 받는 사람들, 또는 터무니없이 높은 수익을 올리다 손실이 나면 그 부담을 납세자에게 전가하길 기대하면서 위험하기 짝이 없는 금융 투기를 일삼는 사람들에게는 어떤 특혜도 주지 않을 것이다. 호경기 때 큰 빚을 내어 땅을 사들여 농산물을 과잉 생산하는 농부들에게는 어떤 지원금도 주지 않을 것이다.

내가 생각하는 의료 보험 제도는 암이나 당뇨 같은 위험한 병을 유발하기 쉬운 생활습관을 주저 없이 계속하는 사람들을 보험 적용 대상에서 제외한다. 그런 사람들을 치료하는 데 들어가는 어마어마한 기금을 마련하기 위해 나머지 사람들이 호주머니를 터는 일은 없어야 한다. "어리석은 짓을 일삼는 사람들을 보호하게 되면 세상은 결국 바보들로 채워진다"고 일갈한 허버트 스펜서Herbert Spencer의 좌우명은 긴급 구제책, 보조금, 보험 등 갖가지 지원금을 부담하는 모든 정부 부서의 벽에 큼지막하게 걸리게 될 것이다.7 경솔하고 어리석은 행동으로 유전자 풀gene pool에서 스스로 사라져 그 풀을 개선하는 데 도움을 준 사람들에게는 사후에 다윈 상Darwin Awards(1994년부터 자신의 우매함으로 사망하거나 생식 능력을 상실하여 악성 유전자가 유전되는 것을 막은 사람에게 수여하는 상으로 미국의 웬디 노스컷Wendy Northcutt이라는 여성이 네티즌의 추천을 받아 매년 1명씩 수상자를 정하여 수여한다-옮긴이)이 수여될 것이다.8 경솔하고 어리석은 행동으로 스스로를 파멸시킨 것은 물론 그들이 속한 회사까지 파탄에 빠뜨린 사람들에게도 비슷한 상을 주어야 한다. 황금 낙하산을 타고 내려와 무능한 경영으로 기업을 악화시킨 CEO들은 언제 떠나더라도 두 번 다시 그 낙하산이 펴지지 않도록 해야 한다.

　이런 안전망을 기획하고 이행하는 정부는 단기적인 조치와 장기적인 조치의 필요성을 신중하게 고려하여 균형을 맞출 것이다. 단기적인 경제적·정치적 급선무는 실질적인 것이어서 소홀히 다룰 수 없지만, 이런 조치들이 자칫 경기를 부양시키기 위한 과도한 지출로 이어지거나, 퇴출시켜야 할 기업이나 산업을 보호하는 부작용을 낳을 수 있다. 정치가들이나 경제학자들은 여기서 한 번 더 우리 자신에 대해 생각하게 만드는 위대한 학자 케인스의 말을 명심해야 한다.

"결국 우리는 모두 죽는다."

그러나 케인스도 논리적 오류를 범하고 있다. 그는 오히려 이렇게 말했어야 했다.

"결국 우리는 각자 죽는다."[9]

미래의 어느 시점에도 살아 있는 사람은 있을 것이고, 사명감을 가진 정책 입안자라면 대중이 정치적 발언을 하지 않는다 해도 마땅히 그들의 이익을 도모해야 할 것이다.

지금, 우리에게 필요한 것은

최상위 계층의 부와 소득이 중간 계층에 비해 너무 많아 위화감을 조성하는 일이 있어서도 안 된다. 소득 불평등을 제한하자는, 도덕적이고 지극히 기본적인 주장을 받아들이지 않는 사람들이라 해도 현실을 직시하고 인정할 것은 인정해야 한다. 아무런 제약이 없으면 사회혁명 등 상층부에 있는 사람의 안녕을 위협하는 사태가 일어날 가능성이 커진다. 어떤 합리적인 제약이 있으면 대중들이 부자들을 완전히 딴 세상 사람으로 여기거나, 나라 안에 '부자들의 왕국'이 따로 있다는 생각을 하는 일은 없을 것이다.[10]

우리는 모두가 미국인이고, 인도인이고, 이집트인이다. 아니 우리는 모두 하나의 인류이고, 지구 시민이다. 같은 시민들은 어떤 기본적인 통일성, 신념, 정서를 공유한다. 그들은 공감대를 형성하여 필요할 때는 서로 도울 것이다. 그러면서도 그들은 또한 개성을 갖고 있어 노력 여하에 따라 개인적 성취감을 만끽한다. 말하자면, 그들은 부정적 의미의 호모이코노미쿠스 정신도 갖고 있다. 그래서 순응을 강요하고 개혁을 억누르는 사회적 규범과 관습에 도전하면서 호모이코노미쿠스 정신을 발휘하여 자기만의 방식을 완성해간다. 그런 개인주의가 없으면, 사회는 순식간에 경직되고 정체된다.

정치에서 경제를 다루는 기관과 그 외의 기관은 늘 다투는 관계지만, 내가 꿈꾸는 세상에서는 그들도 상대방을 존중하면서 순리와 절차에 입각한 논쟁을 통해 문제를 해결한다. 반대 의견을 가진 사람들과 논쟁할 때도 자신과 견해가 다르다고 그들을 배신자나 악마 숭배자나 공산주의자로 매도하는 일은 없다.

18세기에 나타난 영국 사람들의 '폐하의 충성스러운 반대자'는 이 시대에도 높이 평가받을 개념이다. 이렇게 되면 의회의 반대파들은 군주와 국가에 대한 기본적인 충성심을 훼손하지 않고도 집권당의 조치를 비판하고 반대할 수 있다. 이렇게 되어야 민주주의가 제 기능을 발휘하고, 필요할 때 철저한 조사를 요구하여 독단적인 통치나 폭정의 출현을 막을 수 있다.

역사상 그 어느 때보다 언론 매체나 비정부 기구 등 여러 사회단체들의 충성스러운 반대가 절실한 요즘이다. 요즘처럼 강압적인 테크놀로지가 정교해지고 정보가 통제되면, 정부의 손에 너무 많은 권력이 들어가게 된다. 나는 우리 사회 모든 구성원이 충성심을 중심으로 다양한 동심원을 그리는 꿈을 꾼다. 그것은 가족과 친구에 대한 충성이고, 사회단체와 국가와 국제기구 그리고 하나의 전체로서의 인류에 대한 충성이다. 그러나 우리는 충성스러운 반대자 정신도 여전히 갖고 있어, 우리를 지배하도록 우리가 권력을 위임한 사람들을 늘 예의주시할 것이다.

이런 시나리오를 실현시키려면 어떻게 해야 할까? 생각 같아선 내일 아침이 밝았을 때 모든 사람들이 가장 시급한 일이 무엇인지 깨닫고, 선의로 협조하여 그 일부터 해결하도록 힘을 보태면 가장 좋겠지만, 애석하게도 그럴 확률은 거의 없다. 오히려 심각한 위기를 겪을 가능성이 가장 크다.

하지만 맨커 올슨Mancur Olson이 지적한 대로 제도의 개혁은 전쟁을 치르고 난 직후에 일어나는 경우가 많다. 위기는 기존의 연합 세력을 해체하고, 특정 세력을 파괴한다.11 따라서 내가 꿈꾸는 시나리오가 실현되기에 앞서 한 가지 또는 그 이상의 악몽 같은 시나리오가 전개될지 모른다. 여기서 다루는 생각들은 언뜻 보기에 아무런 관련도 없을 것 같지만, 결국은 그런 생각들이 다가오는 세기의 경제사를 일관성 있게 설명할지도 모른다.

우리가 한 주에 15시간씩 일하는 세상을 만들 수 있을까? 지금보다 네 배나 여덟 배 정도 더 부유해질 수 있을까? 달과 화성에 식민지를 건설할 수 있을까? 그런 문제에 대해서라면 잘 모르겠다. 또 관심도 없다. 나는 요즘 잘사는 나라들의 물질적 부가 더 커지고 여가 시간이 늘어나는 일보다는 내 꿈을 그리는 데 필요한 제도와 조직들을 개선하는 문제가 훨씬 더 중요하다고 생각한다. 좋은 제도가 있으면 경제적 복지를 지속적으로 향상시킬 수 있지만, 그런 제도가 없으면 아무리 많은 부라도 흔적 없이 사라지기 쉽다. 나는 가난한 나라들이 수많은 선진국과 대등한 생활수준을 누릴 정도로 그들을 따라잡고, 선진국들은 현재의 경제적 복지 수준을 계속 유지하게 되길 바란다. 그 이상의 전진도 좋겠지만, 그것까진 바라지도 않는다.

4장

부와
자위적 사회

by 에드워드 L. 글레이저

에드워드 L. 글레이저 Edward L. Glaeser(1967~)

하버드대학교 경제학과 교수. 프린스턴대학교를 졸업하고, 시카고대학교에서 경제학 박사학위를 받았다. 도시화를 긍정적인 관점에서 바라보는 젊은 학자로 유명한 그는 하버드대학교의 존 F. 케네디 행정대학원 연구ㆍ정책 센터인 라파포트 보스턴권 연구소Rappaport Institute for Greater Boston와 터브먼 주ㆍ지방정부센터Taubman Center for State and Local Government를 맡고 있으며, 공공 정책 싱크탱크인 맨해튼 연구소Manhattan Institute 수석연구위원으로도 활동하고 있다. 또한 미국예술과학아카데미의 회원이자 세계계량경제학회 정회원이기도 하다. 저서로 《도시의 승리 Triumph of the City》가 있다.

"탐욕은 분명 계속될 것이다. 그래도 세계가 부유해질 테니 좋아할 만한 일은 꽤 있을 것이다. 비록 그때의 세계가 우리 시대만큼 고결하지 않다 하더라도 말이다."

100년은 긴 세월처럼 보일 수 있지만, 현재 미국의 상황은 100년 전과 크게 달라지지 않았다. 물론 외형적으로 미국은 눈부실 정도로 진화를 거듭했다. 100년 전 미국의 1인당 소득은 2012년 물가로 환산했을 때 약 8,800달러로 지금의 6분의 1 수준이었다. 자동차, 전화, 라디오, 영화는 등장하자마자 무서운 속도로 퍼져나갔다. 미국의 자동차 수는 1907년부터 1913년까지 5년 동안 열 배가 증가했다. 분수령은 1912년 선거였다. 당시 가장 인기가 높았던 두 후보는 연방 정부 차원의 과감한 비전을 제시하여 뉴딜 이후에 일어날 변화의 조짐을 예감하게 해주었다.

그러나 지금으로부터 100년 뒤의 미래를 예단하는 것은 여전히 위험해 보인다. 케인스는 1930년에 쓴 〈우리 손주 세대의 경제적 가능성〉에서 대공황이 있던 모진 시절에 비해 미래의 사람들은 훨씬 더 풍족하게 살 것이라고 내다봤다. 그것은 정확한 예측이었다.

그러나 그는 이런 이유로 "경제적 문제가 해결될 것"이라고 잘못 짚었다. 뒤이어 "인류는 지상에 창조된 후 처음으로 실질적이고 영원한 문제, 즉 절박한 경제적 근심에서 벗어날 것이며, 그들은 그 후에 얻은 자유를 어떻게 사용할지, 여가를 어떻게 보낼지, 어떤 학문과 어떤 이자율이 사람들의 마음을 사로잡을지, 어떻게 해야 현명하고 즐겁게 잘 살지 등의 문제로 고심할 것"이라고 장담했다. 이 또한 잘못된 예측이었다. 케인스는 이런 번영이 윤리적 혁명을 태동시킬 것이며, 이를 통해 사람들이 "종교와 전통 도덕에서 가장 확실하게 믿을 수 있는 원칙으로 돌아갈 수" 있을 것이라고 생각했다. 그 원칙이란 "탐욕은 악덕이며, 고리대금은 범죄고, 돈을 탐하는 것은 지탄받아야 할 일이라는 점을 명심하고, 내일을 고민하기보다는 오늘에 충실하여 도덕과 맑은 지혜의 길을 묵묵히 걷는 것"이라고 강조했다.

오늘날 가장 부유한 나라에 산다는 사람들도 경제 문제가 해결되었다고는 생각지 않는다. 사람들은 여전히 좀 더 부유해지기 위해 오랜 시간 일한다. 미국 사람의 60퍼센트는 경제적 형편이 그대로거나 더 나빠졌다고 말한다.[1] 여가를 선용할 방법을 찾기보다는 돈을 더 많이 벌 궁리를 한다.[2] 더구나 최근 금융 위기와 서브프라임모기지 사태를 겪고 난 우리로서는 잘사는 나라들이 탐욕과 고리대금으로부터 등을 돌리게 되리란 케인스의 견해에 실소를 금할 수 없다.

케인스의 글을 보면 예측이 얼마나 무모한 일인지 알 수 있다. 그러나 어떤 일이 일어날 것인가 하는 문제보다는 어떤 부분이 더 나빠질 것인가 하는 문제가 더 중요해 보인다. 그런 문제를 다루기 위해서는 우선 미래의 번영을 위협할 수 있는 잠재적 요소부터 정확하게 평가해야 한다. 다소 진부한 방식일 수도 있지만, 여기서 나는 2113년에 우리의 증손주들이 마주하게 될 경제 상황 가운데 가장 가능성이 커 보이는 것부터 설명하려 한다.

케인스처럼 나도 성장은 계속될 것이고, 세계는 100년 전보다 훨씬 더 부유해지리라고 낙관하는 편이다. 또한 세상은 전반적으로 지금처럼 능력 있고 돈 많은 사람들에게 유리한 쪽으로 계속 나아갈 테지만, 가장 가난한 하위 10퍼센트 사람들의 생활수준도 크게 향상될 가능성이 크다고 생각한다.

하지만 케인스와 달리 나는 번영이 아무리 계속되어도 인간의 사악한 특성은 근본적으로 크게 달라지지 않으리라고 본다. 탐욕은 분명 계속될 것이다. 그리고 나는 또한 미래에 케인스가 말하는 "종교와 전통 도덕에서 가장 확실하게 믿을 수 있는 원칙"이 나타나리라고 생각지도 않는다. 이런 예측은 케인스의 윤리적 낙관주의만큼은 신 나지 않지만, 그래도 세계가 부유해질 테니 좋아할 만한 일은 꽤 있을 것이다. 비록 그때의 세계가 우리 시대만큼 고결하지 않다 하더라도 말이다.

상황이 크게 잘못될 수도 있고, 또 2113년의 세상이 2013년의 세상보다 더 낫다고 보기 어려울 수도 있다. 가장 큰 위협은 전쟁이나 대규모 테러, 막대한 피해를 주는 전염병 등 인간이 자초한 파괴적 행동이다. 세계가 좁아진 탓에 전염병은 예전보다 쉽게 확산될 수 있다. 천연자원 부족은 크게 걱정하지 않아도 된다. 물가 상승으로 기술 혁신이 일어나고, 또 사람들도 더욱 절약하는 습성을 기르게 될 테니 말이다. 오히려 천연자원을 위협하는 일은 정부가 자원의 가격을 인위적으로 낮게 유지하려 할 때 일어날 것이다. 다시 말해 우리는 정치 제도가 부국들의 체질을 약화시키지 않도록 그리고 개발도상국의 발전을 저해하지 않도록 관심을 기울여야 한다. 부유한 나라의 정책이 잘못되어 가난하게 사는 사람들이 경제적 곤궁에서 벗어나지 못하는 것도 문제다. 더구나 그런 요인은 그 이상의 정치적 문제를 일으키기 때문에 여러 모로 위험하다.

인적 자본과 기술의 변화

케인스가 미래의 경제를 예측하며 썼던 내용들은 대부분 1930년 당시만큼이나 오늘날에도 그대로 적용되는 문제이고, 또 보다 넓은 세계에 적용할 수 있는 문제인 것 같다. 케인스는 자본의 성장 효과를 강조했고, 사람들은 여전히 물적 자본에 상당히 막대한 금액을 투자한다. 2011년 GDP 대비 투자 비율은 미국이 약 15퍼센트, 중국은 48퍼센트가 넘는다.

케인스는 인적 자본에 별다른 관심을 기울이지 않았지만, 교육과 경제적 성공의 고리는 20세기를 거치는 동안 그 연결성이 한층 더 분명해졌다. 미국조차 인적 자원의 기반을 계속 확장시킬 정도였으니 말이다. 2001년에는 25세 이상의 미국인 가운데 대학 졸업 이상의 학력을 가진 사람이 26퍼센트였지만, 2011년에는 30퍼센트 이상으로 늘었다. 25~29세에 해당하는 젊은이들이 35~39세의 젊은이들에 비해 대학 졸업장이 많지 않을 것 같다는 사실을 걱정하는 사람들도 있지만, 그런 비교는 20대 후반이나 30대까지 학위를 받기 위해 학업을 계속하는 사람들이 있다는 사실로 상쇄된다. 25~29세까지의 미국인들 중에서 대학 졸업장을 가진 사람의 비율은 2001년과 2006년에 28퍼센트였지만, 2011년에는 32퍼센트로 늘어났다.

그 밖의 지역에서 확인할 수 있는 인적 자원의 성장은 훨씬 더 드라마틱하다. 배로-리Barro-Lee 자료에 따르면, 중국의 정규 교육 기간은 1990년에 평균 4.9년에서 2010년에 7.5년으로 늘어났다. 인도는 1990년에 3.0년 이하였지만, 요즘은 4.4년으로 늘어났다.

케인스는 또한 "지난 10년간 제조업과 수송 부문의 기술적 향상이 역사상 그 어느 때보다 크게 두드러졌다"고 강조했다. 로버트 솔로Robert M.Solow 이후로 경제학자들은 경제 성장을 설명할 때 기술적 진보가 담당하는 역할의 중요성을 강조해왔다.[3] 아무리 그렇다 해도 대서양 횡단 항공 여행과 자동차 보급의 엄청난 증가 같은 1920년대의 수송 혁명에 견줄 만한 발전은 찾아보기 어려울 것이다. 그런데도 우리는 이에 만족하지 않고 수송 부문에서 지속적인 향상을 꾀하고 있다.

중국은 최근 1920년대의 미국만큼이나 자동차 보유량을 크게 늘리고 있다.

제조업에서도 주요 부문의 기술은 계속 향상되고 있다. 미 노동통계국Bureau of Labor Statistics은 제조업의 생산성이 2010년에 6.3퍼센트, 2011년에는 2.1퍼센트 증가한 것으로 추산했다. 개발도상국들의 속도는 훨씬 더 극적이다. 시에C.T.Hsieh와 오사R.Ossa는 1992~2007년까지 "평균 수준의 중국 제조 산업의 총 요소 생산성total factor productivity(투입된 전체 생산 요소에 대한 전체 산출 규모의 비율-옮긴이)이 매년 평균 15퍼센트의 비율로 성장했다"고 발표했다.[4]

물론 요즘 가장 주목할 만한 약진을 보여주는 분야는 정보통신 기술이다. 이 분야만큼은 1930년에는 거의 상상도 못한 수준까지 올라와 있다. '집적 회로의 성능이 2년마다 두 배로 늘어난다'는 무어의 법칙이 언제까지고 계속되지는 않겠지만, 컴퓨터 연산 능력의 진보는 여전히 대단하다. 더욱 인상적인 것은 아이팟 같은 휴대용 소비자 툴부터 페이스북 같은 소셜네트워크에 이르기까지 정보통신 기술의 새로운 애플리케이션을 사람들이 창의적으로 사용하고 있다는 점이다.

정보통신 기술은 여러 면에서 아이디어의 흐름을 원활하게 해주어 혁신을 쉽게 만들기 때문에 더욱 희망적이다. 요즘에 전문 분야에서 연구를 하는 사람들은 구글이나 제이스토어JSTOR나 위키피디아나 스타타STATA 같은 툴을 사용한다. 정보통신 기술은 실험과 평가를 가능하게 해주고, 지식 창조에 가속도를 붙인다. 정보통신 기술은 우리 지식

창고의 크기를 계속 늘려주는 방식으로 전 세계 부의 지속적인 증가에 기여한다.

우리는 얼마나 일하게 될까

이렇게 부가 늘어나면 우리 생활은 어떻게 달라질까? 케인스와 갤브레이스J.K.Galbraith는 양적으로나 질적으로 크게 확대된 여가 생활을 상상했지만, 상황은 그렇게 녹록지 않았다. 65세 이상 남성의 경제 활동 참가율은 1950년에 46퍼센트에서 1980년에는 19퍼센트로 급격히 떨어졌지만, 그 이후에는 오히려 증가했다.

35~40세 사이 남성의 경제 활동 참가율은 1950년에 98퍼센트였지만, 요즘은 91퍼센트로 떨어졌다. 이런 추세는 번영 속의 여가보다는 소득 분배의 아래쪽에서 겪는 어려움에 관해 더 많은 것을 시사한다. 전C.Juhn과 포터S.Potter의 통계는 1969~2004년 사이에 교육을 많이 받은 핵심 생산 연령 남성들의 경제 활동 참가율이 별다른 감소를 보이지 않았음을 나타낸다.5 경제 활동 참가율은 고등학교 중퇴자, 특히 아프리카계 미국인들이 가장 급격하게 떨어졌다. 더욱이 1960년대 이후로 미국에서 25~54세 사이의 핵심 생산 연령 남성들의 근무 시간과 고용 조건은 거의 변한 것이 없다.6

여가가 늘어나리라고 본 케인스의 예측이 잘못되었다고 생각할 만한 몇 가지 이유가 있다. 가장 분명한 것은, 근로자의 생산성이 높아지면서 소득 효과와 대체 효과(노동은 보다 많은 보수를 의미한다는 사실)가 발생한다는 점이다. 그리고 소득 효과로 더 많은 여가를 누리게 되는 반면, 대체 효과는 일을 더 열심히 하도록 부추긴다. 더욱이 기술적 변화로 일이 예전보다 훨씬 더 즐거워졌고, 우리는 더 짧은 시간에 덜 힘든 일을 하면서 부를 증가시켰다고 말할 수 있다. 또 케인스는 상상하기 어려울 정도로 흥미로운 제품을 생산해내는 기술 혁신의 능력을 과소평가했다.

여성들도 경제 활동 참가율이 높아지고, 정식 직장에서 일하는 시간이 더 길어지는 경향을 보였다. 기술이 향상되면서 자질구레한 가사에 들어가는 시간이 줄어든 탓도 있다. 비안키S.M.Bianchi의 보고서에 따르면, 1965년에 기혼 여성은 음식을 준비하고 설거지를 하고 빨래를 하는 데 일주일에 평균 22.3시간을 보냈다.[7] 하지만 1995년에 이 세 가지 일에 들어가는 시간은 주당 8.6시간으로 크게 줄었다. 전자레인지, 세탁기, 포장 음식 등이 등장하는 혁명적 변화가 가사 노동의 부담을 줄여주어 많은 기혼 여성들을 직장으로 돌아가게 해준 것이다.[8]

꾸준히 증가하던 여성의 경제 활동 참가율은 1990년대 중반에 멈칫하다가 다시 약간 상승하기 시작했다. 1995년에 여섯 살 미만의 아이를 가진 여성의 경제 활동 참가율은 62.3퍼센트였지만, 13년 뒤에는 63.6퍼센트로 그다지 많이 상승하지 않았다. 신기술은 설거지하는 데 보내는 시간을 많이 줄여주었지만, 유아를 돌보는 데 들이는 시간은 그만큼 줄여주지 않았다. 소득이 증가한다고 해서 부모와 어린아이가 얼굴을 맞대는 시간이 반드시 줄어든다고 보긴 어렵다. 시간의 기회비용은 오르겠지만, 부모가 자녀에게 투자했을 때의 보상도 역시 오르기 때문이다. 아이가 어렸을 때 투자하는 것이 장기적인 인적 자본 개발에 특별히 많은 영향을 준다면, 기술에 대한 보상이 늘어나면서 어린아이를 가진 부모들의 경제 활동 참가율은 낮아질 것이다. 어린아이와 함께하는 시간이 그 어느 때보다 더 큰 경제적 보상을 가져다준다는 사실을 알기 때문이다.

미국인들이 가장 많은 시간을 쓰는 세 가지는 잠자는 것(매일 8.7시간), 일하는 것(매일 3.2시간) 그리고 TV 보는 것(매일 2.83시간)이다. 케인스 시절 이후로 가장 많이 달라진 것은 미국인들이 일하는 시간과 거의 같은 분량의 시간을 TV 보는 데 쓴다는 사실이다. TV에 소비하는 시간과 TV라는 매체의 기술적 속성을 고려할 때, 가장 큰 혜택을 창조해낸 최근의 기술적 변화는 케이블 채널의 급증이라 말할 수 있을 것 같다. 그렇다면 다음 100년 동안 사람들의 생활에서 가장 급진적인 변화는 홈 엔터테인먼트 분야에서 일어나지 않을까 하고 추측할 수도 있다. 신기술이 혼자서 즐기는 쪽으로 더 발달할지 아니면 페이스북처럼 사회적인 관계에 더 치중할지, 또 중요한 신기술이 주로 앉아서 하는 것일지 활동적인 것일지는 아직 판단하기 어렵다.

물론 경제학자들은 같은 기술의 영향을 다루어도 기술이 여가에 미치는 영향보다는 일에 미치는 영향에 초점을 맞추는 편이다. 그리고 정보통신 기술의 발달로 전 세계가 하나로 연결되면서 서구권과 비서구권 국가들의 경제적 격차는 계속 줄어들 것이다.

부유한 나라에 사는 불행한 사람들

2113년에 중국은 미국만큼은 아니더라도 지금보다 훨씬 더 부유해질 것이다. 인도나 라틴 아메리카나 사하라 이남 아프리카도 마찬가지다. 이런 시나리오가 어느 정도 실현된다면, 우리는 지금보다 더 번창하고 더 평등한 세상을 기대할 수 있다.

이런 현기증 나는 낙관론을 실제로 경험하고 싶다면, 부를 골고루 확산시키는 데 주력해야 한다. 그리고 그것이 또한 민주주의를 확산시킬 것이라고 믿어야 한다. 부와 민주주의의 상관관계는 확고하다. 간단히 증명하기엔 둘 사이의 인과관계가 복잡하지만, 배로R.J.Barro9는 부가 민주주의를 가져다준다고 판단했다.10 나는 폰제토G.A.M.Ponzetto와 슐레이퍼A.Shleifer와 함께 발표한 논문에서 교육이 지속 가능한 민주 제도를 지탱해주는 중요한 요소라고 주장한 바 있다.11 우리 생각이 맞는다면, 잘사는 나라들은 또한 훨씬 더 민주적으로 변화할 것이다.

살라이마틴S.Sala-i-Martin은 하나로서의 세계는 보다 평등해지겠지만, 일이 순조롭게 진행된다 해도 개별 국가 내의 평등은 호전될 것 같지 않다고 내다보았다.12 기술에 대한 보상은 계속 커질 것이다. 또한 기술이 육체노동뿐 아니라 개인 서비스의 상당 부분을 대체하는 세상에서 능력이 뛰어나지 않은 근로자가 그럴듯한 직장을 가지기는 쉽지 않을 것이다. 기술의 정밀도가 계속 높아지면 부유한 나라의 제조업들은 자국에서의 생산을 계속하겠지만, 일손을 구하는 데 애를 먹을 가능성이 크다. 교역재 가운데 노동 집약적인 제품의 생산은 지금처럼 더 가난한 지역으로 계속 이동할 것이 분명하다.

미국은 20세기 중반 임금 격차의 폭이 좁혀지는 시기를 경험했다. 하지만 그런 상황이 재연될 가능성은 없어 보인다. 골딘C.Goldin과 마고 R.A.Margo는 당시 임금 격차의 축소를 "학력이 높은 노동력이 수적으로 크게 증가할 때, 비숙련 노동자의 수요가 빠르게 증가"하는 현상과 연관시켰다.13 하지만 요즘은 교육 수준이 훨씬 더 높아졌기 때문에, 학력이 높은 근로자의 수가 그때처럼 갑자기 증가하는 일은 상상하기 어렵다. 게다가 요즘 우리는 비숙련 노동을 기술과 자본으로 대체할 수 있는 여력을 확보하고 있어서 비숙련 노동에 대한 수요가 급증하는 경우를 기대하기는 어려울 것 같다.

비숙련 기술자의 임금이 가장 좋은 자원을 가진 사람들의 임금보다더 빨리 상승하게 만드는 식의 경제적 전환보다는, 정부가 적극 개입하여 불평등을 줄이는 정책을 실행하는 쪽이 더 그럴듯한 추측일 것이다. 근로장려세제earned income tax credit처럼 근로 행위에 대해 보상해주는 정책과 더불어 교육에 대한 투자가 이루어지면 정부의 개입도 긍정적인형태를 띨 수 있다. 그러나 또한 높은 세금으로 혁신과 창업 의욕을 억누르고 경제적 활동을 하지 않는 층에 과도한 보상을 해주어, 가난한 사람들이 일할 기분이 나지 않게 만드는 부정적인 정부 개입도 얼마든지 있을 수 있다.

서비스와 소매업에 종사하는 비숙련 노동력은 앞으로도 기술과의 힘겨운 경쟁을 계속해야 할 것이다. 1979~1982년에 걸친 불경기 이후 미국의 고용 성장은 소매업과 서비스업에서 크게 확대되었다. 하지만 최근의 경기 침체 기간에 나타난 '고용이 증가하지 않는 경기 회복'은 이 분야에서 고용 확대가 빈약했다는 사실을 부분적으로 보여준다. 아마도 비숙련 근로자들을 대신할 수 있는 인터넷 쇼핑 같은 기술과 로지스틱스logistics(유통 시스템) 때문이었을 것이다.

고임금은 전문가에게만 한정되지 않을 것이다. 서비스 업종에서도 고임금 현상은 계속될 것이다. 일류 헤어드레서나 리무진 운전기사나 의류 판매상 같은 사람은 당연히 기술 집약적인 세계에서 더욱 주가를 높인다. 부자들은 특정 서비스를 제공하는 유능한 사람에게 아낌없이 돈을 낸다. 그런 서비스를 흡족하게 제공하는 능력도 하나의 기술이어서 아무나 두루 갖추고 있는 것은 아니다.

소득 불평등이 계속 심화된다면, 일하지 않는 사람들이 늘어날 가능성이 커진다. 미국은 "우리가 알고 있는 그런 복지"를 중단할지 모르지만, 일하지 않는 사람을 지원해주는 안전망은 없어지지 않을 것이다. 현재 상해 보험을 받는 사람은 거의 900만 명에 이른다. 노동통계국은 16~64세까지의 근로자 가운데 상해를 입어 노동에 참가할 수 없는 사람이 1,050만 명 정도 될 것으로 추산한다. 장애인 근로자의 수가 빠르게 증가하고 있는 것은 작업장에서의 위험 증가보다는 상해 보험 프로그램, 특히 척추나 정신적 문제와 관련된 프로그램의 허용 기준이 바뀌고 있기 때문인 것 같다.

비숙련 근로자의 봉급이 계속 상대적으로 낮게 유지되고 부유한 나라가 일하지 않는 사람에 대한 지원 수준을 높인다면, 일자리를 갖지 않는 사람이 많아질 것이다. 전과 포터가 조사한 자료에 의하면 핵심 생산 연령의 남성 가운데 고등학교 졸업장을 갖지 않은 사람들의 경제 활동 참가율은 1969년에 94.6퍼센트에서 2004년에 82.8퍼센트로 떨어진 반면, 대학 졸업자의 비율은 2004년에도 95.2퍼센트로 비슷했다.[14] 25세 이상의 모든 남성을 대상으로 한 2011년 인구조사 자료에 의하면 인구 대비 고용률이 고등학교 중퇴자는 50.9퍼센트인 반면, 대학 졸업자는 77.8퍼센트였다.

직장에서 비숙련 노동자들이 무더기로 빠져나가고, 특히 장애 연금을 받는 사람들이 늘어나는 그림은 즐거운 상상이 아니지만, 그것은 소득 불평등과 사회 보험의 피할 수 없는 결과다. 실업으로 숙련도가 떨어졌거나 상해보험이 실업자에게만 적용된다면, 일하지 않는 사람들의 특수한 집단이 형성될 것이다. 부유한 사회는 이런 집단에 들어가는 사회 보험 비용을 감당할 수 있겠지만, 개인이 느끼는 생활 만족도와 고용 사이에 밀접한 연관성이 있는 점을 감안하면, 그들은 여전히 부유한 나라에 사는 불행한 사람들 신세를 면치 못할 것이다.[15]

불평등, 부유한 세계의 사생아

2113년 미국의 모습이 소득 불평등이 심화되고 비경제 활동이 늘어난 사회로 가지 않으려면, 인적 자원을 가난한 아이들에게 나누어줄 수 있도록 교육 부문의 효용성을 크게 높여야 한다. 현시점에서 판단할 때 지난 40년 동안 미국의 공교육은 높아진 생산성의 혜택을 십분 활용하여 다른 분야보다 뚜렷한 성과를 냈다고 평가받기에는 부족한 점이 많다. 이런 소극적인 혁신은 학교 교육 혁신의 내재적 문제보다는 공공 기관의 교육 독점에서 비롯된 문제일 것이다. 당국의 규제를 받지 않는 자치적인 학교인 차터 스쿨charter school에서 나타난 긍정적인 결과는, 경우에 따라서는 경쟁도 의미 있는 교육적 결과를 만들어낼 수 있다는 사실을 방증한다.16

학교 교육 체제가 경쟁력을 갖추면 교육 생산성을 향상시키고 불평등을 줄일 수 있을까? 최근 부쩍 늘어난 연구 결과를 보면, 유능한 교사를 채용하고 보유함으로써 학생들이 성인이 되었을 때 소득을 비롯한 교육적 결과를 향상시킬 수 있다는 사실이 확인되었다.17 차터 스쿨 출신들은 학교에서 보내는 시간이 많기 때문에 성공할 수 있었다고 입을 모은다.

그러나 유능한 교사와 긴 수업 시간이라는 두 채널은 많은 비용을 필요로 하고, 교육 생산성의 성장보다는 교육 수준을 변화시킬 가능성이 더 큰 것 같다. 사실 학생들이 매일 학교에서 보낼 수 있는 시간에는 한계가 있다. 그리고 유능한 교사는 다른 직종에서도 얼마든지 능력을 발휘할 수 있기 때문에 능력을 중시하는 사회에서는 더 많은 보수를 보장해야 그들을 붙잡을 수 있을 것이다.

결국 교육 생산성의 성장률을 높이고 불평등을 줄이려면, 기술적 변화에 기댈 수밖에 없다. 지금도 온라인 툴을 사용한 수학 교육 등 신기술을 활용한 교육에서 많은 실험들이 진행되고 있다. 학생들의 흥미를 유발하고 학생 각자의 다양한 필요를 충족시켜주는 것이 신기술을 활용한 교육의 진정한 잠재력이다.

그러나 아직 우리에게는 불이익을 받는 사람들도 얼마든지 사회에 필요한 사람으로 키워낼 수 있다는 신념이 부족하고, 그렇게 하려는 의지도 빈약하다. 또 그런 사실을 입증해줄 무작위 비교 연구와 장기적 결과도 많지 않다.

신기술이 있다고 해서 인적 자본과 번영의 혜택이 모든 사람들에게 골고루 돌아간다는 보장이 없기 때문에, 전 세계의 소득은 계속해서 지역에 따라 큰 차이를 보일 것이다. 롤스J.Rawls의 관점에서 보면 이런 불평등은 분명 타개해야 할 문제다. 불평등을 살인, 질병, 불행과 결부시키는 전문가들도 많다.18

하지만 불평등 정도가 심한 미래라고 해서 무조건 나쁘게만 볼 필요는 없다. 거부들에게는 기부금으로 박애를 실천할 기회가 있다. 또 실제로 그런 일이 많으리라고 예측할 수 있다. 부의 불평등은 사람들에게 열심히 일할 동기를 부여하고, 잘사는 나라에게는 혁신의 유인이 되기도 한다. 하지만 여전히 불평등은 기술과 인적 자원 위에 세워진 부유한 세계의 사생아다.

인간의 도덕적 특성은 변화할까

부가 증가하면 사람들의 품성과 태도가 바뀔까? 케인스는 좀 더 풍족한 미래에는 탐욕과 물질주의가 수그러들 것이라고 예측했다. 이는 너무 순진한 예측이었다. 케인스는 말했다.

"일부러 시간을 내어 선행을 베풀며 사는 법을 가르쳐주는 사람들과, 들에 핀 백합처럼 수고도 하지 않고 길쌈도 하지 않지만" 거저 생긴 것 같지는 않은 "사물에서 직접적인 기쁨을 찾아낼 줄 아는, 보기만 해도 즐거워지는 사람들을 존경하는 세상이 올 것이다."

물론 우리는 우리에게 즐거움과 위로를 주는 사람들을 존경한다. 2011년 〈뉴스위크Newsweek〉 여론조사에서 여전히 가장 존경받는 미국 여성으로 뽑힌 오프라 윈프리Oprah Winfrey는 그 자리에 오르기까지 누구보다 많은 노력을 기울였다.

경제적 성공뿐 아니라 행복을 가르치는 사람에 대한 수요는 더 커질 것이다. 이는 잘살게 되면 나타나는 자연스러운 결과다. 행복을 정상재normal goods(소득이 늘어날 때 수요도 같이 늘어나는 재화-옮긴이)로 생각할 이유는 얼마든지 있다. 그러나 절망을 피하려는 것과 "덕을 행하며 잘"사는 것은 다른 개념이다. 누구나 도덕적으로 살고 싶어 하겠지만, 그것은 윤리적인 실천을 늘리기보다 윤리의 기준을 낮추면 더 쉽게 이룰 수 있는 문제다.

그동안 선행을 권장하는 사회적으로 의식 있는 단체의 고용은 꾸준히 늘었다. 1998년부터 2009년 사이에 '종교 단체, 재단, 시민 단체, 전문가 조직, 그 밖의 유사한 조직'으로 분류된 집단에서 일하는 사람들의 수는 249만 명에서 276만 명으로 10.8퍼센트 성장했다. 이것은 전국 고용 성장률 5.9퍼센트를 크게 초과하는 수치다.

비영리적인 분야의 성장이 그처럼 두드러진 데는 종교 단체의 힘이 크다. 종교 단체에 종사하는 사람은 22만 명이 늘었다. 가장 빠른 성장률을 보여주는 곳은 환경 단체, 보존 단체, 야생 동식물 보호 단체 등으로 3만 2,000명에서 6만 명으로 두 배가량 늘었고, 인권 단체도 1만 8,000명에서 3만 명으로 늘었다. 종교와 관계없는 이들 부분은 크게 성장했지만, 경제 전반에서 그들이 차지하는 비중은 여전히 매우 미약하다.

아무리 부유해지더라도 사람의 품성은 크게 달라지지 않을 것이다. 우리는 좋은 점과 나쁜 점을 엇비슷하게 가지고 있는, 여전히 같은 유형의 피조물이다. 전통적인 도덕적 관점에서 볼 때 부유해진다고 해서 탐욕, 시기, 나태, 폭음, 폭식, 정욕, 분노, 자만심 등 일곱 가지 대죄가 줄어들 것 같지는 않다.

케인스는 부가 증가하면 부에 대한 한계 효용이 급격히 떨어져 여가의 가치가 상대적으로 높아진다고 생각했다. 부가 증가하면 탐욕이 줄어들고 덩달아 시기와 질투도 줄어들겠지만, 나태는 조금 더 늘어날 것이라고 케인스는 예측했다. 당연한 일이지만, 임금 인상이 소득 효과와 대체 효과를 모두 갖는 가장 단순한 모델에도 그런 결과는 포함되지 않는다. 경험적으로 보아도 임금이 상승할 경우 소득 효과와 대체 효과가 맞물리기 때문에, 노동 시간은 줄어드는 것이 아니라 오히려 더 늘어나게 마련이다.

세월이 흐르면서 여가에 대한 케인스의 전망을 빗나가게 만드는 또 하나의 중요한 효과가 나타날 것이다. 신기술은 기존의 재화를 더 좋은 방법으로 생산하는 것만이 아니라 현기증이 날 정도로 많은 신제품을 계속 쏟아내는 것을 의미한다. 기존의 재화를 소비할 때 얻는 보상은 어느 순간 줄어들기 시작하지만, 신제품은 계속 새로운 즐거움을 안겨준다. 개별적인 제품에는 오목한 딕싯-스티글리츠Dixit-Stiglitz 효용함수가 적용된다. 그러나 그렇게 되면 혁신을 주도하는 사람들은 제품을 계속 더 많이 만들어 전반적인 함수가 직선에 가까워지도록 만든다. 깔끔한 아이패드 신제품이나 반짝이는 새 구두가 있는 한, 인간이 조만간에 부에 대한 욕망을 멈추리라고 생각하기는 어렵다.

케인스는 여가가 늘어난다고 생각했지만, 여전히 인간은 더 많은 돈을 벌기 위해 열심히 일하고 있다. 그렇기 때문에 나태는 생각만큼 문제가 되지 않을 것이다. 나태를 경계하는 사람들은 교육을 많이 받지 못한 사람들의 비경제 활동economic inactivity 비율이 올라가는 점을 무엇보다 우려한다. 불평등이 심화되고 합리적인 안전망에 힘입어 이런 추세가 계속된다면, 당연히 힘든 일을 기피하는 사람들의 수가 점차 늘어날 것이다.

시기심이 사라질 징조도 거의 보이지 않는다. 거대 산업은 사람들에게 더 많은 부를 가진 사람들의 삶을 들여다볼 기회를 주려 한다. 사람들은 시기심이란 말에 좀처럼 동의하지 않는다. 조사 결과에 의하면 미국인의 절반 이상은 '아이를 갖는 것' 또는 '하고 싶은 것을 할 만큼 시간 여유가 있는 것' 등이 그들에게 중요하다고 답한 반면, '부유해지는 것'이 가장 중요하다고 답한 사람은 13퍼센트에 지나지 않았다. 그러나 이런 조사가 그들의 진정한 욕구를 반영했는지 아니면 어떤 종류의 추세를 반영한 것인지는 확인하기 어렵다.

그러나 '월가 점령 운동the Occupy Movement' 같은 사건이나 여러 조사 등을 통해 드러난 부자들을 향한 최근의 분노를 보면, 시기심이 크게 증폭되고 있다는 사실을 확실히 알 수 있다. 조사 결과에 따르면 사람들은 주위에 자신보다 부유한 사람들이 더 많을 때 스스로를 몹시 불행하게 여긴다고 한다. 그리고 평범한 사람들이 감히 넘볼 수 없는 혜택을 누리는 사람들이 많은 한, 부가 늘어난다고 해서 시기심이 줄지는 않을 것이다.[19]

육체와 좀 더 가까운 죄악인 폭음, 폭식, 욕정은 어떤가? 비만 수준이 높아진 것을 보면 폭식과 폭음은 여전한 것 같다.[20] 우리는 음식 산업과 다이어트 산업의 경쟁 속에서 비만을 해결할 방법을 찾고 있다.[21]

음식 산업은 좀 더 짧은 시간에 더 맛있는 제품을 소비할 방법을 짜내고, 다이어트 산업은 몸무게를 효과적으로 줄일 방법을 찾아낸다. 제2차 세계 대전 이후 패스트푸드와 전자레인지를 비롯한 음식 산업 분야의 기술 혁신은 그 지배권을 확실하게 확보했고, 결과적으로 우리는 더 많이 먹게 되었다.

그러나 이런 추세도 2000년 이후로는 기세가 한풀 꺾이는 것 같다. 이는 다이어트 기술이 음식 산업의 기술을 따라잡았다는 것을 암시한다.[22] 기술 혁신은 허리둘레를 늘리지 않으면서도 맛있는 신제품을 만들려고 노력할 것이다. 중세 신학자들이라면 어떻게 생각했을까? 맛있으면서도 살찌지 않는 저칼로리 제품을 먹으면, 폭음과 폭식을 하지 않으리라고 생각했을까? 그렇지는 않을 것이다. 그래도 건강은 분명 조금 나아질 것이다.

욕정은 어떤가? 부가 늘어나고 신기술이 개발되면, 성적 욕구나 혼외정사가 줄어들까? 코호트cohort(연령이 같다거나 같은 기간에 태어났다거나 같은 시기에 결혼하는 등 통계적으로 특정 경험을 공유하는 사람들의 집단-옮긴이) 차원의 조사를 통해 나온 한 가지 분석 자료에 의하면, 1944년 출생 코호트부터 1974년 출생 코호트까지의 연령층에서는 혼전 관계가 더 일찍 그리고 더 자주 이루어졌던 것으로 보인다. 그 이후에는 줄어들었을 것으로 이 자료는 추측한다.[23]

미국의 일반사회여론조사General Social Survey 발표에 따르면, 1970년대 이후에 혼외정사를 무조건 나쁘게 생각하는 성인들은 약 70퍼센트에서 약 80퍼센트로 그 수가 10퍼센트가량 늘어난 것으로 나타났다. 미국인들이 결혼 생활을 성실히 해나가는지 확인하기는 어렵지만, 그들의 행동에 큰 변화가 있다는 명백한 증거도 찾아보기 어렵다. 그러나 일부일처제가 압도적인 추세라는 사실을 입증해주는 자료는 얼마든지 많다.[24]

하지만 1960년대의 변화로 혼전관계와 이혼을 가로막는 기술적·법적 장벽이 사라졌고, 그 결과 혼전관계가 늘어났으며 일시적으로 이혼이 급증하는 등 행동 변화가 나타났다는 견해는 분명 일리가 있다.[25] 그러나 이런 변화는 성장률의 변화가 아니라 평탄 효과를 만들어낸 것으로 보인다.

더욱이 에이즈는 혼전 관계의 매력을 압도해버렸고, 성관계로 옮는 다른 전염병의 위협도 그 기세가 여전하다. 기술에 대한 보상이 상승하면, 아이들에게 투자하는 것에 대한 보상도 높아지게 마련이다. 그리고 이혼할 경우 자녀 교육이 소홀해지고, 소득이 줄어든다는 증거도 많다.[26] 따라서 성적 욕구가 우리 증손주들 세대에 특별히 더 늘거나 줄 것 같지는 않다.

분노의 경우, 나는 인간의 폭력성이 꾸준히 줄어들 것이라는 스티븐 핑커Steven Pinker의 견해에 동의하는 입장이다. 이런 경향은 계속될 것이다.[27] 미국의 도시들은 예전에 비해 많이 안전해진 편이다. 그러나 폭력이 줄어든 것은 우리의 기질이 바뀌었기 때문이 아니라 정치적 선택이나 치안 기법의 향상으로 구금되는 사람들의 수가 급격히 늘어났기 때문이다. 세상은 더 안전해졌지만, 우리의 도덕적 특성에 어떤 변화가 있다고는 단정하기 어렵다.

해묵은 증오도 몇 가지는 기세가 좀 수그러들겠지만, 증오할 수 있는 인간의 능력은 사랑할 수 있는 능력만큼이나 뿌리 깊다. 예나 지금이나 하나의 종種으로서 우리 인간의 성공은 협력을 통해 외부의 적과 싸울 집단을 형성하는 능력에 달려 있다. 집단을 내부와 외부로 나누는 뿌리 깊은 성향으로 우리는 외부인들의 위협에 민감하게 반응한다. 그때의 위협은 쉽게 증오를 불러일으킬 수 있다.

나는 어느 저술에서 신기술이 집단적 증오의 확산에 미치는 영향을 논한 적이 있다.[28] 신기술이 증오에 관한 이야기를 쉽게 퍼트리면서 증오도 그만큼 쉽게 확산되었다. 그러나 동시에 이들 신기술은 해묵은 이야기를 물리치기도 쉽게 만든다. 인터넷에 의해 개인의 구미에 맞는 이야기들이 이데올로기적 파당을 이루는 계기로 악용되지 않을까 하는 우려가 많았지만, 실제로 나타난 증거에 의하면 인터넷 사용자들은 몇 가지 이데올로기로 모여드는 것이 아니라 더욱 다양한 이데올로기와 접하는 것으로 밝혀졌다.[29] 이들 두 가지 상쇄 효과를 고려할 때, 앞으로 몇십 년 뒤에 증오가 늘거나 줄어들 것이라고 속단하기는 이를 것 같다.

자만심은 어떤가. 자만심은 도덕적 제약보다 개인의 야심을 우선시하기 때문에 가장 큰 죄악이라고 흔히들 생각한다. 일부 심리학자들은 자존감이 크게 높아져 '자기중심적 세대Generation Me'[30]를 만들어냈다고 주장하는 반면, 다른 학자들은 실제로 관찰을 통해 확인한 결과 변화는 아주 미약하다고 반박한다.31 대중음악의 가사를 분석한 보고서에 따르면, 1980~2007년 사이에는 '나I/me' 같은 단어의 사용이 부쩍 많아진 것으로 나타났다. 이는 아마도 사람들의 자기중심적인 경향이 뚜렷해진 결과로 해석할 수 있을 것이다.32

어떤 근거로 우리는 세월이 갈수록 자존감이나 자기중심적 사고가 늘어날 것이리라 예측하는가? 한 가지 해석은, 기술적 변화와 부의 증가로 시장에서 필요한 서비스를 구입하기 쉬워지고, 따라서 조합 같은 사회적 유대나 집단의식에 대한 의존도가 약해지기 때문이라는 것이다.33 부모들은 갈수록 자식들에게 개인적 성취도를 훨씬 강조하게 되고, 집단적 상황에 필요한 겸손은 경시하게 된다. 이런 추세로 볼 때 자만심이 크게 줄어들 것이라는 예측은 어느 면으로 보나 조금 터무니없어 보인다.

이런 전통적 죄악을 기준으로 본다면, 미래가 보다 도덕적인 사회가 되리라고 기대하기는 어려울 것 같다. 케인스의 비전은 장밋빛이었지만, 지난 83년 동안 그의 견해를 뒷받침할 만한 증거는 거의 없었다. 앞으로 전개될 세상이 더 부유해지고 변덕스러운 개인의 기분을 잘 받아준다면, 우리 손주들은 여전히 증오하고, 시기하고, 탐식하고, 욕정을 자제하지 않을 것이다.

별로 탐탁지 않은 미래 사회를 만들어낼 위협들은 또 있다.

인류의 번영을 위협하는 것: 갈등

세계가 앞으로 계속 부유해지고 번영하리란 보장은 없다. 지금까지 소개한 낙관적인 시나리오를 무색하게 만들 위험은 분명히 존재한다. 그것은 인간이 자초한 위험일 수도 있고, 자연이 초래한 것일 수도 있으며, 알려진 것도 있지만 알려지지 않은 위험도 있을 것이다. 케인스가 글을 썼을 당시에는 대공황의 경제적 비용을 추산하기가 어려웠다. 이후에 닥친 세계 대전의 비용을 추산하는 일은 그보다 더 어려웠다. 지금도 상존하는 강대국 사이의 갈등은 1930년대보다 훨씬 더 큰 피해를 입힐 수 있다.

불량국가나 테러리스트들이 사용하는 대량 살상 무기Weapons of Mass Destruction, WMD는 꾸준히 그 양이 늘었다. 더욱이 기후 변화나 전염병 등 자연재해는 막대한 피해를 초래할 수 있다. 우리는 또한 경제적 자유를 박탈당하고, 개인의 재산을 보호받지 못하는 정치적 변란을 겪을 수도 있다. 정치는 그 자체로 경제적인 문제가 아니지만, 정치로 인한 간접적 피해가 심할 경우 우리의 손주들은 지금보다 더 부유하지 못한 세상에서 살 수밖에 없을 것이다.

실제로 나의 아버지처럼 케인스가 활약하던 시기에 태어난 사람은 거의 평생을 강대국들 각축장의 그늘에서 보냈다. 일본의 만주 침입으로 시작된 갈등은 1931~1945년까지 지속되었다. 1945년 이후에는 냉전과 그로 인한 간헐적 갈등이 이어져, 44년 뒤 베를린 장벽이 무너질 때까지 세계는 한시도 불안의 그늘을 벗어난 적이 없었다. 핵 재앙은 막연하지만, 언제 어디서든 누구에게나 닥칠 수 있는 위험으로 여겨졌다. 그런 전쟁에서 살아남는다고 해도 우리 손주들은 방사능으로 오염된 행성에서 훨씬 가난하게 살아야 할 것이다.

1989년 이후 강대국의 갈등으로 인한 위협은 크게 감소되었지만, 아직도 몇 가지 위협은 존재한다. 러시아는 여전히 군사 대국이며, 중국도 빠른 속도로 힘을 키우고 있다. 강대국들의 가공할 파괴력은 그들끼리의 전쟁을 막을 수 있는 가장 큰 억제책인 것 같지만, 그것도 합리적인 지도자들이 권력을 잡을 경우에나 가능한 일이다. 1930년대에 독일과 일본을 장악했던 권력자들처럼 비이성적인 지도자들이 다시 한 번 권력을 장악하는 경우도 얼마든지 예상할 수 있다.

미국은 사소한 국지전을 즐기는 경향이 없지 않지만, 민주주의가 발달한 미국에서 지도자들이 또 다른 세계 대전을 일으키는 일은 상상하기 어렵다. 러시아도 어느 정도 민주화되었다. 간혹 호전적 성향을 버리지 못하는 경우도 있으나, 러시아 지도부가 강대국과의 전쟁에 모든 운명을 걸 확률은 거의 없어 보인다. 중국의 지도자들은 대만을 비롯하여 예전에 중국의 입김이 작용했던 지역에 대한 지배력을 되찾으려 틈틈이 기회를 보고 있는데, 중국 지도부는 인내심이 많고 꽤나 합리적인 편이다.

하지만 러시아나 중국 같은 나라의 정치 구조에 큰 동요가 올 경우에는 크나큰 위협이 발생할 수도 있다. 중국이 지금처럼 경제 성장과 도시화를 계속하면 민주주의가 대대적으로 확산될지 모른다. 반대로 심각한 불경기에 처하면 봉기가 일어날 가능성도 있다. 어쩌면 그런 동요는 오히려 민주주의로의 평화로운 이행을 유도하여 세계에서 가장 인구가 많은 공화국을 탄생시킬지도 모른다. 그러나 그런 이행은 종잡을 수 없는 방향으로 발전하는 경우가 많다. 순조로운 이행에 실패한다면, 군사 쿠데타나 또 다른 독재정권이 탄생할 수도 있다. 바이마르 민주주의Weimar democracy의 실패를 틈타 우익 독재 정권을 수립한 히틀러 정권이 바로 그런 예이다.

민주주의로의 평화로운 이행이 성공할지 실패할지는 매우 불확실하고, 또 정국이 혼란해질 경우 그 틈을 타 지나치게 낙관적인 지도자들이 권력 상층부를 차지하기 쉽기 때문에, 세계는 언제든 위험에 빠질 수 있다. 우리는 민주주의를 향한 러시아와 중국의 행보가 꾸준히 계속되거나 아니면 적어도 그 국가들이 안정된 체제를 유지하기를 바라지만, 그래도 마오쩌둥의 발언이 마음에 좀 걸린다.

"재래식 전쟁이든 핵전쟁이든 상관없이 우리는 이길 것이다. 전쟁이 나서 중국 인구가 3억 명쯤 사라진다 한들 그게 무슨 대순가?"

불량국가나 테러리스트 집단을 이끄는 파괴주의자들의 위협은 그 어느 때보다 현실화될 가능성이 크고, 아무리 작은 단체라도 대량 살상 무기를 손에 넣으면 무슨 일을 벌일지 모른다. 대도시에 핵 공격이라도 일어나면, 무역과 상업이 마비되어 번영을 향한 여정에 차질이 생길 것이다. 그러나 세계무역센터와 국방부가 공격을 받은 2001년 9월 11일

이후 12년의 세월이 흘렀지만, 미국인들은 취약점을 드러내기보다 오히려 뛰어난 복구 능력을 과시했다.

9·11사태를 보면 죽음을 겁내지 않는 테러리스트들에 의한 피해가 얼마나 무서운 것인지 알 수 있다. 첨단 무기는커녕 칼 하나 없이, 그들은 미국을 상징하는 거대한 건물 두 채를 주저앉혀 수천 명을 죽음으로 몰고 갔다. 그래도 경제의 메트로폴리탄 뉴욕 시는 호들갑을 떨지 않고, 조용히 제 갈 길을 갔다.

불량국가로부터 무기를 손에 넣은 미래의 테러리스트들이 인구가 많이 모인 장소를 표적으로 삼으리라고 상상하는 것은 어렵지 않다. 미국은 안보에 대한 투자를 늘리겠지만, 미국의 정책에 분노하는 사람들이 계속 양산되는 점을 생각할 때 미국을 겨냥한 공격은 사라지지 않을 것으로 보인다. 결국 엄청난 피해를 유발할 대규모 공격의 가능성은 계속 상존할 테지만, 서구는 제2차 세계 대전과 9·11 사태에서 보듯 다시 복구될 것이다.

인류의 번영을 위협하는 것: 자연재해

자연재해의 결과는 측정하기가 더 어렵다. 세계적인 규모로 피해를 입힐 수 있는 위협적 존재는 아직까진 유행병뿐인데, 그 정도만 아니라면 자연재해가 세계적인 경제 불황으로 이어지는 일은 없을 것이다. 태풍, 지진, 홍수는 수천, 수만 명의 인명 피해를 유발한다. 그러나 칸B.Kahn은 같은 재해라도 가난한 나라들의 피해가 더 크고, 가난한 나라에서 사상자도 더 많이 난다고 지적한다. 부유한 나라들은 가난한 나라에 비해 위기에 대응할 수 있는 보다 적절한 공공 부문과 인프라를 갖추고 있다.[34]

부유한 국가들은 예측 가능한 기술과 거대한 부의 보호 효과로 인해 더 안전하다. 그러나 이들의 기술적 노력을 무위로 돌리는 위험이 적어도 두 가지 있다. 첫째, 개발은 핵 발전소 같은 위험한 시설의 사용을 의미할 수 있다. 2011년에 일본이 겪었던 사건에서도 분명히 드러났듯이, 핵 발전소는 자연재해의 피해를 몇 배 확대시킬 수 있다. 둘째, 변화하는 기후의 상황은 극단적인 사건의 개연성을 높여 해수면을 높이고, 홍수의 위험을 크게 늘릴 것이다.

자연재해는 여전히 막대한 피해를 야기하지만, 역사적으로 봤을 때 피해는 국지적이었고 그 영향도 오래가지 않았다. 가공할 사이클론은 열대 지역에 국한되고, 지진 공격은 단층선에 집중된다. 지난 2세기 동안 지진이나 사이클론이나 홍수 때문에 장기적인 성장이 무산된 나라들은 거의 없었다.

하지만 이와 달리 유행병은 그 피해가 심각하다. 역사적으로 2,500만 명 이상, 아니 1억 명 정도의 사망자를 낸 전염병이 적어도 세 번 있었다. 첫 번째와 두 번째는 6세기 유스티니아누스Justinianus 대제 시절에 돌았던 정체 모를 역병이고, 또 하나는 800년 뒤에 나타난 흑사병이었다.

유스티니아누스의 전염병은 가히 인류 역사상 최대의 자연재해라 불릴 만하다. 많은 사람들이 전염병으로 쓰러진 뒤, 로마 제국과 페르시아 제국의 국력이 실제로 크게 약화되었기 때문이다. 물론 직접적인 몰락의 원인은 수백 년 동안 이어진 정치적 혼란이나 경제 침체이지만, 전염병이 가뜩이나 약해진 제국을 빈사 상태로 몰았다는 해석도 충분히 나올 수 있다.35 반대로 흑사병은 정치적으로는 별다른 영향을 주지 않았다. 오히려 흑사병은 토지-노동 비율을 향상시켜 노동자의 임금을 올려주었다.

선線페스트가 직접적인 대량 살상을 야기할 가능성도 크지 않다. 우리는 이런 질병을 물리칠 수 있는 항생제를 갖고 있으며, 무엇보다도 감염된 벼룩을 옮기는 쥐와 접촉하는 일도 예전에 비해 훨씬 줄어들 것이다. 실제로 부유한 나라들은 위험한 질병을 옮기는 동물의 서식지를 파괴하는 등 동물과 곤충이 매개하는 질병의 영향을 효과적으로 줄여오고 있다.

공중 보건의 중요성을 강조하는 사람들은 벼룩에게 서식지가 되어주는 쥐 같은 동물들을 인간으로부터 분리시키기 위해 각별한 노력을 기울였다. 그들은 모기가 번식하는 고인 물을 없애 말라리아와 황열병의 확산을 막았다. 청정한 물을 만들기 위한 대규모 투자도 수인성 질병의 위협을 효과적으로 감소시켰다.36 에이즈는 약 3,500만 명의 인명을 앗아갔지만, 성관계로 옮겨지는 질병의 살상 효과는 금욕과 일부일처제를 통해 스스로를 보호하려는 인간의 노력에 의해 어느 정도 억제될 것이다.

앞으로 대대적인 피해를 일으킬 수 있는 유행병은 독감 같은 공기로 전염되는 질병일 것이다. 독감은 1918년과 1919년에 5,000만~1억 명의 사망자를 냈다. 이는 제1차 세계 대전의 사망자 수를 웃도는 수치다. 독감 바이러스는 쉽게 돌연변이를 일으키기 때문에, 현재 우리의 의학적 능력으로는 적절한 대처가 어렵다. 1918년에 군대의 이동이 유행병의 확산을 도왔던 사례에서도 볼 수 있듯이, 세계가 좁아질수록 바이러스의 전파 속도는 더욱 빨라질 것이다.

그러나 앞으로 인류는 어떤 유행병에도 적절히 대처할 수 있을 것으로 보인다. 그렇게 낙관할 만한 이유가 몇 가지 있다. 의학의 눈부신 발전으로 인간은 질병 치료까지는 아니더라도 질병의 성격을 신속하게 파악할 수 있게 되었다. 그런 지식으로 우리는 검역을 강화하고 개인적으로 마스크를 착용하는 등 병의 확산을 억제할 수 있는 전략을 신속하게 수립할 수 있다. 우리가 수백만 명 규모의 사망을 예방할 수 있을지는 확신할 수 없지만, 질병이 터무니없이 빠르게 확산되지만 않는다면 1918년 수준의 참상은 두 번 다시 일어나지 않을 것이다. 더욱이 우리의 경제는 그런 타격을 비교적 빠르게 극복했다.

기근은 자연재해로 분류되는 주요 항목 가운데 마지막을 차지하는 부분이다. 기근은 에너지 부족 등 다른 천연자원의 위기와 비슷한 면이 있지만, 석유나 석탄의 공급과 달리 식품과 미네랄 공급은 날씨 조건에 많이 의존하기 때문에 더욱 취약하다. 그러나 요즘은 토지를 사용하지 않고 만들어내는 식품이 점점 늘어나는 추세다. 기술의 향상으로 수십 억 명의 인구를 먹이는 일도 한결 쉬워졌으며, 부유한 나라의 식품 생산은 비교적 변동성이 적다.

세계 종말에 대한 예언은 인구 과잉으로 인한 식량 재앙을 완전히 잘 못 예측한 데서 비롯된 것으로 드러났다.[37] 식량을 생산할 수 있는 토지의 면적은 줄어들어도, 식량 생산을 늘리는 것은 얼마든지 가능하다. 또한 비상시에는 축산업처럼 곡물 집약적인 육류 소비 형태를 지양하고, 기본적인 곡물을 직접 소비하는 쪽으로 소비 행태를 유도할 수도 있다. 그러나 정부가 식품 가격을 통제하지 않는다면, 식량 부족은 가격 인상으로 이어질 것이다.

더욱이 지구는 크기도 대단하고 지리적으로도 다양한 성격을 갖고 있기 때문에, 장기적 기후 변화의 영향을 어느 정도 흡수할 수 있을 것이다. 지구 온난화로 사하라 이남 아프리카의 농업 환경이 악화될 수는 있다. 그러나 기온이 상승하여 기후가 변하게 되면, 캐나다와 시베리아의 광활한 토지를 훨씬 더 집약적으로 사용하는 등 긍정적인 효과도 기대할 수 있을 것이다.

기근이 특히 위험한 이유는 단기적 충격 때문이다. 그리고 기후 변화는 그런 충격을 보다 심각하게 만들 수 있다. 역사적으로 볼 때 기근은 농업과 정치의 결합을 반영하는 경향이 있다. 적당한 지원을 해주지 못하는 정치 체제와 일시적인 환경적 충격이 결합될 때 기근 사태가 벌어진 경우가 많았다.[38]

가장 극단적이었던 기근은 1958~1961년까지 3,000만 명의 목숨을 앗아간 '중국 대기근'일 것이다. 중국은 이외에도 1927년과 1929년 그리고 19세기 초에도 수백만 명의 목숨을 기근으로 잃었다.[39] 소련은 1921~1922년, 1932~1933년, 1946~1947년의 기근으로 수백만 명이 죽는 참상을 겪었다. 그 외에도 1943년에는 벵골에서, 1974년에는 방글라데시에서, 1975~1979년 사이에는 캄보디아에서, 1995~1999년 사이에는 북한에서, 대기근으로 많은 사람들이 안타깝게 목숨을 잃고 말았다.

부유한 나라에는 심각한 기근이 드물다. 유럽의 마지막 기근은 60년도 더 된 과거의 일이고, 중국 대기근도 반세기 전의 일이었다. 특정 국가의 수확량이 크게 부족해도, 세계 각지의 기후가 다양하기 때문에 전체적인 곡물 산출량은 비교적 안정적인 상태를 유지한다. 어느 나라든 다른 곳에서 곡물을 사올 수 있는 여유가 있거나, 1990년대의 북한과 달리 인도주의적 지원을 요청할 능력만 있다면, 기근의 위협은 차차 줄어들 것이다.

인간이 다른 천연자원의 부족으로 위기를 맞을 일은 크게 줄 것으로 보인다. 날씨와 토양과 인적 자원이 복합적으로 작용하여 생산되는 유동적인 농산품과 달리, 천연자원은 지속적인 자원이다. 그러나 1970년대부터 석유가 고갈되리라는 두려움이 있었고, 현재는 비료의 주요 원료인 인燐의 부족이 중요한 문제로 대두되고 있다.[40] 물 또한 희귀 천연자원으로 분류되는 지역이 있으며, 배터리 등 전기 제품에 사용되는 희토류稀土類도 공급 부족에 시달릴 수 있다.

지구 종말 시나리오에 단골로 등장하는 품목은 늘 있지만, 자원 보존과 혁신과 대체 자원 등이 있어 어느 정도 불행한 사태는 피할 수 있을 것이다. 수요와 공급의 법칙에 의해 수요가 공급을 초과하면, 가격이 오르고 소비는 줄어든다. 30년 전에 혼다 시빅Honda Civics은 고속도로에서 리터당 23킬로미터 이상의 연비를 자랑했다. 유가가 계속 올랐다면, 이런 차들이 당연히 많이 팔렸을 것이다. 이후 몇십 년 동안 고유가는 연료 효율이 높은 차들의 판매를 촉진시켰다. 마찬가지로 인 가격의 상승은 식품 가격의 상승으로 이어지고, 그럴 경우 비료를 사용하는 육류의 소비가 줄어들 것이다.

연료 효율성이 높은 차가 꾸준히 개발되는 것을 봐도 알 수 있듯이, 부족한 천연자원에 대한 두 번째 반응은 기술 혁신이다. 연비가 좋은 차 같은 자원 효율적인 장비를 생산하거나, 특수한 희토류에 의존하지 않는 전자 공학처럼 자원이 전혀 필요 없는 제품을 생산하는 것 등이 그런 사례다. 언젠가는 훨씬 더 효율적인 태양열 전지판을 만들고, 바닷물을 담수화하는 공장을 세우는 날이 올 것이다. 자원 부족에 혁신으로 대응해온 인류의 족적은 무척 인상적이었고, 그것은 지금이나 앞으로도 마찬가지일 것이라 믿는다.

마지막으로 동일한 서비스를 생산하는 데 대체 수단을 이용할 수도 있다. 자가용 대신에 대중교통을 이용할 수 있고, 채광 대신 인간의 배설물에서 인을 재활용하는 기술을 개발할 수도 있다. 발전소에서 석유

대신 석탄을 사용하는 것도 마찬가지다.

우리가 지금 싸게 구입할 수 있는 상품이 우리 손주들에겐 비싼 상품이 될 수도 있다. 케인스 시대보다 지금 훨씬 더 비싼 상품이 있는 것처럼(런던 인근의 토지가 그 대표적인 예다), 우리 손주들 시대에 가서 훨씬 더 비싸지는 상품이 있을 것이다. 지금까지는 상품 부족으로 경제 발전에 타격을 입은 적이 없었다. 그러나 미래에도 그런 일이 없을 것이라고는 장담할 수 없다.

앞서 불평등에서 비롯되는 정치적 위험을 언급했지만, 불평등 사회는 경제 활동에 너무 많은 세금을 매기고, 비경제 활동에 너무 많은 돈을 지급한다. 여기에는 과도한 평등주의보다 더 큰 문제가 있다. 대표적인 것이 기본적인 재산권을 보호하는 체제가 무너지는 것 그리고 기업을 운영할 의욕을 좌절시키는 지나친 규제다. 현재 웬만한 선진국들은 합리적인 제도로 개인의 재산권을 보호한다. 하지만 일부 개발도상국들은 재산권에 대한 법적 서비스를 확실하게 제공하지 못한다. 극심한 인플레이션 정책은 사유재산을 몰수하는 고전적인 방법 중 하나지만, 아직까지 그럴 위험은 거의 없어 보인다. 노동 시장과 기업 활동의 지나친 규제는 개발도상국 경제의 숨통을 조이고 남부 유럽 경제에 피해를 줄 것이다.

세월이 지난다고 미국 연방 정부의 문제점이 개선되리라고 기대하진 않지만, 마찬가지로 지구 종말 시나리오가 현실화되리라고도 생각지 않는다. 미국 정치는 225년 동안 기본적인 안정을 누려왔고, 한 가지 방향에서의 정책이 실패하면, 또 다른 방향의 조치가 뒤따라 문제를 해결했다. 하지만 미국이 지고 있는 막대한 부채는 앞으로 몇 년 동안 인플레이션 압력을 가중시킬 것이다.

물론 인플레이션은 우리가 가진 채무의 실질 가치를 줄일 것이어서 고통의 정도가 심하지만 않다면 그로 인해 성장이 크게 저해되는 법은 없을 것이다. 내가 보기에 가장 치명적인 정치적 위험은 어떠한 급격한 경제 침체가 아니라 성장을 촉진시키지 않고 현 상태를 유지하는 쪽으로 방향을 설정하는 정책이다. 적어도 미국에서는 그렇다. 이 문제는 이어지는 내용에서 다룰 것이다.

미래의 번영을 위협하는 가장 극단적인 문제는 강대국이나 막강한 군사력을 가진 사악한 집단이나 전염병 등이 야기하는 이른바 '인간 파괴'다.

지진이나 사이클론이나 홍수 등 천연재해는 여전히 간헐적으로 막대한 피해를 입히겠지만, 그 수준이 지구 차원의 경제 성장을 무위로 돌릴 만큼 심각한 정도는 아니다. 기술과 통치 방식을 개선하면 이런 위험은 대부분 완화시킬 수 있다. 다른 천연자원의 부족과 기근이 성장을 크게 지연시킬 가능성도 그렇게 크지 않다. 가격 메커니즘이 대체 자원과 효율성 향상을 촉진시키는 기술적 혁신을 불러오는 등 우리에게 유익한 쪽으로 움직이기 때문이다.

자위적 경제

실질적인 위협을 걱정하는 것은 당연한 일이지만, 경우에 따라서는 두려움 그 자체가 문제가 될 수도 있다. 번영이 계속되면 사람들은 현실에 안주하게 되어 개혁과 모험을 기피한다. 개인은 자구책의 수준을 놓고 각자 적절한 결정을 내릴 수 있지만, 국가의 정치·경제 절차는 자칫 여러 형태의 과도한 자위책을 세우는 우를 범하기 쉽다. 국방비 지출과 공공 의료와 새로운 건축이나 사업을 방해하는 규제 등 자위책은 무리수를 두기 쉬운 분야다.

자위의 기본 경제학에서는 개인이 잃을 것이 많을 때 보호에 더 많은 돈을 쓰는 것이 바람직하다. 한 개인이 W의 부를 가지고 있고 그 부를 잃을 확률이 P라고 할 때, P는 자위 S에 대한 지출의 감소함수다. 그리고 그 사람이 예상된 부를 최대화한다면, 그 사람의 최적화 문제는 $(1-P(S))W-S$를 최대화하는 것이다. 이것은 일계조건first order condition $-P'(S)W=1$을 낳는다. 이것은 $P''(S)>0$이 되게 하는 최대치를 나타낸다. 그래서 자위에 들어가는 지출에 대한 보상은 줄어든다. 음함수이론 implicit function theorem에 따르면 W를 지킬 때 필요한 지출의 도함수는 $-P'(S)/P''(S)W>0$이 될 것이다. 보호에 필요한 지출에 대한 보상은 보호해야 하는 부의 크기에 비례한다.

우리가 계속 살아 있기 위해 소비하는 경우도 결과는 비슷하다. 죽을 확률을 $P(S)$라고 할 때, 살아 있는 사람들을 위한 복지는 $U(W-S)$이고, U(.)는 오목하다. 죽으면 효용성은 0이 된다. 이 경우, 개인은 (1-P(S))U(W-S)를 최대화하기 위해 S를 선택한다. (1-P(S))U(W-S)는 일계조건 -P'(S)U(W-S)=(1-P(S)U'(W-S)를 낳고, 부와 관련된 지출의 도함수는 P"(S)U(W-S)-2P'(S)U'(W-S)+(1-P(S))U'(W-S)로 나누어 -P'(S)U'(W-S)-(1-P(S))U"(W-S)이다. 분자의 두 개 항은 부가 한 사람의 생명을 보호하는 것이 더 가치 있는 일이며, 부의 증가는 현금의 한계 효용을 감소시킨다는 사실을 보여준다. 그렇게 되면 자위에 대한 지출이 덜 고통스러워진다. 분모의 세 개 항은 모두 양수다.

이런 기본 논리에 따르면 부자일수록 보험이나 자동차 안전 관리 그리고 사망이나 부의 손실 확률을 줄이는 쪽에 더 많은 지출을 한다. 소비자지출조사Consumer Expenditure Survey에 따르면 15만 달러 이상을 버는 가구는 7만 달러를 버는 가구보다 총지출 비율에서 보험료를 두 배 더 지출한다고 한다.41 갈수록 부유해지는 세계는 자위에 대한 관심을 높이겠지만, 더 많은 생명 보험에 가입하고 더 안전한 자동차를 구입하는 부유한 사람들을 우리가 걱정할 이유는 없다. 걱정한다 해도 죽는 것과 관련된 외부 효과(친구, 사랑하는 사람들, 고용주 등에게 부과된 비용)가 있기 때문에, 표준 경제에서 개인의 보호는 과도한 것이 아니라 미흡한 상태일지 모른다.

공공 부문이 너무 많은 일을 도맡아 해서 변화를 방해할 확률도 높다. 과도한 보호 비용은 공공 지출의 액수를 크게 늘리고, 동시에 혁신과 변화를 지나치게 억제한다. 1980년에 순이자 지급을 제외한 연방 예산의 49퍼센트는 다섯 가지 보호 지향적 기능, 즉 국방, 의료 지출, 메디케어Medicare(65세 이상인 사람과 장애인 중 사회 보장세를 20년 이상 납부한 이에게 정부가 의료비의 50퍼센트를 지원하는 제도-옮긴이), 상해 보험, 소득 보장(연방 근로자 퇴직 급여는 제외) 등에 들어갔다.[42] 2011년에는 예산의 64퍼센트가 이들 다섯 가지 분야에 투입되었다.

냉전의 종식으로 평화 배당금peace dividend(국방 예산에서 민생 부문으로 전환된 예산을 가리키는 말-옮긴이)이 할당되었지만, 미국은 1991년에 비해 2011년에 방위비를 56퍼센트 늘렸다. 역사적 맥락에서 이런 방위비 지출은 지난 10년 동안 치러진 전쟁으로 인한 예외적인 현상처럼 보일 수 있다. 그러나 다른 관점도 있다. 갈수록 부유해지는 사회는 외부 위협으로부터 스스로를 보호하기 위해 기꺼이 막대한 돈을 치른다는 사실이다. 부의 증가로 인해 국방에 기술 집약적·자본 집약적 정책으로 접근하는 미국은 자국의 방위군 손실을 줄이기 위해 막대한 예산을 아끼지 않고 투입할 것이다.

'건강'과 메디케어에 대한 지출 증가는 다른 관점에서 볼 수도 있다. 앞에서 설명한 수학에서 보듯, 부유한 미국은 국민의 안전을 도모하고 건강 자본을 유지할 수 있는 투자에 더 많은 지출을 하려 한다. 그래서 지금까지 미국은 중간 소득층에게는 메디케어 프로그램을, 빈곤층에게는 메디케이드Medicaid(빈곤선의 65퍼센트 이하인 저소득자에게 정부가 의료비 전액을 지원하는 제도-옮긴이) 프로그램을 집행해왔다. 일부 빈곤 퇴치 프로그램에 대한 강력한 반발이 있었지만, 미국은 가난한 사람들이 중간소득 국민들과는 다른 의료 혜택을 받을 '자격'이 있다는 원칙을 지켜왔다. 그것은 가난한 사람들을 위한 의료 지출의 지속적인 증가를 의미한다.

상해 보험 지출은 1980년에 예산의 3퍼센트를 차지했지만, 2011년에는 4퍼센트로 증가했다. 실제 금액에서 상해 보험 지출은 1960~2011년까지 30배 넘게 증가했다. 이것은 부유한 국가가 개인의 삶을 바꿔 놓는 불운한 사건으로부터 시민을 보호하여 결국은 국가를 보호하려는 정책으로 해석할 수 있다.

익히 알고 있듯이, 미국이 1996년 기존의 복지 정책을 끝내기로 결심했을 때에도 사회 보험에 지출되는 연방 정부의 예산 지출은 크게 내려가지 않았다. 물론 현재의 높은 지출 수준은 그만큼 경기 침체가 심각하다는 사실을 반영하는 현상이다. 비만도가 올라가고 있지만, 푸드 스탬프food stamp에 지출된 이자를 제한 예산 할당은 1980년의 2.6퍼센트에서 2011년에 3퍼센트로 올랐다. 예산의 한 부분으로서 실업 수당은 두 해가 거의 같았다. 이는 1980년에도 경제가 어려웠다는 사실을 반영한다. 가장 크게 성장한 분야는 '그 밖의 다른 사회 보험'이다. 여기에는 사회보장기금social security trust fund 혜택을 받지 못하는 사람들을 위한 장애자 지원, 저소득 가정을 위한 한시적 지원제temporary aid for needy families, 근로 장려 세제earned income tax credit에 직접 지출하는 비용 등이 포함된다.

미국은 다른 부유한 나라들에 비해 사회 복지 분야의 지출을 크게 줄였지만, 이를 바라보는 국민들의 시선은 시간이 지나면서 조금 관대해졌다. 다수결 원칙에 입각해 들어선 정부를 비롯한 다양한 세력의 존재, 그 세력들 간의 굳건한 견제와 균형, 민족적 다양성 등 여러 이유 때문에 미국은 유럽 국가들에 비해 복지 면에서 훨씬 열등한 국가로 전락했다.43 그러나 사람들이 아무리 관대한 태도를 취한다 해도, 국가가 계속 부유해진다면 시간이 갈수록 그들은 복지를 강화하는 입장을 취하게 될 것이다.

극빈층을 겨냥한 연방 복지 프로그램은 좀 더 효율적으로 바뀔 수 있지만, 별다른 자위책을 기대할 수준은 아닐 것이다. 다수결 체제에서 정치는 늘 가난한 소수들에게 이전되는 소득을 제한한다. 하지만 그보다는 메디케어 같은 중간 소득층을 보호하는 데 들어가는 과다 지출과 국방에서의 부적절한 군사적 조치 그리고 변화와 혁신을 제한하는 과도한 규제가 더 큰 걱정이다.

메디케어 지출이 크게 증가한다는 것은 프로그램 설계에 결함이 있고, 장기 개혁을 극히 어렵게 만들지 모를 더 큰 문제가 있다는 것을 의미한다. 무엇보다도 이 프로그램은 비용을 전혀 고려하지 않고 어떤 의학적 절차에든 무조건 돈을 내도록 되어 있다는 점에서 설계상의 중대한 결함을 안고 있다. 1965년에는 의료 조치의 건수를 제한하면서 문제가 다소 완화되는 듯 보였다. 그러나 이 계획에 내재된 인센티브로 인해 미국 자본주의의 천재성이 촉발되었고, 의학 혁신이 급증했다. 인명 구조 기술처럼 새로 만들어진 것도 많지만, 이 프로그램의 설계는 결국 모든 GDP가 새로운 의료 조치에 지출된다는 것을 의미하는 것처럼 보인다.

이런 허점을 완전히 제거하려면 프로그램의 설계를 바꿔야 한다. 현재 1인당 메디케어 지출액과 같은 금액의 의료 바우처health care voucher를 개인에게 발행할 수도 있는데, 의료 바우처는 GDP에 비례하여 올라갈 것이다. 하원의원 폴 라이언Paul Ryan은 2011년 예산에서 그 같은 바우처 플랜을 제안했다. 그러나 오바마 대통령이 의료 제도를 놓고 벌인 싸움에서 보았듯이, 중산층의 이익에 반하는 안건은 거센 반발을 피하기 어렵다.

구조적으로 더 큰 문제는 공공 의료 지출을 위한 구성원에 제공자와 소비자가 모두 포함되어 있다는 사실이다. 그리고 이 두 집단에는 메디케어 수혜자인 5,100만 명의 미국인과 헬스케어를 받고 있는 1,530만 명의 근로자(미국 고용자 전체의 13.5퍼센트)가 모두 포함되어 있다. 결국 미국 사람의 20퍼센트 이상이 메디케어의 수혜자인 셈이고, 그 때문에 매우 광범위한 지지 기반이 형성된 것이다.

더욱이 이를 지지하는 사람들은 의결권을 부당하게 행사할 가능성이 있고, 미 퇴직자협회American Association of Retired Persons, AARP나 미 의학협회American Medical Association처럼 조직이 탄탄한 단체를 포섭할 수도 있다. 의결권을 가진 집단과 로비 집단의 규모를 보면, 본질적으로 급여 외 혜택 수준을 크게 줄이지 못하게 막는 거대한 장애물을 이해하기가 쉬워진다. 개혁 세력은 새로운 절차로 인한 비용의 증가를 억제하는 것은 엄두도 못 내고 기껏해야 급여 외 혜택을 현재 수준에서 동결시키려는 노력을 하는 게 전부지만, 그마저도 뜻대로 되지는 않는다.

현재 정책을 개혁하려 해도 현상 유지 편향status quo bias의 두 가지 측면 때문에 이 역시 쉽지 않다.44 한 가지 편향성은 나이가 많은 미국인들에게 무제한적인 의료 조치를 약속한 경우에서 보듯, 약속을 어기면 거센 정치적 도전을 각오해야 한다는 사실이다. 손해를 알게 되면 화를 내는 것이 인지상정인 만큼 현재 프로그램의 수혜자들은 편향성을 고집할 동기가 있다. 폴 로머Paul Romer의 설명에 따르면, 이런 경향 때문에 프랭클린 D. 루스벨트Franklin D. Roosevelt는 사회 보장 공약으로 내세운 지원 혜택을 이행하기 위해 많은 무리수를 두었다.45 약속을 지키지 않는 것을 좋지 않게 생각하는 경향도 있기 때문에, 위정자들은 약속한 급여 외 혜택을 줄이려는 노력을 아무래도 소홀히 하게 된다.

현상 유지 편향의 두 번째 부분은 변화에 대한 시민들의 믿음을 반영한다. 개인은 제시된 정책 개혁의 영향을 객관적으로 판단할 수 있는 개인적 경험이 거의 없다. 그래서 그들은 외부의 평가에 의존할 수밖에 없다. 이 때문에 정책을 제시한 사람들은 시민들의 믿음에 영향력을 행사하기가 쉬워진다.46 개혁에 반대하는 세력이 메디케어의 경우처럼 개혁에 우호적인 사람들보다 조직력이 훨씬 더 강하면, 그들은 여론을 지배하고 변화에 대한 두려움을 조성하여 대대적으로 자신들의 정당성을 여론화할 것이다.

시민들이 상황을 제대로 인식하지 못하면 또한 국방비 지출이 과다

하게 집행될 확률이 크다. 미국에 대한 위협의 실체를 가장 잘 알고 있는 집단은 국방부나 미 중앙정보국Central Intelligence Agency, CIA 등인데, 이들은 국방 관련 지출에서 얻는 것이 가장 많은 집단이기도 하다. 더욱이 외부 세력이 우호적이라고 시민들을 설득하는 쪽보다는 악의적인 집단이라는 것을 보여주는 편이 더 쉽다. 실제로 그렇지 않다고 해도 말이다. 선량한 국가와 사악한 국가 또는 선량한 인물이나 나쁜 인물이 모두 전혀 나쁜 의도를 드러내지 않는 중립적 신호를 보내지만, 나쁜 국가나 나쁜 인물만 위협을 암시하는 신호를 보낸다면, 몇 가지 부정적 신호가 몇 가지 거짓 우호적인 신호보다 사후 신뢰에 훨씬 더 많은 영향을 미칠 것이다(나쁜 권력도 우호적 신호를 보낼 수 있기 때문이다).

1941년 이후의 기록을 추적해보면, 미국이 대체로 다른 나라의 위협을 과장해왔다는 사실을 알 수 있다. 리처드 닉슨Richard Nixon이 중국과 화해 외교를 벌이기까지, 우리는 중국이 미국이나 미국의 우방에 대해 어떤 군사적 조치를 취할 가능성이 크다는 점을 지나치게 강조했다. 1970년대와 1980년대에 우리는 소련이 제기하는 위협을 과대평가했다. 2011년 9월 11일 이후로 우리는 사담 후세인과 이라크가 제기한 위험에 대해 과장된 믿음을 양보하지 않았다. 앞으로도 우리는 계속 외국 침략자들의 위협으로부터 우리를 지켜줄 방위 기금을 모으는 데 필요 이상의 열의를 보일 것이다.

자위적 사회의 세 번째 요소는 두려움이다. 두려움은 갖가지 규제 장벽을 만들어낸다. 과거 미국의 여러 지역들은 건설 사업에서 비교적 별다른 제약을 받지 않았지만, 1960년대 이후로는 현기증 날 정도로 줄줄이 이어진 토지 사용 제한에 의해 사업 자체가 원천 봉쇄되는 규제 변화를 겪었다.[47] 이런 규제에 대한 대가는 수요가 많은 지역에서 건물을 너무 적게 짓고, 그로 인해 부동산 가격이 너무 높아지는 현실로 나타났다. 나와 워드B. A. Ward가 조사한 바에 의하면, 매사추세츠 동부는 이런 규제의 벽이 너무 높아 파레토 최적Pareto optimality(이탈리아의 경제학자 파레토가 제시한 분배의 해결책으로 자원 배분이 가장 효율적으로 이루어져 다른 사람이 불리해지지 않는 한 어느 누구도 유리해질 수 없는 상황을 말한다-옮긴이)의 전통적 시금석인 전체 토지가를 극대화하는 수단으로 정당화될 수 없을 정도다.[48] 나와 주르코J. Gyourko, 색스R. E. Saks는 마찬가지로 맨해튼의 토지 이용 규제가 사회적으로 용인되기 어려울 정도로 높다고 평가하는 입장이다.[49]

또한 새로운 사업을 시작하지 못하게 막는 제한도 있다. 예를 들어 디트로이트를 비롯한 일부 도시에서는 이동 식당을 금지한다. 이동 식당이 기존 식당의 이윤을 감소시킬 것이라는 일부의 두려움 때문이다. 버트런드M. Bertrand와 크라마츠F. Kramarz는 프랑스에서 새로운 소매 업체 설립을 막는 장벽으로 인해 고용 성장이 심각하게 지연된 사례를 보여주기도 한다.[50]

이런 규제들이 왜 그리 흔한가? 한 가지 설명은 정치적 또는 법적 장애 때문에 지대地代를 새로운 회원에서 기존 회원으로 이전하기가 어렵다는 것이다. 그 결과 기존 회원은 변화로 인해 큰 손실은 입지 않지만,

특별한 이점도 경험하지 못한다. 지방 정치는 기존 회원들에게 호의적이다. 그들이 투표권을 갖고 있기 때문이다. 잠재적 신입 회원은 그렇지 못하다. 기존의 사업체는 또한 시간이 지나면서 영향력을 확대시킬 수도 있다.

님비NIMBY 현상에 대해서는 다소 이해하기 어려운 설명도 있다. 이 견해에 따르면, 기존 업체는 변화가 실제보다 훨씬 더 해로울 것이라고 생각한다. 그들은 현 상태를 이탈할 때 입을 수 있는 손실을 과대평가한다. 아마도 이해 당사자가 그런 취지로 소문을 퍼뜨리기 때문일지도 모른다.

부의 수준이 올라가면 기존 세력에게 잃을 것이 더 많기 때문에, 그들은 변화를 막기 위해 더 열심히 싸운다. 더욱이 기존 세력은 새로운 사업이나 새로운 주민들이 가져다줄 부가세에서 별다른 혜택을 받지 못한다. 새로운 건설 사업을 막는 싸움은 부유한 지역일수록 쉽게 성공한다. 앞으로 국가 자체가 부유해지면서 미국에서는 더 많은 지역에서 그와 유사한 현상이 나타날 것이다.

자위적 사회에는 하나의 논리가 있다. 부유한 세력은 잃을 것이 많고, 그들은 당연히 자신과 자신의 자산을 지키려 한다는 것이다. 정치 절차나 잠재적 행동 수칙을 보면 부유한 나라일수록 과도한 보호로 쉽게 기울어진다는 사실을 알 수 있다. 과도한 자위책은 메디케어와 국방비를 비롯하여 방위 조치에 너무 많은 돈을 쓰고, 변화에 대해서는 너무 많은 장벽을 설치하는 문제점을 초래한다. 그 결과 국가는 현재 가진 것을 지키려고만 하고, 변화를 극구 꺼리는 쪽으로 정책의 방향을 잡는다. 이것은 결국 기술적 변화를 억제하고, 경제 발전을 늦춘다.

낙관적 전망이 조심스러운 이유

나는 기본적으로 케인스와 낙관적 비전을 공유하는 입장이다. 우리 손주가 우리보다 더 유복하게 살 것이라는 그의 견해는 1930년만큼이나 2013년에도 역시 타당해 보인다. 그러나 케인스와 달리 나는 이런 부가 미국인들의 근무 시간을 크게 줄여주리라곤 생각하지 않는다. 부가 늘어나면 노동에 대한 대가 또한 커진다. 더구나 부유해지면 인간의 특성에서 중대한 도덕적 변화가 나타날 것이라는 케인스의 견해에는 더욱 회의적인 입장이다.

케인스 시절에는 많은 사람들이 경제적 혜택을 경험하게 될 것처럼 보였다. 전체적으로는 지구가 보다 평등한 장소가 되었는지는 몰라도, 그때 이후로 세계화와 신기술은 부유한 나라를 더욱 불평등하게 만들었다. 결국 불평등으로 번영의 풍족한 결실을 즐기지 못하는 미국인들이 많아졌다. 불평등은 평등하지 못한 정책을 유발하여 지속적인 경제 성장을 위태롭게 만들 위험이 있다.

경제적 자유가 급격하게 전환되는 상황은 우리 손주들의 부를 위협하는 또 한 가지 위험 요소가 될 것이다. 그 외에도 세계적 차원의 폭력과 세계적으로 유행할 수 있는 전염병도 위협을 야기한다. 이미 전염병이 쉽게 대륙과 대양을 넘나드는 세상이 되었다. 이런 위험은 인정하지만, 그래도 나는 최악의 결과를 피할 수 있다는 희망을 버리지 않는다. 또한 사이클론이나 지진처럼 국지화된 자연재해는 특정 장소에 막대한 피해를 주겠지만, 그런 재해가 글로벌 경제에 미치는 효과에는 한계가 있을 것이다. 천연자원 부족에 대한 위협도, 유가가 오르면 사람들의 행동이 반사적으로 건전한 쪽으로 바뀌기 때문에 그다지 다급한 문제는 아니다.

한 가지 반복되는 두려움은, 이런 번영이 사회를 더욱 자위적으로 만들어 변화를 꾀하기보다 가진 것을 지키기에 급급하도록 만드는 것은 아닐까 하는 점이다. 인류는 위험을 감수했기 때문에 부유해질 수 있었다. 그러나 자위의 두 가지 핵심 측면인 의료 보험과 국방비를 확보하고 변화를 막기 위한 장벽을 높이기 위해 엄청난 세금을 강요하는 사회는 미래보다 과거에 집착하는 사회다. 미래의 잠재력을 믿는 나로서는 우리가 불필요한 곳에 너무 많은 노력을 기울여 결국 가진 것조차 지키지 못하게 되는 것 아닌가 하는 두려움을 떨칠 수가 없다.

5장

색다른
위기의 출현

by 안드레우 마스-콜레이

안드레우 마스-콜레이 Andreu Mas-Colell(1944~)

스페인 바르셀로나의 폼페우파브라대학교Universitat Pompeu Fabra 경제학과 교수. 현재 카탈로니아 자치정부의 경제지식부 장관으로 재임 중이다. 세계계량경제학회 회장과 유럽경제협회 회장을 역임한 그는 미국국립과학아카데미United States National Academy of Sciences의 외국 회원이며 미국경제학회의 외국인 명예 회원이기도 하다. 그는 특히 미시경제학 분야에서 세계 최고의 경제학자 중 한 명으로 손꼽힌다. 주요 저서로 마이클 D. 윈스턴Michael D. Whinston, 제리 R. 그린Jerry R. Green과 함께 쓴 《미시경제학이론Microeconomic Theory》이 있다.

다음 200년 동안 인류가 어려운 고비를 맞게 된다면 그 것은 환경이나 에너지나 전통 경제 때문이 아니라 생물학 적인 요인이나 전쟁, 갈등 등 사회적인 요인에서 비롯될 확률이 더 높다.”

1930년 존 메이너드 케인스는 스페인 마드리드에 있는 레시덴시아 데 에스투디안테스Residencia de Estudiantes에서 '우리 손주 세대의 경제적 가능성'이란 제목으로 강연을 했다. 케인스로서는 대수로운 내용이 아니었다. 그가 내놓았던 장기적 예측 가운데 더 잘 알려진 것은 "우리는 모두 죽는다"라는 말이었다.

그러나 레시덴시아 데 에스투디안테스에서 그는 이런 극단적인 현실주의를 잠깐 제쳐두고 기분 좋은 상상의 나래를 폈다. 그의 강연은 1930년 경제 상황에 대한 그의 견해를 듣고 싶어 했던 청중들에게 '경악까지는 아니더라도 놀라움'을 주기에 충분했다.[1]

그들은 당시의 경제 상황에 대한 말은 한마디도 듣지 못했다. 예기치 못했던 대공황의 첫해를 겪고 있던 세계에서 케인스는 미래에 대해 낙관적인 것도 모자라 심지어 한가롭기까지 한 견해를 내놓았다. 예를 들어 그는 당시부터 100년 뒤에 그가 말하는 소위 '선진 경제(내가 보기에는 미국과 영국 그리고 스스로 선진국이라고 생각하는 나라들을 의미하는 것 같다)'에서의 생활수준은 네 배에서 여덟 배까지 높아질 것이라고 추정했다. 그는 또한 당장의 상황과는 전혀 어울리지 않게 "경제 문제는 인류의 영원한 문젯거리가 아니다"라고 주장했다.

지금에 와서 보면, 그의 강연은 당대의 현실을 외면한 것이고, 또 어떤 부분에서는 당대의 편견을 극복하지 못하고 있다. 그러나 그 강연은 흥미로운 생각으로 가득 차 있고, 내 생각엔 핵심 표적을 제대로 맞추고 있다. 실제로 세월이 흐르면서 그 강연은 점점 더 경제적 사고의 특징이 된 하나의 태도를 드러냈다. 다름 아닌 낙관론 아니면 조심스러운 낙관론이 바로 그것이다.

경제학자의 이론이 늘 이런 식으로 인식되는 것은 아니다. 19세기 빅토리아 시대의 역사가 토머스 칼라일Thomas Carlyle이 당대의 경제학을 가리켜 '우울한 학문dismal science'이라고 지적한 사실을 떠올리면 알 수 있는 일이다. 이는 맬서스 이론에 입각하여 영구 빈곤은 인구 통계학에 의해 추진되는 모든 경제가 피할 수 없는 '자연적' 균형이라고 보았던 인식에 대한 반응이었다.

사실 경제 원칙은 언제나 두 가지 전형을 따른다. 첫째, 경제학은 한계의 학문이라는 사실이다. 이 원칙에 따르면, 세상에 공짜는 없으며 당장의 결과를 찾는 사전 연습은 실패할 수밖에 없다. 둘째, 그 영역이 역동적이라는 점이다. 즉 시간과 노력과 좋은 일은 결국 한계를 끊임

없이 뒤로 물린다. 오늘날 이 두 번째 사실은 아주 펄펄하게 살아 있다. 경제학은 더 이상 우울한 학문이 아니다. 그래서 조금은 주제넘을지 모르지만, 이 장에서 나는 케인스가 했던 것과 같은 유형의 조심스러운 낙관론을 펼쳐 보일 것이다. 그러나 결코 이것이 이상주의는 아니라고 말하고 싶다.

물론 조심은 해야 한다. 문득 세계 대회에 참석했던 어떤 수학자의 일화가 생각난다. 그는 1900년에 열렸던 세계수학대회World Congress of Mathematics에서 20세기의 핵심 문제들을 제시했던 위대한 다비트 힐버트David Hilbert를 닮고 싶어 했던 수학자였다. 힐버트가 제시한 문제들은 하나같이 매우 난해했고, 그래서 일부는 아직까지도 해결되지 않고 있다.

그러나 우리들이 제시한 문제들은 1년 내에 모두 해결되었다. 그래서 나는 독자들에게 인내심을 가지고 지금 여기서 내가 하는 것처럼 미리 판단하지 말기를 당부한다. 100년을 기다려야 할 문제다. 나는 또한 어떤 중요한 면에서는 케인스의 낙관주의보다 내 낙관주의에 대한 평가가 더 많을 것이라는 점을 독자들에게 분명히 알려두고자 한다.

우선 나는 케인스를 괴롭혔던 문제의 미래를 개관할 것이다. 이런 문제를 '고전적 도전'이라고 해두자. 그다음으로는 우리가 1930년대 당시보다 지금 훨씬 더 절실하게 느끼는 도전과 문제를 생각할 것이다. 나는 우리 경제에 새롭게 나타난 경향에 대해 조금 경솔하게 추정해보고 싶은 유혹을 뿌리치기가 어렵다. 그 일환으로 나는 미래 사회에서 경제적으로 문제가 될 부분과, 경제학자들이 그 안에서 하게 될 역할을 고찰할 것이다.

고전적 도전의 미래

케인스에 따르면 주요 도전 과제는 생활수준의 문제다. 다시 말해 부와 빈곤이다. 케인스는 낙관론자였지만, 그렇다고 순진한 학자는 아니었다. 그는 100년이라는 수사 저편에서 진보의 속도는 어떤 조건들에 의해 좌우된다는 사실을 잘 알고 있었다. 그는 그 조건으로 세 가지를 들었다. 인구 성장을 억제할 능력, 과학적 진보에 대한 자신감 그리고 전쟁과 내란을 피할 수 있는 역량이 그것이다. 그는 또한 적정 비율의 자본 축적 필요성을 언급했으며, 앞의 세 가지 조건이 주어지면 이 조건이 뒤따를 것이라고 보았다. 전쟁과 내란에 관해서는 조금 뒤에 따로 설명할 것이다.

다른 두 조건은 오늘날 많은 부분 충족되고 있다. 인구 성장은 케인스가 바랐던 수준보다 훨씬 더 빠른 속도로 지속되고 있지만, 인구 억제, 아니 인구 감소조차 가시권에 들어와 있다.[2] 우리는 마침내 맬서스의 저주를 벗어날 시대에 접근하는 중이다. 한편 우리가 지난 몇십 년 동안 경험한 과학적 발전은 한마디로 경이적이었고, 미래의 과학적 성장에 대한 전망도 보통 수준을 넘는다.

이런 몇 가지 사실을 기반으로 그리고 고전적 도전과 관련하여, 100년의 햇수를 추가하는 새로운 지평이 내게 허락된다면, 우리의 미래가 낙관적일 수 있는 이유를 얼마든지 제시할 수 있다고 나는 생각한다. 그 점에서 우리가 해결해야 할 도전 과제는 선진국의 생활수준과 아무런 관련이 없다는 사실을 지적해야겠다. 여기서 케인스의 예측은 더 연장할 필요 없이, 넉넉잡고 2030년까지는 실현될 것이다. 공황이 막 시작되었을 1930년 당시에는 케인스도 그 정도까지 쉽게는 생각하지 않았을 것이다. 그랬다면 당시 선진국에 끼지 못하는 나라들을 포함하는 보다 글로벌한 시야를 택했을 것이다. 그리고 그는 또한 이런 식의 접근에는, 예를 들어 200년 정도의 더 넓은 지평이 필요하다는 사실을 인정했을 것이다. 그렇게 더 넓어진 지평에서 그는 어렵지 않게 다음 세 가지 핵심 사항을 이해하고, 그에 대해 동의했을 것이라고 나는 생각한다.

• 지금부터 100년 뒤(2113년경), 우리는 자연적인 성장과 인위적인 조치를 통해 세계의 빈곤을 완전히 제거할 수 있게 될 것이다. 다시 말해, 전 세계 사람들은 물질적인 면에서 오늘날 부유한 나라의 시민들이 누리는 생활수준의 적어도 4분의 1 수준의 생활을 누릴 수 있을 것이다. 오늘날 1인당 350달러의 소득(대략 에티오피아 수준)을 올리는 나라의 보통 시민들은 2113년에 오늘날 미국의 저소득층(물가를 감안한 가격으로 그들의 1인당 소득은 매년 평균 3.5퍼센트 정도씩 성장할 것이다)과 엇비슷한 생활을 할 것이다. 물론 빈곤을

제거한다는 목표는 그보다 훨씬 전에 실현되기를 바라야 한다. 그러나 나는 '상대적 빈곤'에 관한 예측은 감히 하지 않는다. 상대적 빈곤에서 '상대적'이라는 말을 강조하게 되면, 빈곤은 영원한 현상이 될 수밖에 없다.

• 기대 수명이 늘어나고, 전반적으로 우리의 건강도 더 좋아질 것이다. 그러나 이는 운동을 하고, 식사를 균형 있게 하고, 공중위생을 철저히 관리하고, 금연 같은 좋은 습관을 들인 것 때문만은 아닐 것이다. 그것은 예방과 치료 약리학, 더 일반적으로 의학적 진보의 결과일 것이다. 아무리 운 좋은 사람이라도 노화는 피할 수 없지만, 노화를 늦추려는 인간의 노력은 단념을 모른다. 따라서 그런 싸움을 비롯해 건강 관리에 지출하는 GDP 비율이 증가할 것이다. 지금까지는 해놓은 것이 별로 없다. 100년보다 더 먼 미래에, 사람들이 지금 우리를 보고 "꽉꽉하고, 야만적이고, 짧은" 삶을 살았다고 말하지나 않을까 걱정이다(적어도 우리가 지금 홉스Hobbs 시절의 삶을 두고 말하듯 말이다).3 21세기는 생물 의학의 세기라고 말한다. 결국 의학적 조치에 들어가는 비용이 크게 감소할 것으로 예상된다. 가격이 떨어지면, 수요는 올라간다. 의학적 조치는 그 자체로 반드시 소비를 늘리진 않는다. 그러나 치료가 불가능해서 비용을 계산할 수 없던 병들이 정복되어 비용의 한계가 정해지면, 상당한 수준의 비용 절감이 가능해져 소비가 늘어날 것이다. 지금 우리

는 수명을 확실하게 5년 더 연장해주는 그런 치료를 소비하지 않는다. 그런 치료는 존재하지도 않는다. 그러나 이런 치료가 내일 시장에 나온다고 상상해보라. 보통 시민이 그런 치료를 받는다면, 얼마나 많은 돈을 내야 할까?[4]

• 선진국은 대체로 더 부유해질 것이다. 앞으로 100년 동안에 지금까지의 100년에 대한 케인스의 예측이 반복되지 말란 법도 없을 것이다. 즉 제대로 측정하기만 하면(경제학자들이 '쾌락'이라 부르는 요소가 이런 측정의 본질일 것이다), 우리는 우리의 생활수준을 두 배로 높일 수 있는 기회를 적어도 두 번은 가질 것이다.[5]

새로운 도전의 도래

요즘 우리를 가장 걱정시키는 중요한 것 몇 가지를 케인스가 보았다면 뜻밖이라며 크게 놀랐을지 모른다. 천연자원의 가용성이나 지구의 유한성, 공기의 본래 모습과 동식물종의 다양성을 보전하려는 노력이 한계에 부딪힌 것에 따른 우려는 20세기 초 몇십 년을 살았던 사람들의 관심사와는 너무도 동떨어진 것들이다. 그들의 소위 '실존적 관심'에는 원자재의 가용성에 대한 영구적이고 자연적인 관심 따위는 들어 있지도 않았다.

우리가 지구 차원의 통치 체제에서 큰 실수를 저지르지 않는 한, 새로운 도전 과제는 분명 아주 현실적일 것이다. 또한 그것이 내가 고전적 도전에 대해 이야기하며 결론에서 설명했던 조심스러운 낙관적 진단을 바꾸지는 않으리라 확신한다. 두 가지 구체적인 예로 설명해보겠다.

• 태양이 여전히 제자리를 지키고 있는 한, 우리의 에너지원이 소진 되는 일은 절대 일어나지 않을 것이다. 마찬가지로 앞으로 100년 동안에 에너지를 편리하게 활용할 수 있는 기적적인 방법을 찾아 낼 수 있을 것이라고도 생각지 않는다. 여기서 '기적적'이란 말은 '싸다'는 의미다. 태양 에너지나 그 밖의 분야에 지대한 영향을 미 칠 과학적이고도 기술적인 발전의 가능성은 얼마든지 남아 있다. 그리고 우리가 R&D에 적절히 투자한다면, 몇 가지 획기적인 발 전이 있을 것이다.[6] 결국 21세기는 비싼 에너지의 시대를 면하지 못하겠지만, 에너지가 터무니없이 비싼 가격은 아닐 것이다. 또 그런 문제로 재앙이 초래되는 일은 없을 것이다. 하지만 대체 탄 력성elasticity of substitution이 1보다 커지기 전까지 우리가 원하는 대 체에너지를 찾아낼 수 있을지는 알 수 없는 일이다. 따라서 우리 는 에너지에 더 많은 돈을 쓰고, 다른 것들에는 돈을 적게 쓸 경 우를 대비해야 한다. 그러나 이미 비용이 내려간 에너지가 있고, 앞으로도 계속 내려갈 것들이 많다. 어떤 경우든 장기적으로 보 아 우리가 도달할 소득과 복지 수준은 에너지 비용이 낮았을 경우

에 생각할 수 있는 수준에는 못 미치겠지만, 그렇다고 크게 걱정할 수준은 아닐 것이다. 게다가 어떤 경우에든 계속 성장할 수 있으리라 추측할 만한 이유도 얼마든지 있다. 우리가 해야 할 것은 가격이 제 할 일을 하도록 내버려두는 것이다. 즉 에너지의 직접적인 한계 비용이 더 크거나 부정적 외부 효과에 대한 교정 과세corrective taxation 때문에 에너지 가격이 올라야 한다면, 실제로 오르는 것이 가장 좋다. 이런 현상은 대체에너지를 유도하여 경제 구조를 적절히 재배치할 수 있는 신호탄이 될 것이다(예를 들어 출퇴근 이동 인원이 많아지면, 도시는 자전거 타기에 적합하도록 구조가 바뀔 것이다). 실제로 사람들은 1973년 첫 번째 오일쇼크 이후에 그런 효과를 실감했다.

• 환경과 관련해서는 이런 논의와 관련된 한계가 한두 가지가 아니라는 사실을 인정해야 한다. 한쪽 끝에는 가정과 학교와 일터를 둘러싼 수많은 지역 환경이 있고, 다른 한쪽 끝에는 지구의 대기와 해양의 지배를 받는 전체로서의 지구가 있다. 이 점을 염두에 두면, 앞서 에너지에서 볼 수 있었던 결론과 비슷한 결론을 환경에서도 도출할 수 있다. 즉 한편으로는 인식할 수 있는 정도의 증가(주로 1보다 큰 소득 탄력성과 부의 효과에 의해 추진되는 증가)로 인해, 다른 한편으로는 시장이나 규제가 보내는 올바른 사용 가격의 통계상 대치로 인해 우리는 우리의 자원을 보존하는 데 더욱 치중

하게 될 것이다. 그래서 우리 후손들은 지금 우리보다 더 잘산다고 생각하게 될 것이다.

나는 이렇게 낙관주의를 표방하지만, 이런 낙관주의는 일부 확신의 문제이고, 일부는 단순한 수사적 변통이다. 일이 잘 풀리면 좋은 결과가 나오리라 말하는 것은 전자이고, 그것이 좋은 일을 믿으려는 마음을 묵시적으로 표현한 것이라면 후자다. 덧붙이자면 이런 신뢰는 기후 변화 같은 상황에서는 특별히 문제가 될 수 있다. 그래서인지 기후 변화 문제를 전 지구적 차원에서 제대로 관리하지 못하고 있는 현재 상황은 더욱 심각해 보인다. 따라서 앞으로라도 국제 사회의 다변적 협조를 요구하는 목소리를 억누르는 일은 자제되어야 할 것이다.[7]

마지막으로 이런 논의에서 가장 중요한 것은 변화의 속도다. 에너지를 생산하고 사용하는 데 필요한 신기술에 적응하는 과정에 들어가는 전체 비용편익분석에는 전환 비용이 포함되어야 한다. 현대 경제 분석의 일부 분파(특히 행동경제학[8])가 보여주는 흥미로운 교훈은 인간의 놀라운 적응력에 대한 강조였다.[9] 물리적 환경과 시장 환경에서 단기간의 순변동성이 급격하지 않다면, 적응 과정은 점진적이고 시간 간격을 둘 것이고 따라서 경제 복지의 관점에서도 그렇게 많은 비용이 들지는 않을 것이다.

하루아침에 예기치 못한 일이 벌어져 자동차를 유지하는 데 드는 비용이 크게 올라간다면 큰 혼란이 일어날 것이다. 그러나 같은 효과라도 수십 년 동안에 걸쳐 점진적으로 일어난다면, 우리는 충격을 거의 인식하지 못한 채 자연스럽게 새로운 상황에 적응하게 될 것이다. 따라서 전환 비용은 아주 제한적일 수 있다.

일은 어떻게 진화할까

조금은 허세라는 것을 알지만, 그래도 나는 나의 증손주들의 경제 제도적 기능을 짐작할 수 있는 특징에 관해 몇 가지 생각을 전달하고 싶다. 그렇게 할 수 있는 정당성이라고는 케인스도 그렇게 했다는 사실밖에 없지만 말이다.

먼저 일의 진화로 시작해보자. 나는 우리의 후손들 세상이 기본적인 계약적 측면(수행한 서비스에 대해 보수를 받는 것)에서 많은 변화가 있으리라고는 기대하지 않는다. 그러나 이런 조직의 기본적 측면에는 많은 변화가 있을 것이다. 그런 변화를 네 가지로 살펴보겠다.

- 하루나 1년 단위로 일하는 개념은 크게 달라질 것이다. 일하는 장소가 융통성 있게 바뀌어가듯 근무 시간도 훨씬 유연해질 것이다. 커뮤니케이션 기술의 발달로 이미 이런 가능성이 커졌고, 엄격한 스케줄에 묶이지 않고 편의에 따라 일하는 방식을 고려할 수 있게 되었다. 현재 일부 국가에서 볼 수 있는, 직장과 가정에서 해야 할

일을 조화시키려는 각별한 노력은 바로 이런 추세를 반영하는 첫 번째 현상이다. 감히 말하지만, 이런 추세는 쉽게 멈추지 않을 것이다. 근무 시간에 대한 고정관념이 점차로 허물어지듯, 학교생활과 직장생활 사이의 엄격한 구분도 모호해질 것이다. 이런 추세는 시간이 갈수록 뚜렷해지고 있다.

• 고전적인 '노동 계약'과 '서비스 계약'의 구분도 희미해질 것이다. 미래의 한편에는 공무원이, 다른 한편에는 계약의 네트워크에서 촘촘한 그물코를 형성하는 독립 근로자들이 있을 것이다(개업 변호사의 미래가 아주 밝은 이유도 그 때문이다). 핵심적인 자영업은 전통적 개념의 회사가 변화하는 상황에 맞추어 적응해갈 것이다. 과거의 경험을 토대로 판단할 때, 정부와 행정 조직이 어떤 규모와 어떤 속도의 변화를 겪을지는 쉽게 예측하기 어렵다. 하지만 공무원 조직은 근본적인 변화 없이 살아남을 것으로 본다.

• 케인스는 강의에서 그의 손주들의 근무 시간이 하루 3시간이라는 이상을 향해 조금씩 다가갈 것이라고 주장하면서 근로자-시민들은 늘어난 여가 시간을 선용하는 훈련이 되어 있지 않기 때문에 이에 쉽게 적응하지 못할 것이라고 우려했다. 하지만 그 점에 대해서는 별로 걱정스럽지 않다. 교육 수준 높은 군중이, 경기장에서 볼 하나를 놓고 22명이 다투는 것을 보며 여가 시간을 보내고

연주회보다 그것을 더욱 즐긴다 해도, 그런 문제를 놓고 왈가왈부하는 것은 내 일이 아니라고 생각한다. 하지만 하루 근로 시간이 실제로 3시간 정도가 될지는 두 가지 이유에서 확신하기 어렵다. 첫째, 내 생각이지만 일이 재미있어질 것이다. 머리를 써야 하는 일상의 일을 비롯하여 늘 하는 일은 자동화될 것이다. 일이 자동화되면 비용이 줄어든다. 이것은 보상 구조에 영향을 준다. 가까운 예로 내 경험을 들어보겠다. 대학 기관끼리의 경쟁은 대학 교수의 봉급을 정하는 데 중요한 역할을 한다. 그 봉급은 대체 고용의 가능성에서 비롯된 유보 가격보다 훨씬 더 큰 액수다. 이는 염치없는 일이 아니다. 또 그러기를 바란다. 교수들은 얼마든지 다른 일을 할 수 있지만, 학문이 재미있고 만족스럽기 때문에 다른 일을 하지 않는 것이다(그들이 얻는 것은 전 캘리포니아 주지사가 말한 '심리적 소득psychic income' 이다). 따라서 대학 기관끼리 일이나 임금을 두고 벌이는 경쟁은 별로 개선되지 않을 것이라는 우울한 결과가 나온다.

두 번째 이유는 경력의 축적, 다시 말해 승진이나 오로지 '성공'을 위한 인센티브에서 비롯되는 동기가 줄어들지 않고 오히려 더욱 강해지기 때문이다. 물론 인센티브는 노력을 배가시키고, 근무 시간을 연장시킨다. 고전적 근로자와 창업자의 구분이 희미해질 정도로 이런 노력이 유발하는 양상은 뚜렷해질 것이다.

이런 점을 인정하더라도 두 가지 방법으로 케인스의 결론을 지킬 수 있다. 첫째는 시민의 성격이 다양하다는 점이다. 인센티브의 촉진 효과는 소수의 근로자에게서만 나타난다. 대다수 근로자들은 일보다 여가를 선호하여, 일이 아무리 재미있어도 전체적으로는 근무 시간의 양이 줄어들 것이다. 두 번째 방법은 라이프 사이클을 따라가며 노동 강도를 다양화하는 것이다. 우리는 더 오래 살게 될 것이고, 그래서 일반적으로 30년 동안의 경력은 강도 높은 일로 채운 다음, 이후 수년 동안 조금 느슨한 일(아니면 그 중간 정도의 대체노동)을 하게 될 것이다. 그래서 하루 동안 일하는 평균 시간은 줄어들 것이다.

• 우리의 증손주 시대에는 반복적이고 표준화된 방법으로 필수품을 제조하는 노동자들의 수가 줄어들 것이다. 이는 맞춤형 재화나 서비스에 대한 기회가 많아지고, 질과 독창성으로 평가받는 매우 전문화된 노동력이 이런 재화나 서비스를 생산한다는 의미다. 예를 들어 우리의 후손들은 보몰-보웬 효과Baumol-Bowen effect(노동 집약적 분야는 노동 생산성이 낮다. 이에 따라 노동자의 보수가 생산성보다 더 많이 인상되는 효과-옮긴이)의 반전을 보게 되리라고 나는 본다.10 보몰-보웬 효과에 따르면, 경제 상황이 좋아질수록 공연 예술은 상황이 어려워진다. 즉 공연자의 평균 임금은 오르겠지만, 오케스트라와 발레단의 생산성은 그만큼 좋아지지 않는다. 결과적으로 비용은 치솟고 생산량은 위축된다. 그러나 앞서 설명한 이

유(일상적 할 일에 대한 보수는 줄어들고, 품질 높은 제품은 가치가 올라가는 현상) 때문에 인간적 노력의 강도가 높은 주요 예술 생산은 원래의 자리로 돌아올 것이다.

지식 경제에서 승인의 경제로

흔히들 우리를 둘러싼 경제를 '지식 경제'라고 말한다. 좋은 용어지만, 지식 경제는 너무 포괄적이고 남용되는 경향이 있어 조만간 폐기되리라고 본다. 나는 앞으로 우리가 새로 진입할 단계를 가리키는 편리한 용어로 '승인의 경제economy of accreditation'를 제안한다. 승인의 경제는 역량이나 권위나 신용도를 입증해야 하는 경제다. 원시 정보raw information가 풍부할 때, 확실한 신뢰를 심어주는 상표는 부가가치가 크다. 다른 한편으로 모든 유형의 제품은 한눈에 자신의 가장 중요한 특징을 다 보여주진 않는다. 당연히 그래야 한다. 자원 할당에서 효율 경계efficiency frontier는 이런 성격을 가진 제품(휴대전화처럼 물리적 특징을 가졌거나 금융 상품처럼 비물리적인 제품) 없이는 성취될 수 없다. 따라서 현대 경제에서는 승인의 필요성이 증가한다.

승인을 해주는 것은 제품 자체와 결합되거나(예를 들어 브랜드의 역할도 이런 시각에서 볼 수 있다), 제3자로부터 나올 수 있다. 승인 활동에 관련된 당사자는 기업, 민간 비영리 단체, 공공 기관, 대학, 미디어, 심지어 학자들이다. 그러나 당연한 질문을 하지 않을 수 없다. 승인이 적절한 형태와 수준을 갖출 수 있을까?

지난 몇 년 동안 금융 폭풍에 혼쭐이 난 우리는 대형 실패가 가능하다는 사실을 분명히 깨달았다. 금융 시장이 제대로 기능하려면 승인이 필수적이지만, 우리는 시장을 통해 승인을 제공하는 데 실패했다는 사실을 뼈아프게 배우고 있다. 내가 보기에는 그동안 우리가 비공식적인 평판의 메커니즘이 좋은 관례를 만들어낼 수 있다는 믿음을 갖고 있었던 것 같다. 하지만 그 믿음은 얼마 지나지 않아 정당하지 않은 것으로 드러났다.

예를 들어 어떤 제품의 본질적인 위험에 관한 의견을 누가 구하고 누가 대가를 치르는지 또는 금융 상품을 파는 사람이 거래에서 금전적인 이득을 얻을 것인지 여부는 중요한 것이 아니다. 각 경우에 자신의 명성을 유지하거나 높이려는 욕구는 인센티브를 왜곡하는 것 이상으로 강하다. 평판의 위력이 존재한다 하더라도(즉 컨설턴트도 일부 승인을 제공하는 당사자이기 때문에, 조심성이 없거나 정확성이 부족하면 자신의 평판에 금이 간다는 사실을 누구보다 잘 알고 있다) 그것으로는 전혀 안심할 수 없다.

이런 시장 실패의 규모를 고려할 때, 하나의 균열이 생긴다. 그리고 그 균열의 일부는 규제와 공적 (승인) 행위에 의해 그리고 일부는 새로운 형태의 승인이 출현하면서 메워지게 된다.

이런 진화가 취할 방향 중 하나는, 금융 상품을 포함하여 승인된 하나의 상품이 재정적 위험을 갖고 있을 때 이를 연대하여 책임지도록 하는 것이라고 생각한다. 이렇듯 상품을 추천하는 사람들이 위험의 일부를 공유하는 방식은 보다 일반화될 것이다. 그러나 비영리 기관은 경우가 조금 달라서 아마도 평판만으로도 충분히 승인이 확인될 것이다. 무엇보다도 가장 중요한 비영리 기관인 국가는 별도로 취급해야 하는 대상이다.

나의 마지막 의견은 세금에 관한 것이다. 100년이란 세월의 지평에서 세금은 어떻게 진화할 것인가? 법은 관성의 힘이 강하기 때문에 대단한 변화를 기대할 수는 없을 것이다. 그럼에도 불구하고 나는 갈수록 세계적 차원에서 티부 효과Tiebout effect(주민들이 지역을 이동해가며 지방 정부를 선택하는 현상으로 주민의 선호에 따라 지방 공공재 공급의 적정 규모를 결정할 수 있다-옮긴이)를 실감하게 되리라 믿는다.11 나는 공공재의 구조에서 격차가 줄어드는 경향이 나타나리라고는 예상치 않는다. 기동성이 높아지면, 선호도에서 자연스러운 다양성의 결과가 나타날 것이다.

그러나 법인세 같은 조세 구조의 어떤 측면에 대해서는 변화를 기대하는 게 타당해 보인다. 조세는 1년 주기로 운용되기 때문에, 기존의 조세 구조가 대물림되는 현상도 다소 약화될 것으로 예상된다. 그리고 높아지는 소비 성향이나 선형적線形的 조세 메커니즘으로 인해 달력상의 1년이 회계 연도에 미치는 효과 역시 완화될 것이다.

경제 이외의 문제들

케인스가 주장한 것처럼 경제 문제가 더 이상 "인류의 영원한 문제"가 되지 않는 시대가 올까? 물론 케인스의 예측에도 일리는 있다. 그러나 경제 문제가 완전히 사라지진 않을 것이다. 그래서 경제학자들이 할 일은 어느 정도 남을 것이다.

경제 문제는 본질적인 문제에서 '어떤' 문제로 바뀔 것이다. 나도 이 문제에 관해서는 케인스와 마찬가지로 조심스럽게나마 낙관적으로 생각한다. 복지 수준이 올라가면서 세계의 시민들이 고전적 경제 문제 못지않게 중요하다고 여기는 다른 문제들이 눈에 띌 것이다. 여기에는 새로운 문제도 있고, 오래된 문제도 있을 것이다.

그러나 나는 이런 문제에 대해서만큼은 케인스보다 더 비관적인 편이다. 케인스는 인간이 하루하루 살아남는 것이 목적이던 노예 생활에서 벗어나 영혼과 문화의 고귀한 임무에 집중할 수 있는 세상, 어쩌면 유토피아의 하늘을 날아다니는 낭만적인 세상을 바랐던 것 같다. 그는 미래의 후손들이 주로 관심을 가질 곳이 바로 이런 분야일 것이라고 예측했다. 그것이 부디 사실이길 나도 바라지만, 그럴 가능성이 있다고 짐작할 만한 역사적인 증거를 나는 알지 못한다. 물론 나도 그런 면을 완전히 배제하진 않는다. 다만 나는 앞으로 다가올 몇십 년, 몇백 년 동안 우리가 도전해야 할 중요한 문제가 심각하고, 어수선하고, 심지어 잔인할 가능성이 크다고 본다. 그런 문제는 우리가 경제적 문제라고 여기는 것이 아닐 것이다. 인류가 호전적인 버릇을 영원히 극복할 수 있을까? 부가 축적되고 새로운 기술이 나오면, 그에 따른 새로운 도전과 어려운 딜레마가 나타나지 않으리라고 어떻게 장담할 수 있을까?

잠깐 생물학에 초점을 맞춰보자. 인간이 야기하지 않은 것 가운데 인류에게 가장 크게 영향을 미친 재앙은 생물학적인 재앙이다. 흑사병 혹은 1492년부터 아메리카 대륙의 인구를 줄인 전염병 아니면 1918년의 독감 등이 대표적인 경우다.12 인류의 건강이 좋아지고 특히 기대수명이 늘어나는 경향도 뚜렷하지만, 이런 경향들은 무작위적이고 변화가 심하다. 내가 보기에 다음 세기 동안에 어떤 새로운 생물학적 재앙이 등장하지 않을 것이라고 100퍼센트 확신할 수는 없을 것 같다. 그도 그럴 것이 우리가 모든 생물학적 변수를 지배하지는 못하기 때문이다.

뿐만 아니라 생물학적 문제는 단순한 환경의 문제가 아니라 인간이 개입하는 부분도 있다. 살아 있는 존재를 놓고 유전적 선택을 하거나 품종을 개량하는 문제는, 기술적·경제적 관점만이 아니라 법적·도덕적인 견해에서 보다 까다로운 문제를 야기할 것이다. 그 살아 있는 존재가 인간일 경우에는 특히 그렇다.

그런 새로운 문제가 얼마나 까다롭고 복잡해질지 감을 잡으려면 이런 복잡성이 암시하는 것에 초점을 맞추어야 한다. 일어날 가능성은 별로 없겠지만, 아주 불가능한 것은 아닌 그런 문제 말이다. 생물학적으로 '양분된' 사회는 별로 바람직하지 않기 때문에, 책임 있는 사회라면 그런 것을 피하기 위해 노력하리라고 믿는다(하지만 도태와 선택의 문제에 인위적으로 개입하지 않아도, 건강은 이미 다양한 사회·경제적 특징에 영향받는다는 사실을 지적하지 않을 수 없다). 하지만 기술 수준의 향상으로 양분이 자연스러운 현상이 되고, 기술 적용의 문제를 통제하는 행정부가 적절한 기능을 발휘하지 못하고, 기술이 너무 비싸서 모든 사람들이 그 혜택을 누리기 어려울 정도로 우리가 부유하지 않다면, 어떻게 될까? 그렇게 되면 경제 문제가 다시 머리를 들지 않을까?

나는 두 가지 차원에서 그럴 가능성을 생각한다. 즉 우리는 희소성이라는 객관적인 문제와 자유방임으로 인한 지나친 불관용이나 배척의 문제와 맞닥뜨릴 것이다. 여기에 덧붙일 것이 있다. 필요한 것들이 절대적인 것은 아니라는 사실이다. 상대적인 필요성도 있다. 다른 사람들과 비교할 때 생기는 필요성이 그런 경우다. 이런 것들 중 일부는 사소한 것으로 치부될 수 있지만(누구나 멋진 시인이 되기를 원한다), 이를 일반화해선 안 된다. 상대적인 필요성이라도 우리의 손주 시대에는 중요한 것으로 여겨질 수 있다. 그리고 이러한 필요성을 경감시키기 위해 비용을 많이 들여야 할 만큼 어떤 형태의 경제 문제는 계속 민감한 문제로 남아 있을 것이다.

간단히 그리고 결론적으로 말해 나는 앞서 언급했던 고전적 도전과 새로운 도전에 대해 그다지 낙관하지 못하는 입장이다. 단언할 수는 없지만, 다음 200년 동안 인류가 어려운 고비를 맞게 된다면 그것은 환경이나 에너지나 전통 경제 때문이 아니라 생물학적인 요인이나 전쟁, 갈

등 등 사회적인 요인에서 비롯될 확률이 더 높다.

경제학자들은 어떻게 될까? 1930년에 케인스는 유명한 말을 했다. 지금부터 멀지 않은 미래에 "경제 문제는 (…) 치의학처럼 전문가의 문제로 치부될 것이다. 경제학자들이 치과 의사만큼이나 겸손하고 유능한 사람으로 여겨지게 된다면, 그것이야말로 더할 나위 없이 멋진 일일 것이다." 이런 판단에 담긴 부인할 수 없는 귀족적인 의미는 여기서 논의하지 않겠다(케인스가 '겸손하면서도 유능한' 척했다고는 생각지 않는다. 그는 자신의 아주 똑똑한 손주에게 경제학자가 되라고 권하지는 않겠다고 고백한 적이 있다). 나는 집안에 치과 의사가 몇 명 있기 때문에, 치과 의사라는 직업에 관한 케인스의 견해에 동의하지 못한다는 사실을 분명히 말해야겠다. 치과 의사로서는 당황스러울지 몰라도 케인스가 말한 치과 의사는 어디까지나 하나의 비유였다. 그가 정말로 말하고자 했던 것은 경제학 원리가 일상적인 것이 되고, 주로 표준화된 관례를 통해 작동하게 되리라는 것이었다.

케인스의 낙관은 또 한 가지 점에서 성급했던 면이 있다. 실물 경제든 금융이든, 미래 경제는 엄청나게 복잡할 것이다(지금도 이미 복잡하지만). 그러나 경제는 정적인 것이 아니다. 다시 말해 한 곳에 가만히 머무르지 못한다. 그래서 일반적인 상황에서 경제가 제대로 기능하려면, 숙련된 치과 의사 같은 전문가가 있어야 한다. 경제가 중요한 문제로 불거지지 않도록 조절하는 사람들은 바로 이런 전문가일 것이다. 그들이 하는 일이 질적으로 우수할수록 경제라는 실체는 그만큼 순조롭게 굴러갈 것이다. 하지만 아무리 그렇다고 해도 비정상적인 사건이 불쑥 끼어드는 경우까지 피할 수는 없다. 지금 우리가 처한 과정이 바로 그런 경우다. 결국 학문의 분과로서 경제학은 결코 완성되는 법이 없는 영원한 진행형의 모습을 띨 수밖에 없다.

경제가 확장되고 진화하면 모든 것이 대규모로 바뀌기 때문에, 우리가 모든 것을 알 수는 없을 것이다. 그래서 경제학자 이외에, 새로운 현상에 지적으로 대처할 수 있는 전문가들이 필요할 것이다. 예를 들어 거시 경제의 위기는 미래에 비슷한 유형의 위기를 통제하는 데 쓸모가 있을 것이고, 또 우리에게 효과적인 경제 정책 혁신과 새로운 반성을 하도록 만들어줄 것이다. 위기를 통해 교훈을 얻게 된다는 말이다. 미 연방준비제도이사회Federal Reserve Board, FRB 의장 벤 버냉키Ben Bernanke 는 밀턴 프리드먼의 90회 생일을 축하하기 위해 마련한 어느 회의석상에서 프리드먼이 애나 슈월츠Anna Schwartz와 공동 저술한 〈미국의 통화정책사Monetary History of the U.S.〉를 언급하면서 말했다.

"밀턴과 애나에게 말하고 싶습니다. 대침체에 관한 한 두 분이 옳았습니다. 우리의 책임이 큽니다. 대단히 유감입니다. 하지만 두 분 덕택에 우리는 두 번 다시 그런 일을 저지르지 않을 것입니다."13

그러나 조만간 새로운 유행병이 나타날 것이다, 유감스럽게도. 여기서 말하는 새로운 '위기'는 경제생활의 새로운 현상이 만든 주름 속에서 배양된, 색다른 위기를 말한다. 그것은 생소하기 때문에 어떤 선례도 없을 것이다. 처음에는 기존의 관점에서 분석이 이루어지겠지만, 그

것이 얼마나 다른지 인식하지 못하는 낯익은 상황이 전개될 것이다. 달리 생각할 여지를 주지 않을 정도로 말이다.

하지만 거의 알려지지 않고 주요 전문지에서도 인용되지 않는 이런 위기를 예상하는 논문은 늘 나오게 마련이다. 그런 위기를 이해하려고 부단히 애쓰다 보면, 분석하려는 경제학자들의 노력이 배가되어 마침내 변칙과 예기치 않던 사실들을 보다 새롭고 만족스러운 정상적인 패러다임에 통합시키는 데 성공할 것이다.

여러분은 내가 위기라는 말 대신에 유행병이라는 단어를 사용했다는 사실을 눈치 챘을 것이다. 케인스의 언급에 치과 의사들이 불편한 심기를 드러낼 필요는 전혀 없다. 그가 말하는 치과 의사는 아마도 기본에 충실한 연구를 하면서도 임상학적 시술에 능숙한 의사를 지칭하는 것일 테고, 케인스의 비유는 미래의 경제학자가 바로 그런 모습을 갖추어야 한다는 의미였기 때문이다.*

* 이 글은 2009년 3월 10일에 마드리드에 있는 스페인 과학 도덕 정치 한림원Real Academia de Ciencias Morales y Politicas에서 같은 제목으로 했던 개막 연설의 일부에 살을 붙인 것이다. 무엇보다 이 책에 이 글을 실을 수 있다고 생각해주신 이그나시오 팔라시오스-후에르타 교수님께 감사드린다. 그리고 후에르타 교수님과 더불어 번역을 주선해주신 오스카 볼리즈Oscar Volij 님께도 감사의 마음을 전한다.

6장

미국이
위험하다

by 존 E. 로머

존 E. 로머 John E. Roemer(1945~)

예일대학교 정치경제학과 교수. 대학 교수가 되기 전 몇 해 동안은 노동 운동가로 활약했다. 1966년 하버드대학교 수학과를 수석 졸업한 그는 UC 버클리 대학원 수학과에 입학했다. 박사 과정에서 경제학으로 전공을 바꾸었지만, 베트남 반전 운동에 깊이 개입하는 등 정치활동을 하면서 대학에서 정학을 당했다. 이후 UC 버클리로 돌아와 1974년에 경제학 박사학위를 받았다. 그는 세계계량경제학회 회원이며, 미국국립과학아카데미 회원 및 영국학술원 특별회원이다. 현재 빈곤퇴치학술협의회Academics Stand Against Poverty 자문위원으로 활동 중이다.

"지난 40년 동안 유지되어온 자유방임주의와 개인주의 이데올로기를 크게 흔들기 위해서는 아마도 많은 실업과 부의 파괴가 필요할 것 같다."

　내가 미국인이어서인지 나는 다른 무엇보다 미국의 발전이 다음 세기의 세계에 어떤 영향을 미칠지에 더 많은 관심을 갖게 된다. 사람들은 경제를 가장 중요하게 여기는지 몰라도, 내가 보기에 정작 중요한 것은 경제가 아니라 정치다. 특히 2008년 대통령 선거에서 공화당이 패하고 미국 최초로 흑인 대통령이 당선된 이후로 우리는 공화당이 더욱 급격히 우경화되는 모습을 목격했다. 보수 정당이 선거에서 패하고 난 뒤에 취하리라 예상했던 것과는 전혀 반대의 움직임이었다.

　오늘날 공화당이 내세우는 정책이 그대로 시행된다면, 미국인만이 아니라 다른 세계의 시민들에게도 재앙이 될 것이다. 그렇다고 민주당이 대안이 될 것 같진 않다. 민주당은 2012년 11월 선거에서 승리를 거두었지만, 앞으로 미국의 궤도를 수정할 만한 역량이 과연 이들에게 있는지는 매우 의심스러운 상태다.[1]

미국은 왜 기후 문제에 미온적인가

나는 무엇보다 이들이 반드시 해결해야 할 중요한 글로벌 이슈 중 한 가지가 온실가스 배출 문제라고 본다. 이는 세계의 온도와 기후에 중요한 영향을 미친다.

미 의회와 대통령은 온실가스 배출을 억제하기 위한 어떤 의제도 채택하지 못했다. 바로 이런 미온적인 태도가 기후 변화를 통제하는 문제에 있어 세계적으로 의미 있는 진전을 이루지 못하게 만들고 있다. 세계가 앞으로 50년 안에 온실가스 배출을 억제하지 못한다면, 국내적으로나 국제적으로 해수면 상승, 식량 생산, 대량 이주 등과 관련해 중대한 위험이 초래될 수 있다(공화당은 시민들에게 사태의 진상을 호도하고 있다. 공화당의 핵심 인사들은 지구 온난화가 있지도 않고, 또 있다 하더라도 인간이 만든 온실가스 배출 때문은 아니라고 주장한다).

있을 수 있는 시나리오를 여기에 상세하게 열거할 필요는 없을 것이다. 다만 미국이 이 문제에서 가장 핵심적인 위치에 있는 국가라는 점만큼은 확실하다. 온실가스 배출을 억제하는 문제에 관한 한 미국만 동의한다면 중국도 따라서 동의할 테니 말이다.

경제적 관점에서 볼 때, 이 문제는 생활수준을 크게 위축시키지 않고도 풀 수 있다(어떻게 보면 경제 성장도 가능하다). 정부는 세금이나 보조금 형태로 문제에 적극 개입하거나, 재분배를 통해 화석 연료에 대한 세금 인상으로 타격을 입는 사람들을 보호하기 위한 조치를 시급하게 취해야 한다(이에 관한 자세한 내용은 곧 설명하겠다).

기후 변화와 관련한 조치를 공화당이 거부하는 이유는 두 가지다. 첫째는 공화당과 대기업 간의 고리, 특히 석유 업체들과의 고리다. 석유 업자들은 계속 화석 연료를 채굴하여 이익을 얻으려 한다. 둘째는 기후 문제를 적절히 처리하려면 국가가 시장에 적극적으로 개입해야 하지만, 공화당은 이런 발상을 크게 꺼린다.

기온이 크게 오르는 데 따른 위협을 심각하게 생각하는 것은 매우 합리적인 현상이어서 오히려 필요한 조치를 서두르지 않고 꾸물대는 태도를 이해하기 어려울 지경이다. 늑장을 부리는 사람들이 내세우는 한 가지 설명은 이렇다. 즉 대기 중 탄소 농도가 올라가는 효과는 금방 나타나지 않기 때문에, 과학적인 지식을 갖지 않은 사람들로서는 문제를 이해하기 어렵다는 것이다.

하지만 지난 10년 동안 일어났던 이상 기온에 의한 여러 종류의 극단적인 사건들은, 수십 년 동안 대기에 축적되어온 탄소가 그 원인일 확률이 높다. 그리고 대기 중 탄소 농도의 결과는(가령 그린란드와 북극의 빙상冰床이 녹고, 그 결과 해수면이 상승하는 것과 관련하여) 금세기 말이 되어도 제대로 피부로 느낄 정도까지는 아닐 것이다.

미국에서 과학이 항상 답이라고 생각하는 사람들은 극히 소수에 불과하다. 그리고 그런 회의주의와 인식에 대한 불일치 때문에 공화당은 온실가스 배출 문제를 처리할 수 있는 의미 있는 법안을 아무렇지도 않게 방해하고 있다. 희망은 한 가지뿐이다. 극심한 기상 이변을 일으킬 것이 분명한 사건들이 빈번해지는 상황을 지켜보면서 미국인들이 어떤 조치가 필요하다는 점을 분명히 인식하는 것이다. 그렇게 되면 공화당도 이 문제를 더 이상 모르쇠로 일관하며 기회주의적으로 대처하는 기존의 태도를 버릴 것이다.2

교육 실패를 두려워하라

공화당이 다음 100년 동안 경제적 진보와 관련해 훼방꾼이 될 가능성이 큰 두 번째 중요한 문제는, 국가 인프라에 투자할 필요성을 인정하지 않으려는 태도다. 특히 교육적 인프라가 그렇다. 1970년까지만 해도 미국에는 부모 세대보다 중등 교육 졸업장을 받은 사람들이 더 많았다. 그러나 이런 발전은 1970년에 중단되었고, 약 80퍼센트까지 올라갔던 졸업률은 76퍼센트까지 떨어졌다.3 미국은 54~64세까지의 인구 중에서 고등학교를 졸업한 사람들의 비율이 가장 높은 나라지만, 25~34세 청년층의 고등학교 졸업률은 세계 11위밖에 안 된다. 2008년 수학능력평가에서 미국은 30개 경제협력개발기구Organization for Economic Cooperation and Development, OECD 회원 국가 중 25위로 밀렸고, 과학 능력은 고작 21위에 머물렀다.

미국에서는 고등학교 중퇴자와 졸업자 그리고 고등학교 졸업자와 3차 교육을 받은 사람들의 임금 격차가 계속 크게 벌어지고 있다. 이런 상황에서 정책적으로 중등 교육 졸업률을 개선하지 못한 탓에 많은 워킹푸어들이 양산되었다. 소수 집단에서 이런 현상이 두드러진다. 백인과 흑인/히스패닉의 졸업률 격차는 20~25퍼센트 사이에서 움직일 줄 모른다. 흑인과 히스패닉 학생들이 중·고등학교를 마치는 비율은 절반을 간신히 넘는 수준이다.

교육 실패의 결과는 무엇인가? 미국의 일반 근로자들은 숙련 기술자나 다른 나라의 근로자에 비해 더 가난해질 것이다. 미국의 소득 불평등은 그렇지 않아도 선진국 중에서 가장 심하고, 제1차 세계 대전 이후 최고로 심한 수준에 이르렀지만, 이런 현상은 앞으로도 계속될 것이다.4 이는 미국 사회의 양극화를 부추기고, 정치적으로는 보호주의 운동의 구실을 만들어줄 것이다. 그렇게 되면 다른 나라들도 피해를 면할 수 없다. 특히 미국에 대한 수출 의존도가 높거나, 의존도를 높이는 개발도상국들의 타격이 클 것이다. 이는 또한 외국인 혐오증의 정치적 기반을 제공하여 미국인들이 글로벌 무대에서 (호전적일 정도는 아니더라도) 비협조적으로 변화할 가능성을 키웠다.

그렇다고 민주당이 계속 정권을 잡으면 상황이 장밋빛이 되는가? 그렇지도 않다. 두 세력으로 나뉘는 통치의 평상시 조건을 고려할 때, 다른 당의 협조 없이는 인프라와 교육에서의 결손을 해결할 예산을 늘리기가 쉽지 않을 것이다. 그리고 지금처럼 정치가 양극화된 상태에서는 가까운 시일 내에 그런 일이 일어나리라고 기대하기도 어려운 상태다. 분명히 말하지만, 나는 정치적 양극화가 여론을 반영하는 것이라고 생각한다. 현재의 여론은 정치 지도력과, 1970년대에 자유방임주의 및 반국가주의 복음을 확산시키기 위해 형성된 과다한 우익 싱크탱크의 영향을 가장 많이 받는다.

지난 40년 동안 미국 근로 계층의 진보적 정치 교육을 대표적으로 담당했던 노조는, 사실상 사라졌다. 2010년 노조 결성 비율은 70년 만에 최저 수준(11.9퍼센트)으로 떨어졌고, 민간 부문 근로자들의 결성 비율은 한 세기 만에 최저 수준(6.9퍼센트)으로 주저앉았다. 최고점은 1950년대의 35퍼센트였다. 고용의 분야별 구성이 바뀐 것 때문만은 아니었다. 캐나다 노조 결성 비율은 이 기간에도 크게 줄지 않아 30퍼센트 이상을 유지했기 때문이다. 미국 노조의 세력이 약화된 가장 큰 원인은 노조에 대한 지속적인 공격과 사측의 노조 간부 탄압 때문이었다. 아마도 로널드 레이건 대통령이 1981년에 파업한 미 항공관제사 1만 1,000명을 해고한 조치가 이런 분위기를 부추기는 데 큰 역할을 했을 것이다. 이 사건은 결국 미 항공관제사노조PATCO의 노조 인가 취소로 이어졌다.

미국 노조는 좌익은 아니지만(산업별노조CIO는 오히려 공산주의자나 좌익 성향의 지도부를 가진 10개 노조를 축출함으로써 매카시 선풍 기간에 좌익 배척 역할을 충실히 수행했다), 노동자들에게 착취에 대항하여 스스로를 보호하는 데 필요한 단결 이데올로기를 제공했다. 하지만 노조와 노조 이데올로기가 사라지면서 기업들은 노동자의 실질 임금 증가를 노동 생산성의 증가보다 확연히 낮은 수준으로 억제할 수 있었다. 세계에서 가장 큰 민간 고용업체인 월마트Walmart가 대표적인 사례다.

월마트는 노조를 만들려는 시도를 악의적으로 방해하고 저임금과 최소 급여 외 혜택을 유지하는 한편, 종업원들에게 정부에서 주는 소득 보조금을 신청하여 소득을 늘리는 방법을 가르친다. 2011년 월마트의 기업 이익은 국민소득의 12.6퍼센트로 1950년 이후 최고 수준이었던 데 반해, 노동 소득 분배율은 1955년 이후로 가장 낮은 54.9퍼센트를 기록했다. 2000년 이전까지 노동 소득 분배율은 평균 64퍼센트였다.

진보의 원천

미국에서 경제적 양극화가 이렇게 심화될 경우 나타날 정치적 결과와 다른 세계에 미칠 파급 효과는 예측하기 어려울 정도다. 앞으로 한 세기 동안 처음으로 상당수의 인구(대부분 중등 교육만 이수한 사람들)는 그들의 부모보다 가난하게 살 것이다. 그들은 3차 교육을 받은 사람들에 비해 분명히 못살고, 절대적인 관점으로도 못살 것이다. 이들이 가난해지는 추세를 역전시키기 위해서는 이들에게 정치적·경제적 조직을 갖추어줄 수 있는 지도력이 필요하다. 그런 지도력은 어디에서 나타날 것인가?

민주당은 절대로 아닐 것이다. 민주당은 오직 유권자의 믿음만 반영한다. 2008년의 금융 위기를 초래하는 데 큰 기여를 한 규제 완화는 빌클린턴Bill Clinton 정부의 결정이었다. 유권자 대부분이 정부가 무능하다고 생각하여 세금 인상을 반대하는 한(우익 싱크탱크는 지난 40년 동안 이런 생각을 시민들의 뇌리에 주도면밀하게 주입시켜왔다) 민주당은 필요한 변화를 일으킬 힘을 갖추지 못할 것이다.

지난 100년 동안 이만큼 세상을 진전시킬 수 있었던 원동력은 선진국가의 복지 제도였다. 대공황과 제2차 세계 대전은 그 계기를 마련해준 가장 중요한 사건이었다. 전쟁은 두 가지 면에서 중요했다. 첫째, 전쟁으로 파시즘에 대항하려는 단합 이데올로기가 서유럽과 미국 시민들 사이에 싹텄다. 둘째, 제2차 세계 대전은 서방(미국은 제외)에서 많은 부를 앗아갔고, 결과적으로 사회 보장에 필요한 거대한 기반이 형성되었다.

전후 처음 치른 선거에서 사회주의 정당과 공산당 등 좌익 세력은 유럽 민국국가에서 약 절반 정도의 표를 획득했다. 방금 열거한 두 번째 이유는 설명이 필요하다. 시민들이 갖가지 경제적 위험에 직면해 있을 경우에는 보편적인 사회 보장법을 통과시키기가 어렵다. 각자 소득의 일정 부분을 보험료로 납부하고, 실직하거나 아플 경우에 소득의 일정 부분을 받는 아주 단순한 보장 플랜도 리스크가 낮은 집단이 리스크가 높은 집단을 보조해주어야 실현 가능하다. 제2차 세계 대전은 유럽 부의 상당 부분을 가져가버림으로써 시민들의 위험을 골고루 분산시켰고, 따라서 보편적 보장에 따른 실질적인 불공평을 감소시켰다. 이것이 많은 유권자들이 승인하고, 그에 힘입어 유럽식 복지 국가가 성장할 수 있었던 중요한 계기라고 나는 생각한다.

사회 보장의 유익한 결실을 맛본 시민들은 선호도가 바뀌어 더욱 평등을 좋아하게 될 것이다. 따라서 미국에서 특히 발달한 우익의 반세금·반국가 이데올로기는 유럽에선 여전히 맥을 못 춘다. 유럽이 과거부터 지금까지 계속 직면하고 있는 주요 도전은 상대적으로 가난한 이주자들을 자국의 경제권과 사회에 통합시키는 것이다. 하지만 프랑스의 국민전선Front National처럼 외국인을 혐오하는 우익 정당이 세력을 넓혀가는 현실에서도 봤겠지만, 일부 시민들은 복지 제도에 대한 지지를 거두었다. 그러나 유럽은 지금까지 그래왔던 것처럼 복지제도를 해체시키지 않고, 이주자들을 통합하는 데 성공할 것이라 믿는다.

유럽이 직면한 가장 큰 도전은 2008년 금융 사태로 인한 유로존의 위기라고 항변하는 독자도 있을 것이다. 중·단기적으로 볼 때 그리스, 이탈리아, 스페인, 포르투갈 등 남부 유럽 국가의 자격 요건은 일부 문제가 되겠지만, 유로존의 위기가 복지 국가의 위기라고는 생각지 않는다. 단일 통화를 채택한 것은 분명한 발전이었고, 이런 조치가 유럽 복지를 크게 증가시키는 데 일조했다고 나는 생각한다. 특히 상대적으로 가난한 남부 국가의 복지를 크게 향상시켰다.

사실 북유럽 국가들, 특히 독일도 통화 동맹에서 이득을 봤다(독일은 단위 노동 비용 증가를 억제하여 수출 시장에서 큰 이익을 볼 정도로 선견지명이 있었지만, 다른 나라들은 그렇지 못했다). 그래도 계획이 완벽하지는 않았다. 재정을 제대로 통합하지 못한 부분과 관련해서는 특히 그랬다. 그리스는 정치인들이 EU 보조금을 어쩔 수 없이 활용하면서도 탈세와 위정자들의 정치 헌금 등 부패를 해결하지도, 경제 체질을 현대화하지도, 단위 노동 비용을 억제하지도 못했다. 그리스를 제외하면 문제의 원인은 주로 2008년에 앞서 일어난 부동산 버블이었다.

북유럽 부국의 시민들은 남쪽의 가난한 나라들이 유로 위기의 해결을 방해한다고 생각하기 때문에, 단결력에 한계가 있을 수밖에 없다. 그래도 결국은 경제적 합리성이 우세할 것 같다. 유로존을 유지하는 것이 남유럽에만 유리한 것이 아니라 자신들에게도 이익이 된다는 사실을 독일과 북유럽이 이해하고, 금융 지원을 통해 남쪽이 위기를 극복할 수 있도록 도울 것이라 믿기 때문이다. 유럽은 평등주의적 경제 제도의 가장 좋은 사례를 제시하기 때문에, 연방 유럽이라는 구조를 계속 살리지 못하면 유럽인 모두가 불행해지는 것은 물론 전 세계가 불행해질 것이다. 유럽이 성공적으로 경제력을 유지하고 모든 시민들에게 그 경제력이 골고루 제공된다면, 개발도상국들도 그 영향을 받아 그들의 제도를 채택하게 될 것이다.

남은 가능성과 격차 축소

아마도 지난 30년 동안 가장 희망적이고 흥미로운 경제 성장은 중국의 놀라운 경제적 발전과, 최근 브라질과 인도를 비롯한 몇몇 가난한 나라들에서 보여주는 빠른 속도의 경제 성장일 것이다. 21세기에는 세계 여러 지역에서 가난한 사람들 중 상당수가 현재의 부유한 나라 사람들과 거의 비슷한 수준으로 경제력이 상승할 것이다. 물론 그렇게 되려면 글로벌한 정치력의 재분배가 있어야 할 것이다.

1991년에 소련이 해체된 이후 미국은 역사상 유례없을 정도의 막강한 영향력을 세계에 행사해왔다. 하지만 그런 영향력도 오래 지속되지는 않을 것이다. 중요한 문제지만 확실히 알 수 없는 것이 하나 있다. 바로 세계에 대한 그들의 주도권이 위축되기 시작할 때, 미국이 어떤 태도를 취할 것인가 하는 점이다. 가장 건강한 전망은 미국이 국내 인프라와 교육 제도의 문제점을 재정비하여 그들이 차지하고 있는 경제적 지위를 순식간에 상실하지 않도록 대비하고, 국제적으로도 호전적인 국가의 이미지를 벗는 것이다.

물론 내가 중국과 인도와 브라질 등의 경제적 격차 축소와 북반구의 선진국들에 대한 가능성을 너무 낙관적으로 평가한다고 생각하는 사람도 있을 것이다. 이들 국가의 빠른 성장률이 값싼 노동력, 도시화와 농민들의 프롤레타리아화 그리고 북쪽 선진국에서 발명한 기술의 모방 등에 기인했다는 것은 의심의 여지가 없는 사실이다. 하지만 자본-노동 비율이 증가하고, 교육 수준 향상으로 노동 비용이 오르고, 기술적 미개척 분야에 접근하게 되면, 분명 이들의 성장세는 한풀 꺾일 것이다. 그렇게 되면 미국은 연구와 3차 교육에서 차지하는 우월성에 힘입어 기술적 선구자로서의 지위와 가장 앞선 선진 경제의 입지를 유지하게 될 것이다.

미국은 많은 노벨상 수상자를 보유하고 있다. 개발도상국들의 경제가 아무리 빠르게 성장해도, 미국과 어깨를 견줄 정도의 연구 기관을 만들려면 상당한 시간이 걸릴 것이다. 설사 그렇게 된다 하더라도, 다가오는 세기에 미국의 영향력이 중국 등 일부 다른 나라들보다 약해지리라고는 생각되지 않는다. 다만 미국의 상대적 영향력은 분명 줄어들 것이다.

격차 축소, 특히 중국과 관련된 격차 축소에 대한 나의 예측에 대해서는 그 이상의 비판이 제기될 수 있다. 중국은 내부 정치 상황이 매우 허약하기 때문이다. 나는 중국의 경제 발전이 계속된다면, 정치적 독재가 몇 년씩 또는 몇십 년씩 지속되는 일은 없을 것이라고 생각한다. 실제로 중국의 부패는 너무 고질적이고 너무도 뚜렷하게 드러나 있다. 중국 공산당은 '공평무사'를 계속 주장하고 있지만, 옛날 제후에 해당하는 당 지도부 자녀들이 인맥을 바탕으로 한 백만장자라는 사실만으로도 그들의 부패상은 변명의 여지가 없다. 중국이 민주주의로의 이행을 어떻게 다룰지는 전혀 알려진 바 없지만, 앞으로 그들의 태도는 나머지 세계에 적지 않은 영향을 미칠 것이다.

가장 바람직한 시나리오는 기존의 정치 제도, 특히 공산당 내에서 그들이 점차적으로 정치적 경쟁 체제를 개발하고 그런 과정을 통해 독자적인 정당과 민주적 정치 경쟁 구도가 등장하는 것이다. 그러나 민주주의로의 이행은 그렇게 평화롭지 못할 수도 있다. 이와 대조적으로 브라질과 인도는 이미 성공적으로 민주주의로의 이행을 이루어냈다.

케인스는 이 글을 쓰게 만든 에세이에서 제2차 세계 대전이나 유럽 복지 국가의 발달이나 가난한 지역의 빠른 경제 성장을 예측하지 못했다(사실 그는 논평 범위를 소위 '진보적인,' 다시 말해 선진 경제로 제한했다.) 그는 선진국의 1인당 소득이 네 배 또는 여덟 배로 성장하고, 주 노동 시간은 15시간으로 줄어든다고 보았다.

지난 80년 동안 유럽에서 연간 근무일은 크게 줄었다. 요즘 독일 사람들은 매년 평균 1,400시간을 일한다. 케인스가 그 에세이를 쓰던 당시의 기준으로 1년을 50주라고 치면, 주당 평균 28시간인 셈이다. 독일의 연간 여가 시간은 거의 세계 최고 수준이다. 따라서 지금까지 실제로 줄어든 주당 노동 시간(그가 예언한 시간의 거의 두 배 정도)을 고려할 때, 케인스라면 1인당 소득을 여덟 배부터 열여섯 배까지 증가하리라고 추측했을 것이다(생산성 증가에 대한 절대적인 견해는 변함없이 유지했다).

선진국의 1인당 실질 성장이 매년 약 2퍼센트 정도가 되면, 한 세기 뒤에 1인당 소득은 약 일곱 배 증가한다. 케인스가 생산성 증가와 근무 시간의 감소를 너무 낙관한 것도 그 때문인 것 같다. 근무 시간 감소와 관련하여, 케인스는 중상류층의 생활수준이 꾸준히 향상됨에 따라 수요를 자극하는 광고의 위력을 과소평가했다. 그는 또한 소득 수준 차이가 여전히 이민 때문이라고 생각했고, 기술과 임금 차별을 제거하는 데 있어 교육 제도가 할 수 있는 역할에는 한계가 있다고 과소평가했다.

독점적 부의 파괴를 향하여

20세기 동안 이루어진 선진 경제의 괄목할 만한 업적은 소득 분배의 평등화를 향한 그들의 진보일 것이다. 최근의 발전상을 지켜보면서 가장 우려스러운 점은 이런 평등화가 퇴보되고 있다는 사실이다. 특히 미국이 심하다. 유럽의 일부 국가도 정도 차이만 있을 뿐 심하기는 마찬가지다. 그 외 유럽 국가들의 불평등 감소는 연간 약 2퍼센트의 평균 실질 소득 성장과 함께 이루어졌다.

그러나 우리가 기후 변화를 제대로 다루려 한다면, 다음 세기에 선진국의 평균 소득 성장을 연간 1퍼센트 정도로 묶어놓아야 할 것이다. 그런 속도 제한이 불평등에 어떤 영향을 줄지는 나도 확신하지 못한다. 좀 더 자세히 설명해보자.

온실가스를 가장 많이 배출하는 국가인 미국과 중국이, 다음 세기 동안 대기 중 탄소농도를 450ppm 정도로 유지할 수 있도록 배출을 줄이자는 국제적 합의에 수긍할지도 모른다(많은 사람들은 450ppm은 안전 기준으로 너무 높다고 주장한다). 나와 라바도르H.Llavador와 실베스트리J. Silvestre가 공동으로 작성한 논문에서 우리는 배출가스를 제한하기 위한 글로벌 협정에 도달하려면 미국과 중국이 기후 변화 문제와 상관없이 늘 하던 사업을 통해 1인당 사업 소득의 격차를 축소시켜야 하며, 그 시기도 온실가스 배출 감소에 영향을 받지 않아야 한다고 주장했다.[5] 우리는 중국과 미국에서 그런 조건적 격차 축소는 75년 뒤에나 일어날 것으로 본다.

이에 우리는 묻는다. 중국과 같은 처지의 남반구와, 미국과 같은 수준의 북반구로 구성된 하나의 세계가 어떻게 75년 뒤에 격차를 줄여 대기 중 탄소농도를 450ppm으로 줄일 것인가? 우리 세 사람은 그 기간에 북쪽과 남쪽에게 배출량을 할당하는 것을 비롯하여 자원을 할당할 방법이 있다고 본다. 북쪽의 1인당 실질 복지가 연간 1퍼센트로 고정된다면, 1인당 복지의 격차는 줄어든다. 그러나 연간 북쪽의 성장률이 1퍼센트를 크게 뛰어넘으면, 세계적인 배출 제한을 고려할 때 그런 수준으로 격차를 줄일 수는 없을 것이다.

기후 변화라는 난제를 해결하기 위해서는 북쪽에 비해 남쪽의 성장이 지연되지 않도록 협상이 이루어지고, 결과적으로 북쪽이 복지 성장률을 연간 약 1퍼센트 정도로 유지해야 한다고 우리 세 사람은 생각한다. 앞서 언급한 미국의 정치 상황을 생각하면, 이 정도 추산도 낙관적이다. 왜냐하면 우리의 낙관은 그동안의 자료로 보았을 때 가능하다고 생각하는 속도로 기술적 혁신이 이루어지고, 인적 자원이 증가한다는 가정을 전제로 한 것이기 때문이다. 하지만 이런 계산도 북쪽이 필요한 인프라 투자와 교육적 투자를 통해 최적 경로를 택할지 여부를 결정하는 문제에 대해서는 어떤 정치적인 구속력도 갖지 못한다.

따라서 나는 기후 변화 문제를 해결하기 위해서는 북쪽의 평균 성장이 실질적으로 연간 1퍼센트로 제한되어야 한다고 믿는다. 그리고 그렇게 하는 것이 자원을 가장 적합하게 할당하는 방법이라고 믿는다. 그런 방법은 내부적으로 각 지역에 어떤 정치적 제약도 두지 않는다. 그런 방법이 이행된다면, 북쪽의 파이가 커지는 비율이 지난 세기보다 크게 작아질 것이다. 하지만 그렇게 되면 불평등의 감소가 정치적으로 적합한 것인가 하는 의문이 생긴다. 불평등의 감소로 가장 부유한 사람들의 성장률은 사실상 줄어들 것이기 때문이다.

최근의 역사를 고려할 때 미국에서 이런 방법을 가능하게 만들 어떤 정치적 조율이 나타날 것 같진 않다. 지금처럼 공화당의 이데올로기가 미국 인구의 약 절반에게 통한다면, 기후 변화라는 난제에 적절히 대응하기는 어려울 것이다.

다가오는 세기에 미국의 유권자들이 그런 문제에 보다 합리적으로 대응할 수 있도록 만드는 것은 무엇일까? 아마도 금융 부문이 길들여지지 않은 데 따른 경제 위기가 유일한 답일 것이다. 그것은 2008년의 위기보다 훨씬 더 파괴적이어야 할 것이다. 최근의 위기도 무척이나 가혹했지만, 시민들에게 미친 영향을 놓고 보자면 대공황보다는 크게 미약했다. 지난 40년 동안 유지되어온 자유방임주의와 개인주의 이데올로기를 크게 흔들기 위해서는 아마도 많은 실업과 부의 파괴가 필요할 것 같다.

물론 그런 재난을 바랄 사람은 없다. 그러나 그런 재난이 없이 미국의 정치적 궤적이 변하기를 바랄 수 있을까? 미국의 어느 정당도 대형 은행과 투자 기관들을 와해시키고, 이런 기업들의 전통적인 금융 기능과 투자를 분리할 의지는 없어 보인다. 결국 위기는 언제든 다시 일어날 수 있다. 내 생각에 미국이 보다 지속 가능한 궤적으로 평화롭게 이행하기 위한 유일한 방법은, 히스패닉 유권자의 성장이나 공화당의 태도 변화 등에 의존하는 것이다. 공화당은 그들의 정치력을 유지하기 위해 중앙을 향해 움직이면서 그동안 고수해왔던 지나칠 정도로 반국가적인 정책을 바꿀 것이 틀림없다.

7장

100년 뒤의 시장

by 앨빈 E. 로스

앨빈 E. 로스 Alvin E. Roth(1951~)

스탠퍼드대학교 방문 교수이자 하버드대학교 경제학과 명예 교수. 게임 이론과 시장 설계 그리고 실험 경제학 분야에서 뚜렷한 공을 세워온 그는 현실 세계의 문제를 해결하는 데 경제 이론을 적용하는 것이 얼마나 중요한지 강조해온 것으로 유명하다. 2012년에는 〈안정적 분배 이론 및 시장 설계의 관행에 관한 이론*The Theory of Stable Allocations and the Practice of Market Design*〉으로 로이드 셰플리Lloyd Shapley UCLA 교수와 노벨경제학상을 공동 수상했다.

"2113년에 우리의 후손들은 만났던 사람들의 이름을 모두 기억하지 못하거나, 연속해서 이틀 동안 마라톤을 할 수 없던 시절이 있다는 사실을 이해하지 못할 것이다."

2113년에 이 글을 읽을 독자들에게 내 소개를 좀 해야겠다. 나는 20세기 말과 21세기 초에 시장과 시장을 연결해주는 시장 매칭 설계를 연구했다. 매칭 시장에서는 가격에 대한 합의만으로 거래가 성립되지 않는다. 여기서는 돈이 있어도 아무것이나 선택할 수 없다. 상대방도 나를 선택해주어야 거래가 성립된다. 이곳은 신청하고 선택하고, 특정 형태의 구애 행위가 개입되는 시장이다.

매칭 시장에서는 주로 삶에서 매우 중요한 사건들이 결정된다. 어떤 학교를 선택할지, 누구와 결혼할지, 어떤 직장을 얻을지, 심지어 장기 이식을 할지 말지 등이 결정된다.[1] 그래서 나는 학교, 직업, 결혼, 가족, 의료 등과 함께 경제적 전문성이 적용되는 몇 가지 생각, 즉 경제학자들이 만들어내어 파는 상품들로 내 예측의 범위를 좁히겠다. 내 예측 기법 중에는 100년 뒤에 이런 것들이 어떤 특징 때문에 상품이 되어 가격이 붙고 구입하려는 사람이 나타나는지 그리고 두 시장이 각자 선택하고 동시에 상대 시장에 의해 선택되는 방식으로 연결되도록 하려면 어떤 상품을 계속 배급해야 하는지 등을 다루는 것도 있다.

나는 또한 왜 어떤 종류의 거래가 어떤 시기와 어떤 장소에서 혐오스러운 것으로 여겨지는지 그리고 그런 시선이 우리가 보는 시장을 스스로 어떻게 제한하는지에 대해서도 연구했다.2 혐오스러운 거래란 기꺼이 참여하는 사람도 일부 있지만, 마찬가지로 이를 제지하려는 사람이 많은 거래를 말한다. 오랜 세월 동안 혐오스럽게 여겼던 거래 중에는 나중에 정상적인 거래로 여겨지는 것도 있고, 반면 정상적이던 거래가 혐오스러운 행위로 바뀐 것도 있다. 그것은 때로 중요한 결과를 낳기도 한다.

예를 들어 돈을 빌려주고 이자를 받는 행위는 수세기 동안 혐오스러운 것으로 여겨졌지만, 법으로 이를 금하는 이슬람 세계를 제외한다면 이런 관행은 이제 세계 대부분의 지역에서 너무도 당연한 행위로 받아들여진다. 이자를 혐오스럽게 여겼다면, 자본을 바탕으로 한 글로벌 시장과 그 시장에 의해 지탱되는 경제 활동은 본질적으로 성립될 수 없었을 것이다.

반면 한때 번창했던 노예 시장은 이제 혐오의 대상이 되었다. 노예 제도나 그 외 여러 형태의 비자발적인 노역 그리고 계약 노예처럼 처음에는 자발적으로 시작했던 계약 노역 등은 이제 대부분의 지역에서 불법적인 것으로 간주된다. 계약 노역은 한때 대서양을 건너 미국으로 들어가는 경로를 돈으로 구입할 수 있는 가장 흔한 방법이었다는 점에서 주목할 만하다(지금도 미국에서는 불법 이민자가 자신을 밀입국시켜준 것에 대한 보답으로 노역 계약서에 사인을 하는 일이 암시장에 버젓이 존재한다).

이에 따라 나는 지금은 혐오스러워도 2113년에는 정상으로 취급받을 것으로 보이는 시장을 예측하고, 반대로 지금은 정상적인 거래로 취급되지만 나중에 혐오스럽게 여겨질 것들을 짚어보려 한다.

예측의 방법에는 여러 가지가 있지만, 향후 100년에 대한 예측은 추측 범위를 벗어나기 어렵다. 그것도 경험에서 우러나온 추측일 뿐이다. 가장 신뢰할 만한 단기 예측은 현재의 추세를 기반으로 한 추측이다. 그리고 아직은 실현되지 않았지만 시간이 흐르면서 나타날 추세의 결과를 추측하면, 어느 정도 장기적인 예측도 가능할 것이다. 하지만 현재의 추세 중 어떤 것이 자연스레 수명이 다해 기억으로만 남을지는 함부로 예측하기 어렵다. 그리고 전혀 새롭게 나타날 현상을 예측하라면, 차라리 공상과학 소설을 쓰는 편이 낫다. 예를 들어 반 중력기계나 외계 생명체와의 접촉 같은 새로운 진보는 대부분 우리의 추측을 기반으로 하지 않는다.

그러나 한 가지 자신 있게 예측할 수 있는 것이 있다. 항생제나 집적 회로의 발명, 전체주의 이데올로기의 흥망성쇠 등 1913년에는 아무도 예측하지 못했지만 이후 100년 동안 우리의 삶을 크게 바꿔놓은 것들이 있었듯이, 앞으로 100년 안에 전혀 예측하지 못한 획기적인 발전이 이루어져 우리의 삶에 상당한 영향을 주리라는 사실이 그것이다. 그래서 나는 실제로 예측할 수 없는 것을 추측하려는 시도는 하지 않으려 한다. 대신 현재를 기반으로 추측할 수 있는 것만 추측할 것이다. 그러나 나는 그 어느 때보다 많은 자원을 의학적 지출에 쏟는 현재의 추세도 결국에는 바뀔 것이라고 예측한다. 그런 종류의 예측이 성공률이 높지 않다 해도 말이다(인구가 기하급수적으로 늘어나기 때문에 인류가 기근에 빠질 것이라는 맬서스의 예측이 이런 경우다).

약물의 힘을 긍정하다

일단 큰 그림은 하나 그릴 수 있다. 앞으로 100년 동안 환경 재앙이나 대규모 테러 행위나 대량 살상 무기가 동원되는 전쟁 등으로 세상이 혼란에 빠지지 않는다면, 세계 경제는 성장을 계속하고 연결성은 더욱 긴밀해질 것이다. 물질적 번영은 계속되어 인구가 증가하는 한편 인간의 수명도 길어질 것이다.

번영이 계속된다고 해서 경쟁이 없어지지는 않을 테지만, 경쟁을 할 것인지, 하면 얼마나 치열하게 할 것인지 등을 선택할 여지는 더 커질 것이다. 사람들은 대부분 여유로운 삶의 방식을 선택하여 정규 교육을 이수하고 직장을 갖고 결혼하고 아이를 낳는 등 사회 구성원으로서의 책임감을 지닌 채 해야 할 일들은 뒤로 미루고, 젊은 시절에는 우선 경험을 쌓는 데 더 많은 시간을 보낼 것이다. 은퇴 기간은 더 길어지고 생산성은 올라가, 일과 여가와 공부와 자선 행위가 결합된 새로운 유형의 은퇴가 나타날 것이다.

번영이 계속되어도 일부 재화와 서비스와 지위와 지식은 여전히 희소가치를 유지할 것이다. 단조로운 생활에 안주하지 않으려는 사람들은 끊임없이 도전하고, 경쟁할 동기를 찾을 것이다. 경쟁을 원하는 사람들은 경쟁력을 높이고, 그 어느 때보다 더 열심히 일할 여건을 만들어주는 기술의 도움을 받을 것이다. 지금은 능력을 향상시켜주는 일부 약품을 혐오 대상으로 간주하지만, 앞으로 그런 혐오감은 사라질 가능성이 크다. 자식의 유전적 특징을 고르는 등 이제 막 가능성이 보이기 시작한 몇 가지 기술 역시 혐오스러운 불법 행위로 간주되지만, 그럼에도 불구하고 널리 활용되어 많은 사람들을 유혹할 것이다.

신체 기능을 향상시키는 약물은 사용이 금지되어 있으나, 경쟁이 치열한 스포츠 세계에서는 여전히 암암리에 사용된다. 약물의 도움을 받은 사실이 드러날 경우엔 경기에서 좋은 성적을 냈어도 성적 자체를 취소하고 있지만, 집중력, 기억력, 지능을 돕는 약물의 도움으로 생산된 소프트웨어나 이론에 대해서는 아무도 이의를 제기하지 않는다. 결국 기능을 향상시키는 약물도 안전하기만 하면 우유처럼 좋은 영양제로 보거나, 커피처럼 하나의 기호식품 혹은 유행으로 여기는 날이 올지도 모른다.

그리고 일부 경쟁이 치열한 스포츠에서 많은 선수들이 암암리에 약물을 복용하듯, 경쟁이 치열한 직업에서도 약물의 힘을 빌리는 경우가 일반화되는 날이 올 수도 있다. 정교수 자격을 획득하려는 조교수가 논문 심사를 통과할 자신이 없을 때, 학과장은 창의력이나 주의력을 향상시키는 약물의 복용량을 늘리라고 권할지도 모른다. 기억력 향상제 같은 약들은 기능 향상제가 아니라 발기부전 치료제처럼 예전에 병이라고 생각지 않던 문제를 해결해주는 치료약으로 간주될 것이다. 2113년에 우리의 후손들은 만났던 사람들의 이름을 모두 기억하지 못하거나, 연속해서 이틀 동안 마라톤을 할 수 없던 시절이 있다는 사실을 이해하지 못할 것이다.

유전자와 번식과 태아 발달에 대한 지식이 늘어나면, 부모들은 약물의 힘을 빌려 능력을 향상시키는 것과 비슷한 방법으로 아이의 유전적 자질을 일부 선택하거나 조작하게 될 것이다. 이런 선택 중 일부는 여전히 혐오감을 주는 반면, 어떤 선택은 신중한 육아의 일부로 받아들여질 것이다.

어떤 지역에서는 이런 기술을 허용하지만 이를 법으로 금지하는 지역도 있기 때문에, 이런 기술은 생식 기술을 다루는 국제 시장에 활력을 불어넣을 것이다. 일부 부모들은 아이들의 능력을 향상시킬 수 있는 나라를 찾아 이동할 것이다. 임신 촉진 치료 등에서 볼 수 있듯이, 그런 시장은 이미 시작되고 있다. 다른 어느 나라보다 미국과 인도는 난자와 정자 시장 그리고 대리모 시장이 활성화되어 있어 세계인들의 '출산 여행'을 유도하고 있다.

이런 추세는 앞으로도 계속될 것이다. 다양한 출산 선택은 상품화될 것이고, 이런 상품은 성관계 유무와 상관없이 수요에 따라 자발적으로 생물학적 공동 부모coparent가 되겠다는 사람들을 찾아 연결해줄 것이다. 이렇게 되면 전통적인 개념에서 벗어나는 결혼이나 양육 그리고 결혼 지연, 편부모 양육 등의 문제를 해결하기가 한결 수월해질 것이다. 수백 년 전에는 당사자가 합의를 해도 부부가 아닌 남녀의 성관계를 비도덕적인 행위로 비난했지만 지금은 전혀 문제 삼지 않는 지역이 많은 것처럼, 동성 결혼이나 일부다처제 등 대안적 결혼도 대부분 더 이상 혐오 대상이나 불법 행위로 취급받지 않는 날이 올 것이다.

임신 출산 서비스가 상품화되어도 가족은 여전히 아이를 낳는 중요한 생산 단위이자 모든 종류의 가재도구를 소비하는 단위로 기능하고, 위로와 안락을 주는 주체로 남을 것이다. 일과 놀이가 갈수록 국제화되기 때문에, 오히려 오랜 기간 유지되는 인간관계가 더욱 소중해지고, 그래서 한 개인이 차지하는 부동의 위치가 정체성에 대한 의식의 대부분을 차지할 것이다.

반대로 세대와 세대 사이의 간격이 넓어지고 건강한 상태로 살아가는 시간이 길어지면서 전체 건강 수명 중에서 육아 기간이 차지하는 비율은 더 짧아질 것이다. 이혼은 더 흔해지고 아마도 평생에 걸쳐 다수의 이성과 동시에 관계를 맺는 새로운 형태의 일부다처제나 다부일처제가 나타나 높은 이혼율로 일부일처제를 계속하는 현재의 관행을 보완할지도 모른다.

데이터 처리와 의학의 미래

약물만 능력을 향상시키는 것은 아니다. 약물보다 논란은 덜하지만, 갈수록 강력해지는 컴퓨터도 개인의 능력을 향상시킨다. 하지만 이 때문에 개인 정보와 사생활에 관한 우려가 커지고 있다. 또 지금은 아무런 문제가 되지 않는 개인 정보 등의 거래도 앞으로는 불법으로 치부될 수 있다.

예를 들어 사업적 용도로서 개인 정보의 가치가 갈수록 높아짐에 따라 특허나 저작권 보호처럼 개인 정보가 공정 이용의 예외 조항으로 분류될 수도 있다. 그래서 거래되는 정보를 무료로 사용하는 행위는 어느 정도 제제를 받거나 아니면 위법으로 간주될 것이다. 지금도 이미 합의에 의해 개인 정보를 거래하는 경우가 있지만(일부 슈퍼마켓은 고객에게 그들의 바코드 정보를 금전 등록기에서 수집할 때, 고객이 구매한 목록과 고객의 신상을 연결하도록 허락해주면 할인해준다는 조건을 내걸고 있다), 다양한 거래를 통해 만들어진 정보를 돈 내지 않고 사용하는 것은 수사 대상이 되고 있다. 더구나 동의를 구해야 하는 정보를 무단 사용했을 때는 특히 그렇다.

더 중요한 것은 데이터가 시민의 권리 차원에서 문제가 될지 모른다는 점이다. 스마트폰 덕분에 주머니 속에 인터넷을 가지고 다니는 세상이 되었지만, 이것은 시작에 불과하다. 2113년까지 가지 않더라도 우리는 콘택트렌즈에 붙은 카메라로 얼굴 인식 소프트웨어를 사용하여 거대한 데이터베이스를 검색하고, 사람들에 관한 데이터를 띄워볼 수 있게 될 것이다. 이렇게 되면 검색의 의미가 달라져 아마도 요즘 우리가 구글로 정보를 뒤지는 행위가, 경찰이 영장을 가지고 가택을 수색하는 것처럼 보다 법적인 의미를 갖게 될지도 모른다.

누구를 한 번 흘끗 보기만 해도 그 사람이 사용하는 모든 데이터에 접근할 수 있다면, 개인적인 데이터를 보호하는 문제가 갈수록 중요해질 것이다. 이미 지금도 우리는 결혼 기록이나 범죄 기록, 재판 기록 같은 공무와 관련된 기록 그리고 우리가 구입한 상품 내역, 여행한 기록 등을 통해 하나의 데이터 흐름을 만들어내고 있다. 이것은 대부분 공개적인 것이어서 접속하기만 하면 누구나 검색할 수 있는 것들이다. 따라서 개인에 관한 데이터를 어떤 환경에서 누가 접근할 수 있는지를 규정하는 법은 갈수록 중요해지고, 모든 종류의 데이터는 판매나 이전이 제한되어 법으로 금지되거나 아니면 좋지 못한 행위로 취급받아 점점 규제가 심해질 것이다. 우리는 이미 의학 기록에서 이런 문제가 시작되는 것을 목격하고 있다.

요즘의 의학이 100년 전의 의학과 다른 것처럼 앞으로 100년 후의 의학도 요즘과는 여러 가지 면에서 상당히 다를 것이다. 2113년에는 의학적 기술과 공공 의료 제도의 발전으로 많은 질병들이 치료 가능해질 것이다. 심장마비는 물론 많은 종류의 암이 정복될 것이고, 예방도 할 수 있게 될 것이다.

하지만 퇴보하는 부분도 있다. 지난 100년 동안 가장 위대한 진보의 산물인 항생제와 백신은 더 이상 발전할 수 없을 만큼 높은 수준에 이르러 마침내 한계를 드러낼지도 모른다. 약이 듣지 않는 박테리아와 백신이 통하지 않는 바이러스의 출현으로 전염병은 또다시 엄청난 기승을 부릴 텐데, 특히 세계화의 가속화로 인해 그 확산 속도와 범위가 크게 늘어날 것이다.

전염병은 지금도 위험하지만, 2113년이 되었을 때 성관계로 옮아다니는 전염병은 사랑과 결혼에 관한 사회적 인습을 바꾸고, 정절과 성적 문란에 대한 우리의 균형 감각을 크게 흔들어놓을 것이다. 이런 변화는 사람들이 아이를 몇이나 가질 것인지 결정할 때 특히 중요한 의미를 갖게 된다.

무엇보다 중요하면서도 예측하기 어려운 것은 의학 기술의 변화다. 예를 들어 나는 현재 신장 교환 네트워크를 개발하고 있다. 이 네트워크는 살아 있는 사람으로부터 신장을 받을 수 있는 환자의 수가 늘어나도록 유도한다.

어쩌면 2113년에는 누군가의 몸에서 신장을 떼어내 다른 사람의 몸에 갖다 붙인다는 생각 자체가 무척 야만스러운 옛날 풍습으로 여겨질지 모른다. 그러나 신장 이식을 뛰어넘는 다른 대안을 생각하기도 어렵다. 따로 동물을 길러 신장을 이식하거나 건강한 새로운 신장을 배양하는 줄기세포 치료를 하거나 혹은 인공 신장이나 신장 결함의 원인이 되는 질병에 대한 치료법을 개선하는 것 등을 생각할 수 있지만, 그것이 현재의 신장 이식을 대신할 수 있을지는 아무도 장담하지 못한다.

하지만 이런 대안은 대부분 효과가 오래가고, 또 이식보다 돈이 덜 들어간다. 그렇다 보니 사람들이 나이를 먹고 조금씩 늙어가는 한, 의학은 꾸준히 성장하는 경제의 한 귀퉁이를 계속해서 차지하게 될 것이다. 다만 의학은 농사처럼 양식과 배양이 가능해지고 더욱 능률화되어 더 작아진 경제 규모로 우리에게 필요한 것을 맞춤 제공해줄 것이다.

예방 의학이 다른 분야와 같은 속도로 발전하여 사람들이 20대 정도의 건강을 유지하며 평생을 살다가 집에서 평화롭게 생을 마감할 수 있게 해준다면, 의사들은 훨씬 규모가 작은 산업체를 통해 사람들에게 맞춤형 서비스를 제공할 수 있을 것이다. 100년 전에는 아주 부유한 사람들이 아니면 구경도 하지 못했을 농산물을 요즘에는 연중 내내 구입할 수 있게 되었듯이, 의사들도 개인에게 맞는 저렴한 패키지 상품을 만들어 많은 사람들의 요구를 충족시킬 수 있을 것이다.

대학의 혁신적 변화

앞서 정년을 보장받는 정교수가 되려는 교수에게는 능력을 향상시키는 약물이 필수인 시대가 오리라고 지적했다. 엘리트 대학에는 정교수가 되려는 교수들이 몰릴 것이고, 일류 대학은 지금과 마찬가지로 엄격한 과정을 통해 선발된 장학생 집단에 풍부한 재정적 지원을 제공할 것이다. 이런 대학들은 등록금도 비쌀 것이어서 타 대학과 확실히 차별화될 것이다.

정보는 다른 대학에서도 얼마든지 구할 수 있지만, 엘리트 대학들은 도시가 존속하는 것과 같은 이유로 존속하며, 정보 전달뿐 아니라 중매 등 다양한 목적을 위한 네트워크를 구성하여 그들만의 신호를 보낼 것이다. 교육 수준이 높은 사람은 여전히 같은 수준의 교육을 받은 사람과 결혼하겠지만, 긴장도가 높은 직업을 갖고 있거나 그런 직업을 가지려는 사람들은 자신과 반대로 기동성이 필요 없고 근무 시간이 짧아 긴장감이 덜한 직업을 가지고 있거나 그런 직업을 가지려는 사람과 결혼하게 될 것이다. 결혼이 늦어지면서 대학 졸업 이후의 교육 네트워크가 결혼의 중요 조건이 되고 있는 만큼 아마도 새로운 유형의 중매가 나타날 것이다.

그럼에도 불구하고 엘리트 대학과 레지덴셜 칼리지Residential College는 여전히 소수를 유지할 것이다(하지만 세계 최고라고 자부하는 대학이 꾸준히 전 세계 곳곳에 분교를 열고, 첨단 설비를 이용하여 교수들이 한 장소에서 여러 곳의 많은 학생들에게 강의하고, 학생들은 마치 한 장소에서 강의를 듣는 것처럼 서로 의사를 교환할 수 있게 해주는 원거리 교육은 얼마든지 실현될 가능성이 있다). 기존의 수업이나 강좌는 계속 유지되겠지만, 수요에 따라 정보와 교육에 대한 접근 방법은 더 많아지고, 교육의 다양화 추세도 계속될 것이다. 중등 교육 이후의 과정은 계속 진화하고 규모도 커져, 특정 노동력과 관련된 교육과 훈련은 첨단 기기를 통해 아웃소싱될지도 모른다.

100년 전의 대학과 요즘 대학의 학생과 교수들을 금방 구별할 수 있는 것처럼 일반 대학과 엘리트 대학은 언제라도 금방 구분이 되겠지만, 특정 직업 관련 기술과 밀접하게 연관된 교육 과정은 더욱 분산화·상품화·전산화될 것이다. 아무리 대학이 많이 달라졌다 해도, 컴퓨터나 커뮤니케이션 등의 변화는 대부분 사회에서 대학의 역할이 어떻게 변화했는지를 반영한 것이라기보다는 그런 것들이 사회를 어떻게 변화시켰는지를 반영하는 것이다.

물론 여건만 된다면 대학에 들어가 편안한 환경에서 몇 년씩 공부할 수 있는 기회를 갖는 것이 사회 진출에 필요한 인적 자본을 축적할 수 있는 아주 바람직한 방법 중 한 가지일 것이다. 대학 교육은 앞으로도 계속 어느 정도 사회·경제적 지위를 대신할 사회적 표지social marker가 될 것이다. 버락 오바마와 존 매케인John McCain이 맞붙었던 2008년 미국 대선에서 해군 제독의 아들이자 손주로 태어나 결혼으로 억만장자가 되었던 매케인은 나름대로 상당한 성과를 올리며 선전했지만, 결국 엘리트를 대표하는 컬럼비아대학교, 하버드대학교 출신에게 무릎을 꿇고 말았다.

가르치고 네트워크를 형성하는 것이 대학 기능의 전부는 아니다. 대학은 기초 연구의 보루이기도 하다. 기술이 발달하면서 상업적 연구와 개발의 중요성은 계속 커지겠지만, 대학은 여전히 기초 연구를 위해 없어서는 안 될 주요 기관으로 독자적인 위상을 지킬 것이다. 물리적 접근성의 중요성이 줄어들더라도 대학의 네트워크는 학자들을 세상에

알리고 그들에게 권위를 부여하는 기관으로서 자신의 가치를 계속 유지할 것이다.

나 역시 1990년에 이미 서로 잘 알지 못하는 학자들과 공동으로 논문을 집필한 적이 있다. 내가 연구를 시작한 1970년대보다 요즘은 공동 저자들과 얼굴을 맞대고 의견을 주고받는 일이 더욱 뜸해졌다. 그러나 여전히 내 공저 작업은 대부분 얼굴을 맞대고 하는 활동으로 시작하는 것이 사실이다. 원거리 통신이 더욱 발달하여 커뮤니케이션의 수준과 편리성이 개선되면, 이런 식의 오프라인 활동은 매우 진기한 옛날 얘기가 될지 모른다. 원거리 통신을 이용하면 사례 연구를 위한 협동 작업도 특정 대학의 영역을 넘어 보다 보편화될 것이고, 대학에 적을 둔 학자와 다른 기관에 속한 학자들 사이의 교류도 더욱 활발해질 것이다.

경제학자의 일

그렇다면 경제학자들이 무슨 일을 할 것인지도 예측할 수 있을 것 같다. 경제학자들은 여전히 사회과학을 선도하는 위치에 있을 것이다. 여러 가지 이유가 있지만, 경제학은 이미 생물학뿐 아니라 심리학의 뛰어난 성과를 받아들였고 요즘에는 한때 사회학과 정치학의 영역이라 여겨졌던 자료와 통찰력까지 받아들여 자신의 것으로 소화해내고 있기 때문이다.

빈곤은 여전하겠지만(그래서 개발은 여전히 경제학의 한 분야를 차지할 것이다), 지금부터 100년 뒤 개발도상국의 빈곤은 많이 극복되어 오늘날 선진국의 빈곤과 매우 유사한 수준까지 향상될 것이다. 아니면 전화나 TV나 컴퓨터에서 보듯 중산층 번영을 상징해주는 상품들의 가격이 계속 떨어져 아마도 개발도상국의 가난한 사람들은 오늘날 선진국 중산층만큼의 물질적 번영을 누릴 수도 있다. 결과적으로 개발 경제학은 실용적·이론적 경제학과 통합될 것이다.

시장 종류의 변화도 경제에서 중요한 의미를 갖게 될 것이다. 전산화되고 잘 설계된 시장의 역할을 사람들이 이해하게 되면서 시장 참여자들이 전에 해야 했던 일의 일부를 대신하는 '스마트 시장'이 이미 현실화되고 있다.

예를 들어 이베이eBay 옥션의 입찰자들은 소프트웨어 에이전트에게 유보 가격을 제시할 수 있고, 학교 선택이나 노동 시장 정보 센터에 참여하는 사람들은 자신이 선호하는 목록을 제출할 수 있다. 각각의 경우 시장은 특별한 제약 없이 참가자를 대신하여 그 정보를 사용한다. 상점이 상품 목록을 효율적으로 관리할 수 있게 해주는 전산화된 금전 등록기부터 거래를 신속하게 처리해주는 전산화된 증권 거래소나 거의 인공지능 수준에 이른 스마트 시장에 이르기까지, 시장에서 컴퓨터가 하는 역할은 갈수록 중요해지고 있다. 컴퓨터는 개인 에이전트를 대신하여 제출된 정보를 처리한 다음 결과를 내놓는다. 조합 경매와 매칭 메커니즘도 전산화될 것이다.

컴퓨터와 전산학이 계속 발전하면서 인공지능은 한계로 여겼던 장벽을 넘어 자기 주도적으로 운영되는 수준에 이를 것이다. 컴퓨터는 인간이 직접 감독하지 않은 상태에서 작동될 뿐 아니라 중간 목표를 설정하고 그 목표를 성취하기 위한 행동 계획을 스스로 작성할 것이다. 인공지능은 동료이자 친구(오늘날 아이폰 게임처럼)이자 조언자(모퉁이를 놓쳤을 때 실망의 탄식 소리를 내는 내비게이션처럼)이며, 시장 중재 기구가 될 것이다. 일상의 모든 면에 활용되는 컴퓨터는 우리가 필요로 하는 것들을 시장으로 모으는 일을 도맡아 처리할 것이다.

예를 들어 컴퓨터는 여러 부분으로 나누어진 여행 일정에 맞추어 항공사와 호텔, 렌터카 예약 등을 일괄 처리해줄 것이다. 오늘날 유능한 조수가 하는 일을 컴퓨터가 대신 처리해준다면, 대행자가 따로 시간을 내어 일을 처리하는 수고를 하지 않아도 된다. 한 단계 더 나아가 컴퓨터는 여행할 장소까지 결정해줄 것이다. 컴퓨터는 어떤 세미나와 어떤 회의의 초대를 수락할지를 우리 대신 판단해줄 것이다. 컴퓨터는 그에 맞춰 우리의 스케줄을 짜고 그에 필요한 여행 방식을 정하는 한편, 세미나와 회의를 주선하는 측의 스케줄을 대행하는 컴퓨터와 의견을 조율할 것이다.

앞서 설명한 대로 그때도 여행을 필요로 하는 세미나와 회의는 일부 존재하리라 생각된다. 통신 기술의 발달로 전문가들은 여행을 하지 않고도 세미나에서 발표를 할 수 있게 되었지만, 연구 방향이 비슷한 전문가와 공저자를 연결해주는 중재 작업은 말할 것도 없고, 세미나 이후

베풀어지는 연회와 그런 장소에서 이루어지는 의견 교환은 여전히 오프라인이 더 유리함을 보여준다.

시장의 모든 세부적 내용은 컴퓨터 코드로 구체화되어야 하기 때문에, 전산화된 시장에서는 시장 설계의 중요성이 더욱 커질 것이다. 그러나 오늘날 전문가들이 만드는 많은 종류의 시장 설계들은 선구적 지식의 영역을 떠나 압축된 소프트웨어 형태의 상품으로 바뀔 것이다. 마치 오퍼레이션리서치operations research에서 한때 박사급 학자들의 영역이던 수학의 최적화 기법을 소프트웨어 패키지로 이용할 수 있게 된 것과 같은 이치다.

그러나 여전히 조직과 협력 부분에서 풀리지 않는 문제는 있을 것이다. 따라서 시장 설계(또는 더 일반적으로 시장뿐 아니라 조직하고, 집행하고, 할당하는 모든 형태의 설계를 다루는 설계 경제학)는 경제학의 주요 부분이 되어 여전히 그 위상을 유지할 것이다.

경제학자들이 하는 작업의 일부는 공학으로 취급될 것이다. 학교 선택을 어떻게 조율할 것인가 하는 문제도 2113년에는 아무렇지도 않게 처리할 수 있는 간단한 작업이 될 것이다. 마치 교량의 물리적 원리와 교량이 갖는 경제 원칙을 오랜 세월에 걸쳐 연구하여, 더 가볍고 더 긴 교량을 만들 수 있었던 것처럼 말이다. 이런 원칙은 다른 분야에도 확대 적용되어 필요한 부분에서 계속 더 좋은 방법이 등장할 것이다.

다음 100년의 목표

결론적으로 말해 날로 속도를 높이는 번영의 추세는 앞으로도 계속되겠지만, 그렇다고 해서 1930년에 케인스가 예측한 대로 우리들이 한가로운 삶을 살게 되리라고는 장담할 수 없다.3 대부분의 사람들은 그어느 때보다 더 열심히 일할 것이고, 능력을 향상시키는 약 등 일부 수단은 혐오의 대상이 아닌 당연한 상품이 될 것이다. 더 많은 자료를 찾기 위해 컴퓨터를 사용하는 것처럼, 우리가 요즘 열심히 뒤지는 일부 자료들은 프라이버시가 핵심 인권 문제로 대두되면서 어떤 면에서는 금기의 대상이 될지 모른다.

의학적 진보가 모든 일선 분야에서 계속되고 예방 의학의 발전이 건강 관리와 건강 수명을 크게 개선하겠지만, 인공 수정을 비롯한 일부 의학은 상품화되는 반면 유전자 조작 같은 분야는 혐오의 대상으로 분류될지 모른다. 어떤 종류의 교육은 상품화될 것이고, 우리가 요즘 보는 매칭 마켓 가운데 엘리트 대학의 선별적 입학 열기는 여전할 것이다. 다양한 유형의 결혼을 통해 가족을 꾸리는 일이나 공동 연구 작업이나 사업 파트너를 구하기 위한 네트워킹이나 중재 활동도 여전할 것이다. 시장과 상업 현장이 전산화되면서 풀기 어려운 경제적 미스터리도 나올 것이고, 이를 전문적으로 다루는 경제학자들도 여전히 존재할 것이다. 요즘 우리가 이해하려고 애쓰는 시장 설계는 대부분 상품화되어 기성 소프트웨어 제품으로 출시되겠지만, 희귀 시장을 설계하고 시장 실패를 바로잡는 방법을 이해하는 문제는 후세의 경제학자들의 실질적인 관심사로 남을 것이다.

케인스는 경제학의 미래에 관해 쓰면서 이렇게 말했다.

"경제학자들이 치과 의사만큼이나 겸손하고 유능한 사람으로 여겨지게 된다면, 그것이야말로 더할 나위 없이 멋진 일일 것이다!"

아마도 우리가 치과 의사를 엔지니어로 대체할 수 있다면, 그것은 다음 100년에 어울리는 더없이 멋진 목표가 될 것이다.

8장

다음 세기의
위험과 그 관리법

by 로버트 J. 실러

로버트 J. 실러 Robert J. Shiller(1946~)

예일대학교 경제학과 교수이자 예일대 경영대학원 금융학과 교수. 경제학에 심리학을 접목한 행동경제학 분야의 대가로 불리는 그는 인간의 비이성적인 면이 주식이나 부동산 가격을 결정함으로써 시장을 왜곡할 수 있다는 주장을 편다. 이를 토대로 버블이 어떻게 형성되고 붕괴되는지 등을 분석하고, 서브프라임 사태를 정확히 예측하면서 유명세를 탔다. 국제금융센터의 특별회원이기도 한 그는 2013년 유진 파마Eugene Fama, 라스 피터 한센Lars Peter Hansen과 더불어 노벨경제학상을 수상했다. 저서로 《야성적 충동Animal Spirits》, 《버블 경제학The Subprime Solution》, 《비이성적 과열Irrational Exuberance》 등이 있다.

"다음 세기에 가서 컴퓨터가 사람을 대체하는 일은 쉽게 일어나지 않을 것이다. 오히려 정보통신 기술 덕분에 사람들 사이의 교류가 활발해져 서로의 목표를 더 잘 이룰 수 있게 될 것이다."

　다음 세기에는 점점 자원이 고갈되어가는 지구상에서 전례 없이 많은 사람들이 더 잘살아보려 각축을 벌일 것이므로 더욱 많은 위험이 뒤따를 것이다. 대량 살상 전략 무기는 더 많이 생산되고, 노동 시장은 불안해지고, 개인의 경력에 흠집을 낼 위험이 있는 새로운 정보통신 기술이 고도로 발달할 것이다. 이런 위험을 다루는 것은 대부분 과학과 공학의 영역이겠지만, 순전히 금융과 보험에만 관련된 영역도 있을 것이다. 이 글에서는 이런 문제를 다루려 한다.

　아무리 세상이 어수선해도, 우리는 새로운 기술의 도움으로 훨씬 더 세련된 위험 관리 기법을 개발하여 이런 두려움을 상쇄시키리란 희망이나 기대를 갖는다. 위험 관리법은 과학자와 공학자들의 인센티브와 맞물려 위험과 관련된 근본적인 문제를 해결할 더 좋은 대책을 개발하고 수행할 것이다.

앞으로 한 세기 동안 발생할 수 있는 위험의 종류가 구체적으로 어떤 것인지 추측하기는 어렵지만, 무엇이 됐든 결코 안심해도 좋을 수준의 위험은 아닐 것이다. 위험을 구체적으로 드러내기 위해서는 장기적인 시야를 가지고, 역사적 관점에서 생각할 필요가 있다. 지난 몇 세기 동안에 있었던 굵직한 경제적 재앙을 그린 제레드 다이아몬드Jared Diamond의 《문명의 붕괴Collapse》를 읽어봐도 좋겠고, 찰스 만Charles Mann의 《인디언》을 집어들어도 된다.

《인디언》은 콜럼버스 이전에 이랬을 것이라 우리가 상상하는 것 이상으로 훨씬 더 발전된 사회였던, 게다가 인구도 많았던 아메리카의 진짜 모습을 알려준 작품이다. 이 작품 덕분에 우리는 1492년 이후 아메리카 원주민 경제가 붕괴된 사건이 역사적으로 왜 그토록 중요한지 알 수 있었다.1

환경적 재앙이 일어나거나, 중요한 전쟁이나 유행병이 발생하거나, 어떤 특정한 집단이 기술적 혁명을 통해 다른 집단에 대해 확연한 경제적 우월성을 획득할 때는 굳이 100년을 기다리지 않아도 어떤 일이 일어날지 어떻게든 대충 상상할 수 있다. 물론 상상은 어디까지나 상상일 뿐이지만.

동시에 금융 위험 관리에 관한 이론은 예전에 비해 크게 진보했다. 수학 이론은 계속 정교해지고, 행동경제학의 발전으로 현실 속의 인간에게 잘 맞는 금융 솔루션을 만들 가능성도 커지고 있다. 또한 위험 관리도 민주화되어 세계적으로 예전보다 훨씬 더 많은 사람들이 이용할 수 있는 위험 관리 원칙이 만들어지고 있는 추세다. 몇 세기 전에는 부자들과 일부 엘리트들만 보험이나 금융 서비스, 포트폴리오 서비스를 이용할 수 있었지만, 요즘 웬만한 선진국에서 이 정도 서비스는 완전히 보편화되었다.

그래도 이런 추세를 유지하려면 아직도 해야 할 것이 훨씬 더 많다. 다행히 새로운 정보통신 기술이 놀라운 속도로 성장하고 있어 이런 추세를 밀어주고 있다. 아마 다음 세기에는 기술 성장에 무서운 가속도가 붙을 것으로 보인다.

더욱 세련된 위험 관리 기법을 개발하는 문제는 새로운 기법을 활용한 실험을 지속할 수 있는지 여부에 달려 있다. 어떤 실험은 결과가 불확실하고, 그래서 좌절을 겪을지도 모른다. 2007년에 미국의 서브프라임 위기로 시작되어 2009년에 유럽의 국가 부채 위기를 초래한 뒤로 지금까지 계속되고 있는 금융 위기가 바로 그런 좌절의 대표적 사례다. 그러나 시간이 흐르며 그런 위기를 다루는 방법에 대해 더 많이 알게 되면, 우리는 더 잘 해낼 수 있을 것이다.

미래를 예측하려면, 우선 미래에 활용할 수 있는 새로운 아이디어부터 제시해야 한다. 단순히 현재의 추세를 가지고 미래를 추측하는 것이 아니라 그 이상의 미래를 그려보려면, 미래에 통할 멋진 아이디어에 대한 우리의 감을 믿어야 한다. 지금은 별로 인정받지 못하고 잘 알려지지도 않았을지 모르지만, 정말로 좋은 아이디어라면 언제라도 시행될 수 있다는 굳은 믿음을 가져야 한다. 나아가 그런 아이디어 중 몇 가지를 구체화하는 위험을 감수할 수 있어야 한다. 그래야 아이디어의 효력을 확인할 수 있다. 그렇게 하다 보면, 아이디어에 특유한 능력이 생긴다.

나는 내가 쓴 책 중에 특히《거시 시장: 사회의 가장 큰 경제적 위험을 관리하기 위한 제도의 창안*Macro Markets: Creating Institutions for Managing Society's Largest Economic Risks*》과《새로운 금융질서: 21세기의 위험*New Financial Order: Risk in the Twenty-First Century*》그리고《새로운 금융시대*Finance and the Good Society*》에서 제안한 몇 가지 아이디어를 여기에 소개하려 한다.2 다음 세기를 예견하는 이 글에서 나는 미래에 더욱 자주 언급되리라고 자신할 수 있는 핵심 아이디어를 특별히 살펴볼 것이다.

신세계의 위험 관리

다음 세기에도 진정한 인공지능은 실현되기 어렵다는 것이 컴퓨터 과학자들의 공통된 의견이다. 그러나 사실상 인공지능의 출현이 임박했다는 견해도 없지 않다.3 진정한 인공지능이 개발되든 안 되든, 혁신에 혁신을 거듭하며 우리를 현기증 나게 만들고 있는 정보기술 혁명은 앞으로도 계속 향상되어, 우리에게 무궁무진한 새로운 기회를 제공할 것이다.

예를 들어 그때도 실제 의사와 실제 변호사는 필요하겠지만, 기계가 사람의 지능과 거의 비슷한 수준이 되어 우리를 할 일 없이 만들고, 우리의 지능을 대신하리라는 예상도 얼마든지 할 수 있다. 그렇게 되면 웬만한 일은 전부 인공지능이 맡아 처리할 것이다. 사람들은 그런 기계 속의 의사나 변호사에게 많은 돈을 투자할 것이다(그런다고 그들의 두뇌 와 물리적으로 연결되는 것은 아니라고 주장하는 사람들도 있지만). 컴퓨터 의 이런 엄청난 능력은 위험스럽기도 하겠지만, 동시에 위험을 완화시 켜줄 수도 있다.

이런 식으로 인공지능에 접근하게 되면, 장기적으로 하나의 통합된 글로벌 문화가 형성될 것이다. 사회학자 에밀 뒤르켐Emile Durkheim은 사회를 '집단의식Collective Consciousness'을 가진 실체로 설명했고, 사회 학자 모리스 알박스Maurice Halbwachs는 이런 개념을 '집단 기억Collective Memory'으로 확대했다.4 모든 사람들이 같은 사실을 많이 기억하면, 그 들은 그들만의 세계관을 발전시킬 증거를 갖게 되고, 따라서 비슷한 세 계관에 도달하게 된다. 그러나 이런 요인들이 현대의 정보통신 기술로 훨씬 더 위력을 갖게 되리라고는 그들도 짐작하지 못했을 것이다. 덕분 에 세계 경제는 아마도 더 능률적으로 변모하겠지만, 동시에 나라와 지 역들 간의 상호 관계가 더욱 밀접해지면서 국제적인 경제적 파국의 가 능성도 더 커질 것이다.

인류가 거의 완벽한 인공지능을 갖추게 되면 더 이상 지리적 제약을 받지 않는 새로운 종류의 서브컬처subculture가 발생하게 될 것이다. 특 히 인공지능과 밀접하게 연결된 사람들은 그들만의 국제 문화를 개발 할 가능성이 있다. 그들은 일종의 세계 엘리트가 되어 끊임없는 커뮤니케이션을 통해 지리적 이웃보다 자체 구성원들에게 충성하게 되고, 거기에서 소외된 수십 억 명의 나머지 사람들은 세계적인 빈민촌을 형성할 것이다. 엘리트들 사이에도 문화의 세계화는 이루어지지 않기 때문에, 국가를 기본 단위로 하는 전통 민족과 종교적 갈등을 겪거나 전쟁을 치를 가능성은 여전히 상존할 것이다.

더 커진 사회와 개인을 위협할 위험을 만들어내는 이런 모든 과정을 통제할 수 있는 중심적인 권위 기관은 존재하지 않을 것이다. 따라서 우리는 만들어낼 수 있는 새로운 종류의 위험 관리 기능을 모두 동원하여 이런 위험에 접근해야 한다.

위험을 막아주는 빅데이터

우리는 이미 엄청난 양의 데이터 집합을 전 세계가 공유하는 빅데이터Big Data 시대에 살고 있다. 다음 세기에도 사정은 같을 것이다. 경제적 결정과 정책은 계속 확장되는 정보 집합을 고려하여 윤곽이 잡힐 것이다. 보험 회사는 쉽게 입증된 불의의 사고에 보험금을 지급할 뿐 아니라 잠재적 소득이나 경제적 가치의 변화에 따라 보험금을 지급하여 도덕적 해이에 휘둘리지 않도록 틀이 잡힐 것이다.

오래 전부터 사람들은 금융 위험을 관리하기 위해 양질의 데이터를 수집해야 할 필요성을 절감했다. 미국이 (노동)계약을 결정할 목적으로 소비자물가지수consumer price index를 고안해낸 것은 지금부터 100년 전인 1913년이었다. 당시는 실질적 관점에서 많은 인구에 적용할 수 있는 금융 계약을 만드는 것이 가능했고, 따라서 인간의 복지를 실제로 향상시킨 금융 상품과 물가 연동 계약이 나타났다.

국민총생산Gross National Products, GNP이라는 개념이 처음 선을 보인 것은 1930년대 대공황 때였고, 최근 우리는 GNP나 GDP를 이용하여 위험을 관리하는 툴을 개발했다. 곤경에 처한 그리스 정부가 위험을 줄이기 위해 GDP 지급 보증서를 발행하여 돈을 모으는 방식이 그것이다.5 그러나 GNP나 GDP는 경제적 복지의 척도로는 어울리지 않는 것 같다. 다음 세기에는 누군가의 복지나 복지의 결핍을 나타내는 좀 더 합리적인 지수들이 많이 개발될 것이다. 그리고 이런 지수들은 모두 위험을 관리하는 중요한 기반이 될 것이다.

빅데이터의 부작용도 있다. 보험이 적용되었던 일부 사례를 보험사가 알게 되면서 보험 적용을 거부하는 사례가 생길 수 있기 때문이다. 예를 들어 유전자 검사로 특정 질병의 가능성이 드러나면, 생명 보험사들은 그런 위험을 가진 사람들을 보험에 가입시키려 하지 않거나 그들에게 엄청난 보험료를 요구하게 될 것이다. 그러나 이런 문제는 해결을 위해 법적으로 강제조항을 만들 수도 있다. 2010년에 미국이 제정한 건강보험개혁법Patient Protection Act이 그런 사례다. 그리고 정부 규제자들은 빅데이터와 데이터 처리 시스템을 이용하여 국민들이 그 법을 지지한다는 사실을 입증할 수 있다.

지하 경제를 위축시키는 정보통신 기술

과거에도 그랬지만, 지금도 전 세계 경제에서 지하 경제가 차지하는 비중은 적지 않다. 선진국도 예외는 아니다. 세금이나 규제나 소송을 피하려는 사람은 자신들의 거래가 합법화되는 것을 원치 않는다. 그러나 다음 세기에는 이런 장치들을 피하거나 거래 행위를 숨기기가 점점 더 어려워질 것이다. 공유하는 정보의 총량이 커지면, 지하 경제 활동은 더 쉽게 포착될 것이다. 이런저런 형태의 전자 화폐가 급속도로 확산되면, 현금을 사용하는 거래는 의심받을 것이다.

주택 구매자들이 재산세나 그 밖의 세금이 두려워 부동산 실거래 가격을 제대로 신고하지 않는 것도 일종의 지하 경제로 볼 수 있다. 정직하게 신고하지 않으면, 부동산 가격이 전체 경제에서 어떤 역할을 하는지 알 수 없다. 가격을 정확하게 신고하면, 정부는 그것을 바탕으로 적절한 정책을 마련할 수 있고, 민간 보험사들은 개인이 제시한 가격보다 전체 부동산 가격을 근거로 부동산 위험 관리에 대한 계약 조건을 제시할 수 있다. 그러면 도덕적 해이도 줄어들 것이다.

지하 경제를 축소시키는 문제가 위험 관리에서 중요한 또 한 가지 이유는 그렇게 해야 경제 활동을 빅데이터로 편입시킬 수 있기 때문이다. 경제 활동의 변화를 관찰할 수 있으면, 위험을 억제하는 메커니즘을 만드는 일도 가능해진다.

사생활을 보호하는 신분 식별 기술

위험 관리를 민주화하여 개인이 정말로 관심을 갖는 위험, 즉 그들의 생계에 직접 영향을 미치는 위험을 다룰 수 있게 하려면, 개인이 위험과 관련된 정보의 데이터베이스와 밀접하게 연결되어 있어야 한다. 전통적 개념의 경제에서 개인의 평판과 정체성은 소개장, 포켓용 신분증, 여권 등으로 확인할 수 있었고, 더 원시적으로는 얼굴을 알아볼 수 있는 사람을 곁에 두어 확인할 수 있었다. 그러나 이런 식으로는 위험에 관한 데이터베이스에 접근할 수 없다. 다만 컴퓨터 생체 인식이라면, 그런 연결고리를 만들어낼 수 있을 것이다. 금세기 중에 이런 방법이 실용화될지도 모른다.

컴퓨터 기술은 개인의 사생활도 보호해주어야 한다. 앞으로 디지털 기술이 더욱 발달하면 사람들은 거래를 하는 상대방에게 드러내고 싶은 만큼만 정보를 드러내고, 그 정보를 받는 사람이 쉽게 그 정보를 다른 사람들에게 누설하지 못하게 막을 수 있을 것이다.

신분 확인 체계는 개별적으로 만들 수도 있고, 테러 등에 대비하여 전국적인 네트워크를 만들 수도 있다. 시간이 갈수록 신분 식별 체계는 더 안전해지고 더 안정화될 것이므로 사람들은 자신들의 수입과 재산을 감안하여 이행할 수 있는 범위 내에서 장기 계약을 체결할 수 있을 것이다.

예를 들어 사람들은 미래에 예상되는 자신의 수입에서 일정 부분을 다른 사람에게 팔 수 있을 것이다. 이는 밀턴 프리드먼이 제안했다가 실용화시킬 수 없다고 판단되어 백지화됐던 방법이다.6 과거 수백 년 동안 흔했던 노예 제도는 경제적으로 유용한 계약이었지만, 도덕적으로 문제가 많아 더 이상 존속할 수 없었다. 그러나 다음 세기에는 새롭고 더 나은 형태의 장기 계약이 다시 등장하여 위험 관리를 효율적으로 처리할지 모른다.

훨씬 더 복잡한 금융 계약

정보통신 기술은 계약을 감시하고 조정하고 이행하는 비용을 줄인다. 대부분의 과정을 컴퓨터가 기계적으로 처리하기 때문이다. 계정은 전산으로 처리되고 관리되기 때문에, 하나의 계약은 처음부터 하나의 컴퓨터 프로그램이 되어 계약 조건을 자동으로 실현시킨다. 결국 계약은 계약 당사자의 필요에 맞게 좀 더 정확하게 재단되어, 위험을 더 효과적으로 관리하게 된다.

다음 세기에는 복잡한 계약도 유사한 다른 계약에 관한 정보를 참조하여 적절히 조율할 수 있게 될 것이다. 지금도 일부 금융 계약은 그렇게 하고 있다. 예를 들어 최초 대출 기관은 고객의 대출 기록을 조사할 때 특정 재산의 담보 유무를 미리 확인할 수 있다. 또한 온라인을 통해 잠재적 저당 채무자의 다른 대출 계약뿐 아니라 납부 실적을 한눈에 확인시켜주는 신용 평가서를 조회할 수도 있다.

미래에는 임대 계약, 고용 계약, 소득 위험 관리 계약 등 개인 활동에 관한 정보를 더 많이 제공하는 빅데이터 공급자가 생겨나 모든 종류의 정보를 총체적으로 활용할 수 있게 될 것이다. 인공지능에 가까운 능력을 가진 컴퓨터는 지능적인 방법으로 모든 종류의 계약을 추적하여 위험을 효과적으로 관리해줄 것이다.

더욱 강력한 금융 제도 출현

세계 정부는 많은 사람들이 강조했던 아이디어지만, 여기에 도달하기까지는 여전히 장벽이 많다. 1919년에 창설되어 1946년에 해체된 국제연맹League of Nations은 1930년대에 아돌프 히틀러가 신질서Neuordnung를 내세우면서 뒷전으로 밀려나, 하나의 단초만 제공한 실패작으로 평가받았다. 이후에 발발한 제2차 세계 대전은 세계 정부라는 개념을 허망하게 무너뜨렸다.

이런 국제 갈등을 겪으며 1945년에 출현한 UN은 몇 가지 괄목할 만한 성공을 거두었다.7 그러나 요즘 UN의 연간 예산은 고작해야 50억 달러에 지나지 않는다. 50억 달러면 대도시 경찰서의 예산과 거의 비슷한 수준이다. G20 국가들은 놀라울 정도로 협조적인 태도를 보였지만, 여전히 UN 상설 사무국은 없는 상태다.

지난 세기 동안 국제금융제도는 실질적인 성장을 이루었다. 1930년의 국제결제은행Bank for International Settlements 설립을 필두로 1944년에는 IMF, 역시 1944년에 세계은행World Bank이 만들어졌다. 세계은행은 훨씬 더 큰 세계은행그룹World Bank Group으로 발전했다. 1959년에는 미주개발은행InterAmerican Development Bank이, 1966년에는 아시아개발은행Asian Development Bank, 1985년에는 국제스왑파생상품협회 International Swaps and Derivatives Association, 1995년에는 세계무역기구World Trade Organization, WTO, 2001년에는 국제회계기준위원회International Accounting Standards Board가 설립되었다. UN도 자체의 경제사회이사회 Economic and Social Council를 통해 그리고 2007년에 발족한 개발협력포럼 Development Cooperation Forum 파트너들과의 협력을 통해 훌륭한 국제금융제도를 독려해왔다.

이런 추세가 계속되어 국제 금융 기관들의 규모가 커지면, 훨씬 더 복잡한 국제 금융 계약도 수월하게 이루어질 것이다. 그렇게 되면 복지를 향상시킬 수 있는 중요한 위험 분담을 국제적 차원에서 처리할 수 있다. 내가 여기서 설명하는 다음 세기의 큰 위험들은 어떤 특정 국가들을 강타할 확률이 높기 때문에, 여러 나라들이 이를 분담하지 못한다면 적절한 위험 관리는 이루어질 수 없을 것이다.

금융 협정은 그 협정을 맺는 정부보다 더 오래 살아남을 수 있고, 실제로도 그런 경우가 많이 있다. 아무리 혹독한 전쟁을 치렀어도, 사람들은 선의의 목적을 가지고 맺은 정직한 금융 협정은 존중하는 편이다. 제1차 세계 대전이 끝났을 때, 독일은 무거운 배상금을 떠안았지만, 그들은 금융 계약을 무시하지 않았고, 독일 국민이 부담하는 정식 세금으로 이를 청산했다. 이란에서 왕조를 몰아내고 들어선 급진적인 이슬람 정부는 왕조 치하에서 부과되었던 정부 연금 채무를 무효화하지 않은 채 그대로 이행했다. 남아프리카공화국에서 소수 백인 정부와 교체되어 들어선 다수 흑인들을 대표하는 정부도 이전의 금융 계약을 백지화하지 않은 채 그대로 이행했다. 물론 바뀐 정부가 기존의 금융 계약을 무효화하는 사례도 없지는 않다. 소련과 공산주의 중국을 세운 혁명이 그런 경우였다. 하지만 대체적으로 금융 계약은 정부가 달라져도 살아남고, 국민들은 정부가 바뀐 뒤에도 계약의 효력을 보장해준다.

따라서 다음 세기에 정치적 혼란으로 정부가 무너지는 경우에도 중요한 금융 위험을 분담하는 나라들은 여전히 존재할 것으로 본다. 이런 문제가 앞서 설명한 정보통신 기술 등 여러 요소들과 맞물리게 된다면, 다음 세기에 등장하게 될 새로운 국제적 위험을 효과적으로 분담하여 관리할 수 있을 것이다.

소득 흐름에 대한 장기적 위험 관리

현재의 상해 보험은 경제적 불평등을 막을 수 있는 주요한 무기이지만, 외부 요인에 의한 위험 관련 정보가 제한되어 있을 때는 그 기능이 제한적일 수밖에 없다. 상해 보험은 심각한 도덕적 해이를 막기 위해 보험의 범위를 쉽게 위조할 수 없고, 의사가 기록으로 입증해줄 수 있는 특별한 신체적 장애를 가진 사람들로 그 가입자를 제한해왔다.

그러나 미래에는 생계를 책임지는 개인의 능력이 많은 충격에 노출될 것이라는 점을 인정해야 한다. 특히 개인의 소득에 가해지는 충격이 중요하다. 다음 세기에는 컴퓨터가 그런 충격을 대신할지도 모른다. 그런 일이 일어날 수 있다고 생각하면, 개인적 창의성도 위축되고 직장에 대한 두려움 때문에 특정 직업에서 전문성을 갖추기도 어려워질 것이다. 그런 직업들에는 늘 위험이 따르기 때문이다. 그렇게 되면 다음 세기에는 모든 위험을 감수할 필요는 없다는 사실을 알아야만 직업을 선택하게 되리라고 예측할 수 있다.

정보통신 기술을 보다 확실하게 이용할 수 있게 되면, 민간 보험사가 발행한 상해 보험은 훨씬 더 포괄적인 민간 생계 보험으로 확대되리라고 본다. 그런 생계 보험은 개인이 제공하는 서비스의 시장 가치가 손실되는 일을 방지하여 개인을 보호해준다.8

앞에서 설명한 모든 요인들은 미래의 보험 회사들이 보험에 대한 기존의 제약을 허물고, 개인의 생계 위험을 실질적으로 보호해주기 쉽게 만들어줄 것이다. 지하 경제가 쇠퇴하고 사생활을 침해하지 않고도 빅 데이터에 접근할 수 있게 되면, 훨씬 더 복잡한 보험 계약을 기반으로 요즘보다 더 좋고 더 실속 있는 산재 보상 지수와 개인의 성공을 측정할 수 있는 수단을 개발할 수 있게 될 것이다.

국제 금융법이 적절히 시행되면 어느 나라에 가더라도 개인이 맺은 위험 관리 계약은 원래의 조건대로 이행되기 때문에, 이주를 통해 의무를 모면할 방법은 사라질 것이다.

개인이 위험 관리 계약을 맺게 되면, 피보험자가 어떤 직업을 선택하느냐에 따라 생계 보험료가 결정되는 세상이 올 수 있다. 빅데이터의 세계에서는 보험 약정에 제시된 가격이 직업을 선택하는 데 유용하게 활용되고, 위험이 서로 연관성을 갖지 않아 약정된 금액이 크지 않다면 사람들은 마음 놓고 더 위험한 직업을 선택할 수 있을 것이다. 미래에는 생계 보험 가입을 쉽게 해주는 직업 소득에 대한 시장이 개발될 가능성도 있다. 그런 시장이 만들어지면 전혀 새로운 차원에서 인생을 설계하고, 삶을 충실하게 꾸려가는 것이 가능해질 것이다.

전쟁과 테러 행위 대비책

다음 세기에는 대량 살상 무기, 특히 화생방 무기가 많아져 전쟁과 테러 위험이 더욱 높아질 것이다. 미 상원의원 리처드 루거Richard Lugar 가 국가 안보 전문가 80명에게 그런 위험을 평가해달라고 요청한 적이 있다.[9] 이들이 제시한 자료에 따르면 앞으로 10년 동안에 전 세계 도시나 그 밖의 목표 지점이 핵 공격을 받을 가능성은 29.2퍼센트였고, 생물학적 공격은 32.6퍼센트, 화학 공격은 30.5퍼센트, 방사능 공격은

39.8퍼센트였다. 앞으로 100년 뒤를 생각하면, 그 확률은 훨씬 더 높아질 것이다.

핵과학자회보Bulletin of the Atomic Scientists가 핵무기 증가의 위험을 평가하기 위해 1948년에 처음 고안하여 발표한 '지구 종말의 날 시계'는 수시로 자정에 가까워져 사람들을 불안하게 만든다. 이들의 평가는 전쟁의 위험뿐 아니라 테러나 심지어 우연적인 폭발의 위험까지 감안한다. 미국이 수소 폭탄 실험을 했던 1953년에는 자정 2분 전이었고, 소련이 붕괴됐던 1991년에는 자정 17분 전이었다. 지금 시계는 자정 5분 전을 가리키고 있다.

보험 회사들은 원칙적으로 전쟁 행위를 보험 적용 범위에서 배제하지만, 그런 위험도 보험에 들 수 있게 만든 몇 가지 진전이 있었다. 문제는 이런 위험이 서로 얽힐 경우 보험 회사에게 큰 손실을 입힐 가능성이 있다는 점이다. 경우에 따라 보험 회사가 파산하는 일도 생길지 모른다. 그렇다면 어떤 형태로든 정부의 개입이 필요할 것이다. 사람들은 자신의 재산이 위험하다는 것을 알더라도, 보험료가 높아질 것을 걱정하여 보험을 해지할 것이다. 이에 정부가 보험 가입을 강제화할 필요가 생겨난다. 아니면 정부가 대재해 채권catastrophe bond 같은 금융 위험 관리 수단을 활용하여 같은 목적을 이루는 방법도 있을 것이다.

1945년에 히로시마와 나가사키 원폭 투하 이후로 대량 살상 무기가 등장한 사건은 일어나지 않았기 때문에, 대중들은 그런 걱정을 염두에 두지 않는 편이다. 그러나 사건은 예고 없이 터진다는 사실을 역사는 말해준다. 윈스턴 처칠Winston Churchill은 런던대공습 당시 어떤 재산은 무참히 파괴되는데 어떤 재산은 멀쩡한 현실을 목격한다. 그런 사태에 자극받은 처칠은 1941년에 영국 의회를 움직여 건물에 대한 강제 보험compulsory insurance 조항을 포함하는 전쟁피해법War Damage Act을 통과시켰다. 이 법은 런던대공습 이후에 나온 조치였지만, 소급 적용되었다. 하지만 그것은 구체적으로 명시되지 않은 전쟁 위험을 안고 있는 더 먼 미래를 위한 계획이 아니라 높은 보험료로 당장의 전쟁 위험에 대비하려는 임시방편일 뿐이었다.

미국 본토가 테러리스트의 공격에 직접 노출된 2001년 9월 11일 이후에 미 의회는 테러위험보험법Terrorist Risk Insurance Act, TRIA을 통과시켰다. 이 법으로 위험의 대부분을 정부가 부담하게 되어 시민들은 테러 행위로부터 보호받을 수 있게 되었다. 그러나 이 법은 "의회가 선언한 전쟁의 일환으로 수행하는" 공격에 대해서는 보험을 적용하지 않았다. 더욱이 최초 법안은 불과 3년 만에 만료되었고(나중에 2014년까지 연장되기는 했지만), 지급금도 최대 1,000억 달러로 상한선이 정해졌다. 이는 법안이 통과될 당시 GDP의 약 1퍼센트에 해당되는 액수였다. 테러위험보험법을 분석한 쿤로이더H. Kunreuther는 보험 회사가 이 제도를 놓고 도박을 벌일 취약성 등 몇 가지 결함을 지적하기도 했다.10 그래도 그 같은 보험을 기획하는 것은 사소한 문제가 아니다. 아마 미래에는 보다 완벽하고 포괄적인 기획이 나오지 않을까 싶다.

전쟁과 테러 위험 보험에 대한 과거의 사례는 일부 국가에 한정되어 있다. 게다가 개별 국가의 보험은 규모가 작은 반면 충격은 치명적이어서 위험을 실질적으로 관리하기가 쉽지 않다. 그렇다면 이와 같은 위험에 대비한 국제 시장이 형성되어 위험에 처한 국가들에게 높은 위험 관리 비용을 물릴 것을 예상할 수 있다. 예를 들어 이스라엘과 미국은 다른 어떤 나라보다 핵 공격을 받을 위험이 높다. 그러나 위험 관리 계약을 장기적인 관점에서 미리 맺을 경우에는 어느 국가가 가장 취약한지 판단할 방법이 없다. 그래서 위험 관리는 여전히 효과를 발휘할 수 있다.

시간이 갈수록 보험 제도가 더욱 개선된다고 가정하고 또 실질적인 대량 살상 무기 사건에 의해 전쟁이나 테러 위험에 대한 보험의 필요성이 부각될 가능성을 고려한다면, 이러한 중요한 위험에 대비할 수 있는 보험을 마련하는 것에 합의를 이룰 수 있을 것이다. 또 위험 관리의 민주화 추세가 계속될 경우에도 이런 보험이 만들어지리라고 가정할 수 있다. 일단 전쟁과 테러 위험을 관리하는 보험 산업이 생겨나면, 사람들은 안전 조치를 개선하는 과정에서 부수적인 혜택도 볼 수 있다. 현재 특종 보험casualty insurance의 경우 보험 감독기관과 보험사는 위험을 객관적으로 평가하여, 피보험자가 보험 가입을 망설이거나 미루지 않고 적극적으로 위험을 해소하려는 강력한 인센티브를 제공한다.

다음 세기를 위협하는 화생방 무기에 대해서도 보험이 마냥 손을 놓고 있는 것은 아니다. 예를 들어 보험 회사들은 건축 법규를 개선하고 사람들을 여러 곳에 마련된 안전 지역으로 이송하도록 주선하고 그에 대한 비용을 지불한 다음, 사건이 난 이후에 현장을 깨끗이 복구하고 재건할 계획을 세움으로써 피해를 최소화할 방법을 찾아낼 인센티브를 가지게 될 것이다. 보험 회사들이 화생방 공격으로 인한 피해를 예방하는 데 관심을 갖게 된다는 것은 그들이 이미 화생방 무기의 영향을 최소화시킬 수 있는 하나의 자원으로 기능한다는 것을 의미한다.

환경 위험에 대한 보험

지구 온난화는 앞으로 식량 공급이나 특정 기후에서의 생존 가능성 등 여러 가지 문제와 관련되기 때문에, 적절한 보험과 위험 회피 장치를 통해 관리되어야 할 장기적 위험이다. 그 밖에 생각해볼 수 있는 장기적 위험은 해수면 상승, 허리케인과 열대성 폭풍, 진균류에 의한 피해, 오존층 파괴로 인한 자외선 피해, 바다의 산성화, 바이오 연료 채택에 따른 식품비 상승 및 가난한 사람들을 위협하는 경제적 변화 등이 있다. 이 중에는 지구 온난화와 관련된 것도 있고, 그렇지 않은 것도 있다. 선진국을 따라잡기 위해 지나칠 정도로 환경을 압박하는 신흥국들이 많아지면서 앞으로 100년 동안 현재의 우리로서는 상상하기 힘든 색다른 종류의 위험들이 나타날 것이다.

일반적인 보험 약관은 그렇게 정도가 높아진 위험은 보호해주지 않는다. 특정 지역에서 지구 온난화 때문에 허리케인이 더 자주 나타나면, 이 지역 주택의 보험료는 당연히 인상될 것이다. 이런 보험은 약관 자체가 단기여서 갱신할 때마다 보험료가 오를 경우에 대비할 방법이 없다.

재피D.Jaffee, 미셸 커잔E.Michel-Kerjan, 쿤로이더 등 세 학자는 공동으로 발표한 논문을 통해 새로운 종류의 주택 소유자를 위한 보험의 필요성을 강조했다. 그것을 그들은 장기 보험Long Term Insurance,LTI이라고 부른다. 장기 보험은 장기간에 걸친 환경 변화로 인한 주택 보험료 인상을 막아주는 보험이다.[11] 이것은 예기치 못한 환경적 재앙이 닥쳤을 때 별다른 영향을 받지 않은 사람들의 보험료를, 큰 피해를 입은 사람들에게 돌리는 식으로 보상하는 방법이다. 보험 회사들은 더 큰 피해가 예상되는 지역에 높은 보험료를 부과함으로써 사람들이 그런 곳에 살지 않도록 인센티브를 내놓는다.

재피와 그의 공저자들은 지금까지 이러한 장기 보험이 나오지 않았던 이유를 몇 가지 제시하면서 앞으로는 이런 종류의 보험이 얼마든지 나올 수 있다고 주장한다. 한 가지 문제는 기존의 규제 당국이 소비자의 단기 이익을 보호하기 위해 장기 보험이 요구하는 높은 보험료를 허락하지 않으려 한다는 점이다. 환경적 위험이 갈수록 가시화되면, 규제 당국의 이런 편협한 생각도 많이 달라질 것이다. 또 다른 문제는 요즘처럼 장기 보험이 없는 상태에서는 이와 관련된 재보험 제도나 장기 위험에 대한 보호책이 없다는 것이다. 이런 점 때문에 보험 회사는 그들의 위험을 관리하기가 어렵다. 언젠가는 이런 문제도 정부가 나서서 해결할 수 있을 것이다. 테러위험보험법에서 그러했듯 정부는 이 분야에도 보험을 제공하도록 보험 회사에게 명령할 수 있다.

불평등에 대비한 위험 관리

보험 회사는 불확실성이 큰 직업을 선택하는 사람을 위해 생계 보험을 발행할 수 있지만, 그런 직업을 가진 사람들에게 제공하는 서비스의 수요 변동으로부터 사회 전체를 보호하기는 어려울 것이다. 또한 다음 세대가 더욱 불평등한 사회에 태어날 사회적인 위험도 있다. 자신들이 태어나기 전에 일어난 일 때문에 보험으로 해결할 방법이 없는 그런 위험을 미래의 후손들이 감수해야 한다면, 그건 그들에게 너무 불운한 일일 것이다. 한편 소득 재분배에 따른 장기적 위험에 대비하는, 정부의 사회 보험과 유사한 보험이 나올지도 모른다.

미래 정부는 소득세 체계를 불평등과 연동시키려 할지 모른다.12 경제적 불평등을 효과적으로 막을 수 있는 세제가 진보적인 세제다. 그러나 불평등이 악화될 경우에 대비해 세제를 개선할 계획을 세워놓는 정부는 없다. 정부는 미래의 불평등에 대해 미래의 세율로 대응 체제를 마련한다. 그들은 미래의 어떤 시기에 불평등의 도가 지나쳐 특정 한계를 넘어설 경우(예를 들어 로렌츠 곡선에서 보듯) 자동적으로 고소득자에 대한 세금은 올라가고, 저소득자의 세금은 내려가는 세금 규정을 구체화할 것이다. 이런 제도가 있으면, 정치적으로도 불평등 문제를 해결하기가 쉬워질 것이다. 새로운 승자와 패자가 결정되고 불평등이 기정사실이 될 때까지 기다리기보다는 그 전에 불평등 문제를 처리하는 편이 훨씬 더 쉽다.

불평등이 정말로 악화될지 아닐지 밝혀지기 전에, 이런 불평등과 세제를 연동시키는 계획을 세우는 것은 본질적으로 위험 관리의 일환이다. 일종의 보험 증서인 것이다. 그런 계획은 경제 변화로 인해 매우 불평등한 사회가 되는 것을 막을 수 있다. 불평등 연동이 올바른 대응이든 아니든, 다음 세기에는 불평등이 심화될 위험이 크기 때문에 몇 가지 계획된 대응이 필요한 것만은 분명하다.

컴퓨터가 사람의 일을 대신하면서 기술적 실업technological unemployment이 발생할 수 있다는 우려는 컴퓨터가 처음 나왔을 때부터 표면화되었다. MIT의 수학자이자 컴퓨터 개척자였던 노버트 위너Norbert Wiener는 1948년에 발표한 그의 저서 《사이버네틱스Cybernetics》에서 이런 우려를 드러냈다.

사람들이 나가사키와 원자폭탄을 알게 되기 오래 전부터 나는 우리가 우리에게 이익을 주거나 해를 끼치는 또 다른 사회적 잠재성과 마주하고 있으며, 그런 잠재성이 전례 없이 중요한 의미를 갖게 되리라고 생각했었다. 미국에서 힘든 일을 하는 노동자들이 아무리 보수를 적게 받는다 해도 증기 기관으로 가동하는 굴착기와 경쟁할 수는 없을 것이다. 마찬가지로 현대 산업혁명도 적어도 더 단순하고 더 일상적인 결정을 내릴 때는 인간의 두뇌에 대한 의존도를 낮추게 될 것이다. 물론 제1차 산업혁명에서도 숙련된 목수, 숙련된 기계공, 숙련된 재단사들은 살아남았듯이, 제2차 산업혁명의 와중에도 숙련된 과학자와 숙련된 행정가들은 살아남을 것이다. 그러나 제2차 산업혁명의 성과를 그대로 인정하게 되면, 전문적인 기량을 갖추지 못한 평균적인 인간은 사람들이 돈을 내고 살 만한 어떤 물건도 만들거나 팔지 못할 것이다.13

경제의 투입 산출 구조에 대한 연구로 유명한 바실리 레온티예프 Wassily Leontief도 35년 뒤에 같은 우려를 내비쳤다.

컴퓨터와 로봇은 물리적 임무를 수행할 때 기계가 인간을 대신하는 것과 같은 방법으로 정신적인 기능을 수행하여 인간을 대신한다. 시간이 갈수록 기계가 복잡한 정신적 기능을 대신할 것이다. (…) 결국 농업 생산 분야에 트랙터가 등장하면서 말의 역할이 축소되었다가 아예 말이 사라진 것처럼, 생산의 가장 중요한 요소로서 인간의 역할도 같은 절차를 거쳐 줄어들 것이다.14

위너와 레온티예프가 우려했던 재앙이 아직 나타나지 않았다고 해서 안심하기는 이르다. 컴퓨터 기술은 다른 어떤 경제적 세력보다 훨씬 더 빠른 속도로 성장하고 있기 때문에, 얼마 안 가 이런 문제는 매우 중요한 이슈로 부각될 것이다.

컴퓨터 기술은 상상 이상으로 많은 기본적인 일자리를 대체하게 될 것이다. 이미 오래 전에 대부분의 전화 교환수들은 전자식 다이얼 방식으로 대체되었다. 도서관을 이용하는 사람들의 궁금증을 해결해주던 도서관 사서도 인터넷 검색 엔진으로 대체되었다. 요즘 우리는 위성위치확인시스템global positioning system, GPS과 적응형순항제어장치adaptive cruise control의 등장으로 운전자 없는 차를 운행할 준비를 마쳤다. 그렇게 되면 운전기사라는 직업 자체가 사라질지도 모를 일이다. 다음 세기 동안 이런 일이 얼마나 더 일어날까?

컴퓨터 기술이 만들어내는 직업이 정확히 어떤 유형인지 밝히려면 상상력을 동원해야겠지만, 그래도 분명한 사실은 그런 종류의 직업이 생겨날 것이라는 점이다. 우리는 제러미 리프킨Jeremy Rifkin이 "규모가 너무 거대해서 그 궁극적인 영향을 헤아리기가 어렵다"고 설명한 변화에 직면할지도 모른다.15

하지만 저소득자들을 절망에 빠뜨리지 않을 만큼 식량이 생산된다면, 그런 결과를 크게 두려워할 필요는 없다. 특별한 이변이 없는 한 요즘 많은 사람들이 두려워하는 것처럼 다음 세기에 가서 컴퓨터가 사람을 대체하는 일은 쉽게 일어나지 않을 것이다. 오히려 정보통신 기술 덕분에 사람들 사이의 교류가 활발해져 서로의 목표를 더 잘 이룰 수 있게 될 것이다. 그러기 위해서는 요즘 사람들은 짐작도 못 하는 더욱 많은 요인들을 관리하기 위한 시장이 반드시 형성되어야 한다.

개인의 목표 달성을 돕는 위험 관리

다음 세기에는 소비를 가능하게 하는 근로 소득과 노동, 이 두 가지 사항에 특별한 위험이 제기될 것 같다. 즉 직업은 장기적인 관점에서 위협을 받고, 불평등은 더욱 악화될지 모른다. 그러나 그런 위험을 다루기 위해서는 일단 단순한 노동-여가 패러다임에서 한 발 물러나, 더 넓고 더 심리적으로 잘 알려진 구조적 위험을 고려할 필요가 있다.

경제학자들은 노동은 마지못해 하는 것이고 여가는 즐거움을 주는 것이라고 노동과 여가를 간단하게 구분하지만, 이것만으로는 뭔가 미흡하다. 우리가 사용하는 언어에서 '일work'이라는 단어의 의미를 살펴보면 그런 사실을 알 수 있다. 영어에서 '일하다work'라는 동사는 '노예처럼 일하다slave, 애쓰다labor, 실시하다execute, 수행하다perform, 장난삼아 하다dabble, 꾸무럭거리며 일하다putter, 완수하다achieve'처럼 내키지 않는 것부터 유쾌한 것까지 그 의미가 다채롭게 걸쳐 있다.

'일 중독자workaholic'라는 단어도 있지만, 개인적 목표를 위해 일에 중독될 만큼 일하려는 강렬한 충동에 빠지는 경우도 더러 있다. 많은 사람들은 자발적으로 근무 시간 이외에 따로 시간을 내어 일을 할 뿐 아니라 주말에 잔디를 깎거나 문을 고치는 고소득 사업가의 경우처럼 일을 닮은 사소한 활동을 일부러 만들어 한다. 다른 사람을 시키면 더욱 효과적이고 더 싸게 할 수 있는 일도 그들은 힘들여 직접 한다.

사람들이 기존 개념의 일과 맞지 않는 일을 요구하는 세상에 익숙해지게 되면, 미래에는 일할 기회를 찾기보다는 개인적 목표를 달성하기 위해 노력할 기회를 찾는 문제가 더 중요해질지도 모른다. 그런 목표는 컴퓨터로는 구체화될 수 없으므로 컴퓨터는 사회적 제도와 힘을 합쳐 그런 일을 돕게 될 것이다.

개인이 자신의 능력으로 원하는 목표를 달성할 수 있을지 여부는 확실히 알 수 없지만, 다행히도 다음 세기에는 정보통신 기술이 그 문제를 대신 해결해줄 것이다. 그리고 다음 세기에는 삶의 의미와 충만함에 대해 더 깊이 인식하게 되리라고 기대해도 좋을 것 같다.

변화를 위한 시간 프레임

이 글도 그렇지만, 이 책에 실린 글들은 무려 100년이라는 시간 지평을 다루고 있다. 100년은 일반적인 계획을 짜는 시간에 비하면 훨씬 더 긴 시간 프레임이다. 그런 긴 지평을 생각하다 보면, 오늘 실행할 수 있는 사업 아이디어나 당장의 입법적 제안이 아니라 보다 근본적인 변화를 생각하게 된다.

내가 여기서 논한 위험 관리에서의 변화는 대부분 실제로 긴 시간 프레임에 걸쳐 전개될 가능성이 크다. 역사를 보면 그런 사실을 알 수 있다. 보험의 원리는 고대에 일부 보험 상품에서 이미 사용되었고, 그래서 2,000년의 역사를 갖는다. 보험은 확률 이론과 보험 계리학이 탄생한 1600년대에 꽃피기 시작했지만, 정작 많은 사람들이 활용하게 된 것은 20세기가 되어서였다. 수백 년 전 사람들도 알고 있었던 헤징 hedging과 포트폴리오 분산 원리는 20세기 후반에 들어와서야 학문으로 발전하게 되었다. 그러나 그것은 최근의 금융 위기에서 드러난 것처럼 여전히 심각한 결함을 안고 있다.

그렇게 긴 시간에 걸쳐 이런 노선에 따라 위험 관리를 발전시키는 것은 휴머니즘을 회복하고 사회를 민주화하려는 역사적 추세의 연장으로 볼 수 있다. 내가 여기서 언급한 위험들은 절박한 요구로 둘러싸인 세상에 사는 우리의 경제적 진보에 내재된 것이기 때문에, 아마도 쉽게 사라지지는 않을 것이다. 그리고 모든 재해를 예방할 수도 없다. 그러나 사람들을 식별하고 추적할 수 있는 능력과 정보통신 기술을 활용하고, 훨씬 더 복잡하고 장기적인 계약을 맺고 이행한다면, 인간 복지에 미치는 재앙의 영향을 계속 줄여갈 수 있을 것이다.

9장

미래에 대한 단상

by 로버트 M. 솔로

로버트 M. 솔로 Robert M. Solow(1924~)

MIT 경제학과 명예교수. 통계학과 확률 모델에 천착했던 그는 폴 새뮤얼슨과 약 40여 년을 함께 연구하며 경제 성장론의 하나인 '턴파이크의 정리'를 비롯한 다수의 이론을 발표했다. 이렇듯 경제 성장론 분야에 탁월한 업적을 남긴 것을 인정받아 1961년 존 베이츠 클라크 메달을 받았고, 1987년에는 노벨경제학상을 수상하기도 했다. 저서로 《선형 계획과 경제 분석Linear Programming and Economic analysis》, 《자본 이론과 수익률Capital theory and the Rate of return》, 《성장이론Growth theory:an expension》 등이 있다.

"세계에서 경제적으로 성공한 개발국은 19세기와 20세기
의 산업 국가보다 더 빠르게 성장할 것이다."

100년은 아주 긴 시간이다. 진화론적 시간 척도에서야 그렇지 않겠지만, 적어도 경제적으로는 그렇다. 1910년 미국의 1인당 실질 국민소득은 아마도 2010년 실질 국민소득의 19.2퍼센트였을 것이라는 것이 일반적인 추산이다. 그렇다면 연평균 1.66퍼센트의 성장률을 보인 셈이다. 사실 1910년에는 '국민 계정'이란 개념도 없었다. 그러니 그런 수치도 믿을 만한 것이 못된다. 게다가 수치의 추상성을 삶의 경험이나 '생활수준'을 비교할 수 있는 자료로 환원한다는 발상도 미덥지 않다.

하지만 2010년 1인당 실질 국민소득이 4만 3,000달러라고 하면 뭔가 느낌이 온다. 그것으로 무엇을 할 수 있고, 무엇을 할 수 없는지 우리는 대충 알고 있다. 그에 비해 (고정 가격으로) 1인당 8,300달러라는 1910년의 평균은 내용이 모호할 뿐 아니라 정확하지도 않다. 2010년 생활수준의 세부적 특징은 대부분 1910년에는 있지도 않았고, 생각할

수도 없는 것들이었다. 심지어 1910년의 사과는 2010년에 같은 이름
으로 유통되는 과일과는 사뭇 달랐을 것이다. 1910년에 누군가가 실질
적 GDP의 성장률을 훌륭하게 추측했다 해도 한 세기 뒤에 경제생활
이 어떨지를 무슨 재주로 이해할 수 있었겠는가? 모른다는 말이 정답
일 것이다.

　그렇다고 이것이 나름대로 견해를 가지고 대답하지도 못한다는 말
은 아니다. 그보다는 어떤 대답이든 확정적일 수 없다는 것이 정확한
표현일 것이다. 립 밴 윙클 주니어Rip van Winkle Jr.(미국 작가 워싱턴 어빙
의 단편소설 주인공의 이름. 소설에서 게으름뱅이 립은 술을 훔쳐 마시고 잠
이 들었는데 깨어나보니 20년이 흘러 있었다-옮긴이)가 1910년에 잠이 들
어 2010년에 깨어난다면 기절초풍하고 당황하겠지만, 그래도 눈앞에
펼쳐진 사람들의 생활은 인정할 수밖에 없을 것이다. 립 밴 윙클 3세의
경험도 크게 다르지는 않을 것이다.

더욱 힘겨운 앞으로의 100년

앞으로 100년은 질적으로 어렵다. 물론 본질적인 양적 문제도 있다.
1에서 시작하여 100년 동안 연평균 1.2퍼센트씩 성장하는 어떤 것이
있다면, 한 세기가 끝날 무렵에는 3.30이 될 것이다. 1.2퍼센트가 아
니라 한 해에 1.6퍼센트씩 성장한다면, 100년 뒤에는 절반 정도 더 커

져 4.89가 될 것이다. 이 어떤 것을 생산성이나 총 요소 생산성이나 심지어 1인당 소득이라고 생각해보자. 1.2와 1.6의 격차는 성장률로서는 얼마든지 있을 수 있는 범위다. 사실 나는 마지막 지점에서 더 극적인 차이를 확연하게 드러내는 더 넓은 격차를 보여줄 수도 있었다. 그러나 다음 100년 동안 생산성 증가에 대한 예측으로 그런 격차에서 이런 수치가 아닌 저런 수치를 진지하게 주장할 수 있는 사람은 아무도 없을 것이다. 추측한다고 문제가 될 것까지는 없겠지만, 추측은 추측일 뿐 논리적인 주장은 될 수 없다. 그런 예측을 정당화할 수 있는 것이 있다면, 추측이 잘못되었다는 것을 알 수 있을 때까지 살 수 없다는 사실뿐이다. 하지만 그런 것을 두고 정당화라고 할 수는 없는 노릇 아니겠는가.

그럼에도 불구하고 나는 좀 더 길게 추측하려 한다. 물론 나 자신이 그 이상의 의문을 제기하겠지만 말이다. 현재 미국의 중간가계소득은 6만 달러가 조금 못된다. 2113년에는 얼마쯤 될까? 고정물가로 네 배쯤 될까?(1910년부터 2010년까지 미국의 1인당 GDP는 거의 다섯 배 증가했다. 현시점에서 평균이나 심지어 중간값은 큰 의미가 없어 보인다. 그리고 사람들은 분배에 관해 더 많은 것을 알고 싶어 하지만, 그 문제는 생각하지 않는 편이 좋을 것이다). 물론이다. 얼마든지 생각해볼 수 있는 수치라고 나는 생각한다.

확실하게 잘라 말할 수는 없겠지만 현재 미국의 정치적 담론의 수준으로 평한다면, 연간소득 25만 달러 정도면 중산층 중에서도 최고 수준이라고 말할 수 있을 것이다. 이를 두고 터무니없는 수치라고 웃을 사람은 없을 것 같다. 왜 지금부터 한 세기 뒤에 중산층 가정이 오늘날 최고 수준의 중산층 정도가 누리는 생활수준을 성취하고 즐길 수 없단 말인가?

이런 문제를 생각할 때는 소비자 지출이 물질적인 재화에서 벗어나 서비스 쪽으로 꾸준히 이동한다는 사실을 명심해야 한다. 1960년에 모든 (명목상의) 소비자 지출 중 서비스로 나간 지출은 47퍼센트였지만, 2009년에는 68퍼센트로 올랐다. 1910년과 대조해보면, 더 극명한 차이를 보인다. 그런 변화는 계속될 것이다. 의료 서비스 분야는 복잡하고 여전히 해결되지 않은 문제가 많지만, 교육, 자기 관리, 여행, 레크리에이션, 금융 서비스 등의 분야에서는 수요의 고소득 탄력성(고소득의 변화에 대한 수요의 변화 반응 정도-옮긴이)이 강하게 나타날 것으로 예상된다. 그렇다고는 해도 서비스로의 이동 속도는 매우 불확실할 수밖에 없다. 소득이 증가할 여력이 충분하고 선호도와 기술이 변화할 가능성이 크기 때문이다.

일하는 시간

소비 패턴의 의미도 중요하지만, 일과 여가의 변화가 매우 불확실하다는 점도 소홀히 할 수 없는 문제다. 미국에서 풀타임 근로자의 연간 평균 노동 시간은 20세기 전반기 내내 서서히 줄어들었지만, 그 하강

세가 아주 뚜렷하지는 않았다. 그러다 40~50년 전에 그런 하강 추세는 크게 둔화되거나 아예 사라진 것처럼 보였다.

요즘 미국인들(그리고 일본인과 한국인들)은 유럽의 고소득 국가에 비해 연간 근무 시간이 길다. 미국의 평균 연간 근무 시간은 프랑스나 독일보다 4분의 1 정도 더 길다. 이렇게 차이가 나는 원인에 대해서는 의견이 분분하다.

자주 접할 수 있는 한 가지 견해는 문화적 차이 때문이라는 주장이다. 미국인들은 출세 지향적이다. 소비주의 사회에서 출세는 돈을 더 많이 벌어, 더 많이 쓰는 것을 의미한다. 유럽인들은 미국인들에 비해 물질에 대한 관심이 비교적 적고, 대신 여가에 관심이 많은 편이다(여가를 잘 활용하려면 아주 많은 물질이 필요하다는 사실을 그들은 가끔 잊는다). 생산성 증가로 어떤 선택을 해야 할 때, 미국인들은 일반적으로 더 많은 재화를 택하는 반면 유럽인들은 주로 짧은 근무 시간과 긴 휴가를 택한다.

다른 견해는 최저 근무 시간에서 비롯되는 소득에 대한 총 세율이 미국보다 유럽이 크게 높기 때문이라는 설명이다. 선호도나 사회적 규범에서 큰 차이가 없어도, 세금에 대한 인식 때문인지 유럽인들은 아무래도 미국인들보다 더 적게 일하게 된다는 것이다.

아마도 두 가지 주장이 모두 맞을지 모른다. 내가 알아낸 사실이지만, 미국 사람들은 소득이 크게 증가하면 연간 근무 시간이 짧아지리라고 생각한다. 은퇴 연령이 올라가면 특히 그렇다. 적어도 1910년과 요

즘의 차이만큼 줄어들 것이라고 보통 생각한다. 그러나 그렇게 추측할
만한 확실한 근거는 어디에도 없다.

그렇다면 실질 자본 단위인 '기계'의 연간 근무 시간은 어떤가? 이
역시 정해진 답은 없다. 우선 단순하게 노동력의 규모가 일정하다고 가
정하자. 그러면 연평균 근무 시간의 감소와 총 근무 시간의 감소 비율
은 같을 것이다. 자본 집약도(시간당 기계의 총 작업량/시간당 노동의 총
작업량)의 관점에서 생각해보자. 기계의 자본금은 '전체 기계의 작업
시간/기계당 평균 작업 시간'으로 정해진다. 극단적으로 생각하여 기
계당 평균 작업 시간이 일정하고 모든 기계가 일 년 내내 쉬지 않고 가
동된다고 하면, 필요한 자본금도 역시 떨어질 것이다. 하지만 기계의
연간 작업 기간이 노동의 연간 작업 시간과 함께 떨어진다고 가정한다
면(예를 들어 내가 일할 때만 '내' 기계가 가동된다면), 필요한 자본금은 변
하지 않을 것이다. 물론 그 양극단 사이에 있는 경우도 얼마든지 생각
해볼 수 있다.

논리적으로나 물리적으로 어떤 기계의 연간 작업 시간이 증가하지
않을 이유가 없더라도, 이 정도는 얼마든지 있을 수 있는 자연스러운
범위라고 생각한다. 그러나 다음 세기에 여가가 늘어나면, (근로자 1인
당) 자본금이 줄어들 것이고 (근로자 1인당) 총 투자액이 줄어들어 GDP
에서 소비의 몫이 커질 가능성이 대단히 커진다. 물론 이런 경향은 자
본 집약도와 심지어 서비스 분야의 계속되는 확장으로 상쇄될 것이 거
의 틀림없다.

다른 방향으로 생각해볼 수도 있다. 여가 활동이 특별히 자본 집약적일까(예를 들어 고급 호텔, 거대한 유람선) 아니면 그 반대일까(예를 들어 화초 가꾸기, 시 읽기)? 이런 문제에 확고한 의견을 가진 경제학자를 알려주면, 나는 '무모한 경제학자daredevil economist'라는 모순어법으로 응수할 것이다.

기후, 환경, 자원의 미래

이미 선진화된 세계만 염두에 둔다고 해도 고려해야 할 더 큰 잠재적 불확실성이 있다. 100년은 지구 온난화의 영향이 경제 성장에 제한적으로 어쩌면 극적으로 제동을 걸 수 있을 만큼 아주 긴 시간이다. 이 정도 시간이면 예측 모델 자체가 불확실하다. 게다가 정책이 어떻게 반응할지 또는 그런 반응이 측정된 산출량과 소득에 어떤 영향을 줄지도 전혀 짐작할 수 없다. 지금으로서는 아무것도 알 수 없다고 말해야 할 것이다. 그러나 한 세기에 걸쳐 기후 관련 사건이 전개되면, 지금과는 다른 정책적 대응이 나와야 할 것이다.

기후 변화와는 별도로 공기, 물, 토지 사용, 도시의 거주 적합성에 대한 환경적 영향을 유발하는 여러 요인들이 스스로 모습을 드러내어 경제생활의 변화를 유도할지 모른다. 재생할 수 없는 천연자원을 계속해서 사용할 뿐 아니라 그 사용량을 늘려간다면, 사실상의 소진이나 가격의 급격한 상승을 일으킬 수 있다. 어느 쪽이든 둘 다 한 세기 동안의 성장 전망을 바꿀 것이다.

목표가 먼 훗날을 내다보는 것이라면, 간단한 추정도 쉽지 않을 것이다. 그렇게 생각하는 한 가지 근거는 서비스 형태의 변화 때문이다. 편하게 생각해서 '대부분'의 서비스가 물적 자본과 자원 생산품이 아닌 인적 자본을 대신하리라고 주장할 수 있다('대부분'이라는 단어를 끼워넣은 이유는 실력이 뛰어나고 온갖 종류의 자본이 집약된 내 주치의에게 내일 예약을 해두었기 때문이다!). 세상이 점점 믿을 수 없이 변해가도 사과나무 한 그루를 심기로 마음먹는다면, 투입 산출표input-output table는 크게 바뀔 수 있을 것이다. 생산은 빈약한 자원 기반과 환경의 폐기물 처리 능력에 대한 압력을 줄여줄 것이다.

불평등을 낳는 시장의 힘

갈수록 심화되는 미국의 소득 불평등에 대한 이야기(그것이 단지 이야기일 뿐이라면)는 1970년대로 거슬러 올라간다. 불평등이 계속 심화될 확률은 그 배경을 이루었던 경제적·사회적 원인이 무엇이냐에 따라 달라진다. 소득불평등은 금융 부문의 성장에서 비롯된, 성공을 하든 실패를 하든 똑같이 엄청난 대가를 지불해야 하는 자체 속성의 부산물인가? 아니면 노동과 인적 자본과 유형 자본과 기업 정신에 대한 적절한 보상에 내재된 기본적인 시장의 성향과 어떤 관계가 있을까? 있을 수 있는 다른 영향, 가령 국제 무역, 이주, 노동조합의 부패, 교육 기회의 분배 등은 여기서 언급하지 않겠다. 이런 것들은 어려운 문제이고, 미래에 대한 추측과 그에 따른 적절한 정책적 대응은 이런 질문에 어떤 대답을 하느냐에 따라 달라지니 말이다.

여기서는 두 번째 가능성, 즉 노동과 자본의 보상 변화에 초점을 맞추어 설명하겠다. 그것이 옳다고 확신해서가 아니라 경제학자들에게는 그쪽이 더 익숙하기 때문이다.

중요하고 근본적인 어떤 일이 일어나리라는 것은 분명하다. 예전에 우리는 자본과 노동을 사이에 두고 소득을 나누는 방식에 어느 정도 일정한 비율이 있다고 생각했다. 그러나 1960년대 이후로 그 비율은 균형을 잃어 근로 소득을 경시하는 경향이 뚜렷해졌다. 우리는 그것을 두 가지 다른 시점에서 볼 수 있다.

첫째, 1960년대 이후로 비농업 부문에서 노동에 대한 실질적 보상은 생산성에 크게 못 미쳤다. 시간당 산출량은 2.82배 상승한 데 비해 급여 외 혜택을 포함한 시간당 실질 보상은 겨우 1.94배 올랐을 뿐이다. 둘째, 전혀 다른 수치들을 통해 보면 근로 보상이 1960년의 모든 명목상 개인 소득의 72.1퍼센트였다는 사실을 알 수 있다. 그러나 2009년에는 63.7퍼센트로 줄었다.

어느 쪽이든 언뜻 보면 대수롭지 않은 변화처럼 느껴질 수도 있다. 그러나 과거의 기준으로 보면 이는 대단한 드라마다. 만약 1960년의 비율이 2010년에 그대로 적용되었다면, 실제로는 다른 형태의 소득으로 빠져나간 소득 중 대략 1조 달러가 근로 소득 쪽으로 갔을 것이다.

양쪽의 어떤 수치도 우리가 알고 싶어 하는 것을 정확히 알려주지는 않는다. 그러나 유형 자본 투자에 대한 소득이든, 기업 정신에 대한 보상이든, 독점 이윤이나 그 밖의 다른 어떤 것이든, 불로소득이 근로 소득을 희생해서 이익을 얻는다는 사실에는 변함이 없다(근로 소득에는 인적 자원에 대한 보상이 대부분 다 포함된다). 어찌 됐든 이것은 복잡한 시장의 힘이 낳은 결과다.

이런 경향이 미래에도 계속될 것으로 예상하는가? 그러려면 '시장의 힘'에 관해 좀 더 알아야 한다. 바람직한 시장의 힘에는 다음 몇 가지가 포함된다.

- 경제 전반의 자본 집약도가 증가하면서 노동을 자본으로 쉽게 대체할 수 있는 변화
- 신기술의 성격 변화
- 전체 산출량의 산업적 구성 변화
- 독점력의 분배와 크기 변화
- 노조의 쇠퇴
- 정치 세력의 균형 같은 제도적 변화

다음 100년 동안 이런 추세가 계속된다면 그에 따른 파급효과를 생

각하는 것도 재미있을 것 같다. 근본적인 원인이 전체 산출량의 구성과 기술의 성격에 있다면, 근로 소득이 줄어드는 변화는 되돌리기 어려울 것이다. 우리는 규모가 큰 소득 재분배에는 익숙하지 않다. 그리고 이런 일이 더 크게 일어날 것 같지도 않다. 그 결과 아마도 인간 노동으로 발생해야 할 소득의 몫이 무자비하게 줄어들면서 불평등이 심화되는 현상이 나타날 가능성을 생각해볼 수 있다(물론 절대 임금은 계속 오를 수 있다).

이런 이야기를 하다 보면, 로봇 생산을 비롯한 모든 생산 업무를 로봇이 도맡아 하고 무산 계급들은 공장 밖에서 우두커니 안을 들여다보는 소름끼치는 장면이 떠오른다. 잊을 만하면 툭하고 나타나는 반복적인 악몽이다.

아무런 증거도 없이 특정 경향을 끝까지 밀어붙이면, 그렇게 될 수도 있다. 그러나 비교적 온건한 추측이라 해도 대응은 있어야 할 것 같다. 그 대응은 자본의 민주화라는 형태를 띨 것이다. 즉 전체적으로 보아 임금 소득이 위축되면서 보통 사람들은 자본에서 소득을 더 많이 끌어오게 된다. 자본의 일부는 (예를 들어 적립된 연금처럼) 자신의 저축에서 가져와야 할 것이고, 또 일부는 (상호 기금의 형태로) 국가가 그들을 위해 비축해놓은 자본에서 가져와야 할 것이다. 물론 이는 어디까지나 꿈일 뿐이다. 현실은 보다 '현실적'일 것이다.

나머지 세계의 이야기

내가 지금까지 말한 것들은 모두 부유한 선진국 이야기였다. 그러나 물론 전 세계 인구의 대부분은 다른 곳, 즉 가난한 나라나 신흥 경제국에 산다. 그들이 알고 싶어 하는 것은 유형이 조금 다른 이야기들이다. 경제가 정체되지는 않을까? 정체되지 않는다면 정해진 역사적 패턴에 따라 탈산업화 이전의 산업화 단계를 밟게 될까? 아니면 부유한 나라의 선례를 본보기로 삼아 훨씬 더 짧은 기간에 농업형 사회에서 선진형 사회로 옮겨갈 수 있을가? 개체 발생이 계통 발생을 반복한다는 법칙도 경제에서는 안 통한다. 그럼에도 불구하고 적어도 당분간 일부 신흥 국가들은 노동 집약적인 제조업에서 명백한 비교 우위를 유지할 것이 분명하다.

개발이 이런 형태를 띨 것이라고 기대할 만한 이유는 많다. 어쨌든 개발이 성공한다면 그리고 더 많은 경제가 출현한다면, 제조업과 물질적 재화에 대한 세계의 수요는 분명 빠르게 늘어날 것이다. 소득이 늘어나면 사람들은 집, 가사 용품, 자동차나 다른 개인적 수송 수단 그리고 다양한 공적·사적 재화들을 축적할 것이다. 그런 수요를 만족시키려면, 생산력에 투자해야 한다. 그러한 투자는 대부분 지역적으로 이루어질 것이다.

이때의 기술은 21세기 수준일 것이다. 그래도 문제가 되는 재화는 대부분 크게 복잡하지는 않고 또 저임금·반숙련 노동의 공급이 풍족하기 때문에, (앞선 신흥 경제국가의 경우처럼) 신흥 경제국의 다음 코호트에서는 지역 제조업과 건설 등의 분야가 성장할 가능성이 가장 크다. 이들 산업은 그 이전의 산업화를 규정했던 산업보다 더 정교해질 것이다. 그런 산업들은 글을 읽고 계산을 할 수 있는 능력을 기를 수 있는 자연스러운 훈련 근거를 제공하고, 그렇게 습득된 기술은 과거보다 더 빨리 서비스로 전환될 수 있는 기반을 놓을 것이다.

물론 우리는 인도나 중국 같은 나라에서 시장성이 높은 서비스 부문이 출현하고 있다는 사실을 잘 알고 있다. 그러나 그런 것들은 고용 측면에서 규모가 매우 작기 때문에, 비교 우위의 대대적인 전환을 알리는 신호는 아닌 것 같다. 이런 전환이 현재 선진 경제보다 더 빠른 속도로 이루어진다고 해도 사람들은 놀라지 않을 것이다. 중요한 것은 현재 가난한 나라들이 그들의 교육 체계를 얼마나 능률적으로 얼마나 빨리 정비하느냐 하는 문제이고, 그에 못지않게 중요하고 또 어려운 점은 능력과 실적에 따른 신분 이동을 정착시키는 문제다. 그럴 가능성이 어느 정도인지 나는 알지 못한다. 그렇다고 해서 인도의 뱅갈로르를 기반으로 하는 IT 부문처럼 다른 성공 스토리가 있을 수 있다는 것을 부인하는 것은 아니다. 하지만 그런 일이 쉽게 일어나지는 않을 것이라는 추측이 아마 정확한 이야기일 것이다.

세계 경제의 궤적은 이런 나라들의 성장 속도와 성장의 질적 성격에 좌우될 것이다. 내가 보기에 명백한 문제는 세계의 물 공급과 그 밖의 천연자원, 기후 변화에 대한 기여도, 쾌적한 환경에 대한 그들의 관심 그리고 무엇보다 인구의 증가 속도를 늦추거나 정체시키려는 노력 여부이다.

낙관의 근거

세계에서 경제적으로 성공한 개발국은 19세기와 20세기의 산업 국가보다 더 빠르게 성장할 것이다. 후발 주자는 선진 기술을 따라잡을 수 있고, 이미 부유한 세계의 투자 자본 흐름을 비교적 쉽게 이용할 수 있기 때문에, 성장을 가속화할 수 있는 이점을 갖고 있다. 문제는 정치의 불확실성이다. 내가 통치에는 문외한인 관계로 그런 문제를 장황하게 설명할 수밖에 없었다. 하지만 어렵게 생각할 필요 없다. 국가적 빈곤을 탈피하여 지속적인 경제 성장을 이룩하려면, 장기적인 정책 공약이 필요하다는 것만 알아도 충분하다. 무정부 상태, 폭력, 정치적 연고, 부패 등은 성공적인 궤적의 특징이라고 볼 수 없다.

자원 부족과 환경 압박(특히 기후 변화)도 중요한 문제다. 세계 인구 중 얼마나 많은 사람을 현재 선진국 같은 생활수준으로 부양할 수 있는지 정확히 알 수도 없다. 늘 그랬듯이 그것은 희소성과 신기술 사이의 보이지 않는 경쟁에 달려 있다. 인구와 기술은 적어도 공공 정책의 영향에 일정 부분 구애받지 않는 요소다.

어쨌든 이 정도면 그나마 낙관적인 추측이라고 생각한다. 케인스는 유명한 낙천주의자여서 개발도상국의 환경 압박이나 인구 과잉 같은 문제는 크게 걱정하지 않았다. 그는 소득이 증가하고 근무 시간이 줄어들 가능성에 더 많은 관심을 가졌기 때문에, 보통 사람들이 그들의 여가와 관련된 내용을 보았다면 무척 당황했을 것이다. 나는 "푸시핀 (손가락으로 핀을 튕겨 상대방의 핀을 뛰어넘는 영국 아이들의 놀이-옮긴이)이 시에 못지않게 유용하다"며 쾌락의 양만 따지는 제러미 벤담Jeremy Bentham의 의견에 전적으로 동의하진 않지만, 그렇다고 인류의 미래를 크게 걱정하지도 않는 입장이다.

10장

기후 변화와
인공 차양

by 마틴 L. 와이츠먼

마틴 L. 와이츠먼 Martin L. Weitzman(1942~)

하버드대학교 경제학과 교수. 그는 특히 기후 변화가 경제에 미치는 영향에 대한 연구에 집중하고 있는 세계적인 경제학자다. 세계계량경제학회와 미국예술과학아카데미 정회원으로 선정되기도 한 그는 또한 세계은행, IMF, 환경보호국 Environmental Protection Agency 등에 재직하기도 했다. 저서로는 《수입, 부 그리고 극대 원리Income, Wealth, and the Maximum Principle》가 있다.

"미래에 중대한 사태가 일어나 기온이 크게 올라가고 당장에 전 지구적 재앙이 뒤따를 것처럼 보일 때, 우리의 시선은 어디로 향하게 될까? 인공 차양은 지구의 평균 기온을 순간적으로 떨어뜨릴 수 있는, 현재 생각해볼 수 있는 유일한 선택지다."

현재와 앞으로 1세기 뒤 사이의 심연을 이어주는 자연의 다리가 있다면, 그것은 다름 아닌 기후 변화일 것이다. 지금 여기에 있는 우리로서는 그 다리의 기초를 구상하는 것 외에 달리 할 일이 없어 보인다. 게다가 우리는 그 기초를 색유리를 통해서만 흐릿하게 볼 수 있을 뿐이다. 그래도 멀리 수평선 저쪽에서 뭔가 불길한 일이 벌어지고 있다는 사실만큼은 어렴풋이 느낄 수 있다.

여기서는 기후 변화의 미래를 생각해볼 것이다. 나는 특히 지구 공학이라는 렌즈를 통해 들여다볼 수 있는 인간과 자연의 유대 관계에 초점을 맞출 것이다. 앞으로 탄소를 사용하지 않는 에너지를 지금보다 훨씬 더 싼 비용으로 대량 생산할 수 있는 혁명적인 기술적 약진이 이루어지지 못한다면, 탄소 배출을 크게 감소시킬 수 있는 강제력을 지닌 국제 협약은 생각하기 어려울 것이다. 반대로 기후 변화의 공격을 받고 있다고 생각하는 일부 중진국들은 성층권에 태양광을 반사하는 입자를 살 포하는 지구 공학적인 방법으로 자국과 지구를 보호하려는 유혹을 받 는다. 그 방법에 비용이 훨씬 덜 들기 때문이다. 그런 결합은 두 가지 동시적인 공공재 문제를 일으켜 소위 기후 변화의 쌍둥이 외부효과 딜 레마를 만들어낸다. 이 쌍둥이 외부효과 딜레마와 그에 수반되는 현상 이 미래를 다루는 이 글의 중심 주제다.

솔직히 말해 이런 식으로 미래를 다루는 지적 외도는 공상과학의 영 역에 속한다. 그리고 그 외도는 예측이라기보다 억측에 가깝다. 그것은 현재의 개념에 기반을 두고 있지만, 개념에 따라 논리적으로 유출되는 결정론적 결과는 아니다. 따라서 나로서는 이 예측이 재미있고, 그럴듯 한 공상과학이 되었으면 하고 바랄 뿐이다. 그 말은 현재와 미래의 연 관성을 대범하게 생각하고, 벗어날 수 없는 인간과 자연의 조건에 대해 서도 역시 대범하게 생각해보자는 뜻이다. 나는 또한 이런 설명이 적어 도 즐거운 것이기를 바란다. 그래서 이 글은 주관적 성격이 강하고 모 험적이고 약간 종잡을 수 없는 그리고 대체로 인용의 출처도 밝히지 않 는 대범한 내용이 될 것이다.

이야기의 초점을 지구 공학과 기후 변화 이야기로 좁히면, 케인스의 짤막한 에세이 〈우리 손주 세대의 경제적 가능성〉이 보여주는 관대한 정신을 따라갈 수 있으리라 믿는다. 내가 보기에 케인스는 자신의 주 제가 갖는 광대한 범위를 고려하여 생각의 범위를 무리하게 넓히지 않 은 것 같다. 대신 그는 일을 덜고, 여가를 더 많이 즐기는 것과 관련된 특이한 주제에 일차적인 초점을 맞추었다. 그에게 먼 미래와 관련된 핵심 이슈는 바로 그런 것이었다. 그런 편협성은 아마도 먼 미래에 일어날 수 있는 사건의 범위가 너무 방대하고, 또 그것을 탐구하려다가는 미래의 지도 구석구석까지 뒤져야 할 것 같다는 생각을 떨치기 어려웠기에 선택한, 현명한 전략이었을 것이다.

그래서 나도 그와 비슷한 전략을 택했다. 물론 기후 변화가 지금부터 한 세기 뒤에 우리가 직면할 가장 중요한 이슈라고 주장할 생각은 없다. 오히려 먼 미래를 둘러싼 거대한 위험 요소의 불확실성을 감안할 때, 이런 이슈가 과연 내가 짐작하는 것만큼 중요한 문제가 될지 지금으로서는 확신할 수 없다. 하지만 기후 변화의 경제를 연구한 사람으로서 나는 기후 변화가 지구의 미래에 매우 중요한 요소로 자리 잡을 것이라 생각하고 있으며, 그 의미에 대해 나름대로 몇 가지 두서없는 견해를 갖고 있다는 사실 정도는 말할 수 있다.

인간이 부추기는 전 지구적 변화

일부 학자들은 우리가 지금 살고 있는 지질학적 세世에 '인류세 Anthropocene'라는 새로운 이름을 붙여야만 한다고 강력하게 주장한다. 그런 주장은 지구계earth system의 자연사에서 드디어 인간이 변화의 원동력이 되었고, 심지어 지배적인 추진자가 된 지질학적 세의 한 지점에

도달했다는 사실을 의미한다. 그렇게 인간이 유발하는 변화의 규모는 우리가 종종 빙하시대 같은 거대한 자연의 힘으로 여겼던 현상에 버금가는 수준이다. 인간이 유발하는 변화 중에는 상당 기간 지속되어온 것들도 있다.

70억에 이르는 인간 생물자원은 다른 모든 거대한 동물 종을 합친 생물자원을 초과하며, 실제로 수많은 총체적 동물 문™보다도 더 크다. 1차 생산을 위해 우리가 포집하는 에너지는 매우 큰 규모의 생태계 안에서 이루어진다. 지구의 풍경을 바꾸어가며 찍어놓은 우리의 발자국 수도 이미 헤아릴 수 없을 만큼 많다. 자연사를 통틀어 어떤 단일종도 호모사피엔스만큼 지구라는 행성을 지배할 정도로 그 세력을 키운 적은 없다.

그러나 무엇보다 거대한 지구적 규모에서 인류세라는 개념을 촉발시킨 것은 인간이 유발한 기후 변화의 가능성(실제로는 불가피성)이다. 인간이 배출하여 축적해놓은 온실가스의 위력은 기후를 크게 바꿔놓을 정도이지만, 이런 충격적인 개념을 사람들이 받아들이기까지는 오랜 시간이 걸릴 수 있다는 사실을 나는 경험을 통해 알고 있다. 사실 인간이 그런 규모의 지구적 변화를 부추길 수 있다는 것은 상식에 맞지 않아 보인다. 그래서인지 우리는 인간에 의한 기후 변화의 현실을 받아들이지 못한다.

기후 변화의 적나라한 사실은 대부분의 독자들에게는 익숙한 이야기일 것이다. 따라서 여기서는 이 글의 목적에 어울리는 몇 가지 두드러진 특징만 검토하겠다.

온실가스는 열을 가두어서 지구를 덥힌다. 지금까지 가장 문제가 되고 있는 온실가스는 이산화탄소다. 수억 년에 걸쳐 자연적으로 퇴적되어온 탄소 기반 화석 연료를 대량으로 태움으로써, 인간은 지질학적 시간 규모로도 예기치 못했던 속도로 이산화탄소를 배출하고 있다. 우리는 북극의 빙핵에 갇힌 작은 기포를 측정함으로써 지난 80만 년 동안의 이산화탄소 수준을 정확히 알아낼 수 있었다. 2013년 현재 대기 중의 이산화탄소 농도는 지난 80만 년 동안의 농도 중 가장 높은 수준보다 약 40퍼센트 더 높은 수준을 기록하고 있다. 앞으로 한 세기 동안 이런 정도의 성장률을 이어간다면, 수천만 년 만에 달성했던 최고 수준보다 두세 배 더 높은 이산화탄소 수준에 이를 것이다.

배출이 완전히 멈춘다고 해도 수백 년(심지어 수천 년) 동안 기온과 기후 변화는 대기에 축적된 이산화탄소를 가두어 다시 수백 년(심지어 수천 년) 동안 그 자리를 떠나지 않고 꾸물거리게 만들 것이다. 우리가 지금부터 한 세기 정도 뒤에 어떤 자리에 서 있을지 그리고 그에 따른 결과가 무엇일지 등을 좌우하는 요소는 너무 많은 데다 하나같이 매우 불확실하다. 전망은 대부분 어두워 보인다. 이산화탄소 배출에 관해 별다른 조치가 취해지지 않는다면, 특히 더 그럴 것이다. 이것이 내가 두려워하는 점이다.

이런 시간 순서에는 중요한 딜레마가 있다. 지질학적 기준으로 이런 온실가스 변화는 너무 순간적이고, 그 속도가 전례 없는 수준이다. 다음에 벌어질 사태에는 매우 불확실하고, 확률이 낮고, 영향력이 강한 무서운 결과 등이 포함될 것이다. 그러나 인간의 수명을 생각하면, 수세기에 걸친 변화는 매우 느린 것이어서 그 결과도 지금의 우리와는 별 상관이 없어 보인다. 인간은 천천히 전개되는 재앙을 다룬 경험이 없을뿐더러 그런 재앙을 다룰 만큼 인내심도 많지 않다. 그런 재앙을 크게 의식하지 않기 때문에, 먼 미래의 가상적 문제보다는 당장의 실질적인 문제에만 매달리게 된다. 그래서 지구 온난화와의 싸움은 처음부터 어려울 수밖에 없다. 그 싸움은 지금부터 수백 년에 걸쳐 전개될 사건을 매우 불확실하고 가설적인 사건으로 받아들이도록 설득하는, 전례 없이 어려운 인간 본성과의 싸움이다.

기후 예측의 불확실성

기후 변화가 인간에 미치는 전반적인 영향은 현재까지는 아주 미미하다고 말하는 것이 공정할 것 같다. 아직 기후 변화는 보통 사람들의 생활에 별다른 영향을 주지 않고 있다. 따라서 사람들은 하나의 가설에 불과해 지금으로서는 알 수 없는 그리고 그 영향도 불확실하고 위협이 된다 해도 먼 미래에나 실질적인 위협이 될 그런 어떤 것을 구실삼아 현재의 희생을 강요받는 셈이다. 우리는 지금까지 이런 종류의 경험을 해본 적이 없다. 우리 다음에 올 문명은 먼 미래의 위협을 두고 그런 경험을 하게 될지 모르지만, 적어도 지금 우리는 아니다.

앞서 기후 변화의 파괴적 특성을 잠깐 언급했지만, 온실가스가 계속 누적된다면 얼마나 더 나쁜 일들이 생길지 알 수 없다. 모래사장에 선을 긋고, 이런 일만 생길 수 있고 더 이상 나빠지지는 않을 것이라 말하는 것만큼이나 그 예측이 부질없다는 점이 이런 위험의 본질적 특징이다.

기후 변화의 가장 극단적인 시나리오는 지구에서 누릴 수 있는 모든 복지를 최악의 수준으로 몰고 갈 수 있다고 위협하기 때문에, 전 세계 효용성의 포트폴리오에 미칠 수 있는 잠재적 영향을 따져보면 전혀 생소한 위협으로 간주될 수밖에 없다. 기후 변화에 관한 한 우리의 모든 달걀은 한 바구니에 담겨 있을 뿐, 이런 엄청난 위험을 분산시킬 뾰족한 방법이 없다. 심각한 기후 변화가 가져올 재앙의 범위에 뚜렷한 경계가 없기 때문에, 온실가스가 어느 정도 축적이 되면 한순간에 지구를 파멸시킬 것이란 예측도 얼마든지 일리 있는 것이다.

그러나 그렇게 파괴적인 힘을 가지려면 어느 정도의 온실가스가 축적되어야 하는가? 그 역시 알 수 없다. 확실한 것은 아무것도 없다. 온실가스 농도를 조절하는 방식으로 기후 결과를 조절할 수는 없다. 온실가스 농도를 조절한다 해도 기껏해야 기후 결과의 확률만 조절할 수 있을 뿐이다. 사람들은 온실가스 농도 시나리오에서 기후 변화 예측의 불확실성이 어느 정도인지 이해하지 못한다. 그 때문에 사람들은 "이런 경우에는 어떻게 할 것인가?"라는 질문에 어떤 답을 내놓아도 쉽게 믿지 않고 막연한 불안감을 떨치지 못한다.

기후 변화의 핵심에 있는 거대한 구조적 불확실성이 모두 합쳐질 때 우리는 더욱 난감해진다. 또 한 세기 동안 현재의 속도로 온실가스를 계속 배출할 경우, 그 영향은 인간이 경험할 수 있는 평범한 지질학적 범위를 크게 벗어날 확률이 높기 때문에, 궁극적으로 어떤 돌발사태가 닥칠지 그리고 다음에 어떤 일이 벌어질지 우리로서는 확신할 수가 없다.

기후 변화의 과학과 경제는 커다란 불확실성으로 가득한 빈약한 추리의 사슬로 매우 길게 이어져 있다. 알려지지 않은 온실가스 배출부터 시작해보자. 우리는 어떤 것을 미래의 온실가스 배출에 대한 기준 전망치로 받아들여야 할지 알지 못한다. 그리고 국가들이 이런저런 정책에 동의한다고 해도 세금과 배출권 거래, 배출 기준처럼 적용할 수 있는 정책적 조치가 실제 온실가스 배출에 어떤 영향을 미칠지도 확실히 알지 못한다.

한편 배출된 온실가스가 탄소 순환을 통해 어떤 방식으로 대기에 축적되는지에 대해서도 과학적으로 밝혀진 바가 없다. 온실가스가 대기에 축적되는 궤적을 정확히 파악한다고 해도 온실가스 농도를 언제 어떻게 지구의 평균 기온 변화로 환산할 수 있는지도 알 수 없는 일이다. 또한 전 세계 평균 기온의 변화가 각 지역마다 어떤 구체적인 날씨 변화로 나타날지에 대해서도 아직 제대로 밝혀진 바가 없다. 그런 날씨 유형은 어떤 지구적인 평균치로 포착할 수 있는 것보다 훨씬 더 불확실하다.

게다가 경제적으로 알려지지 않은 요소들이 영향을 미치는 부분들이 있다. 기후 변화로 인한 지역 차원의 피해를 줄이고 조절할 방법이 확실치 않다면, 무슨 재주로 지역에 맞는 '피해함수'를 찾아 지역의 공공 설비와 복지를 재정비한다는 말인가? 기존의 생태계가 바뀌고 파괴되는 문제는 어떻게 다룰 것인가? 지역 공공 설비의 변화를 어떤 방식으로 하나의 세계적 효용함수로 취합하며, 그것의 전반적인 특성을 어떻게 규정할 것인가?

폭포수 같은 이런 불확실성의 눈사태도 기후 변화가 전체 복지에 미치는 영향의 불확실성에 비하면 극히 일부에 지나지 않는다. 지금까지 열거한 것들은 불확실성의 아주 작은 부분일 뿐이다. 지금부터 한 세기 정도 뒤에 나타날 기후 변화는 그동안의 경험으로 추측할 수 있는 영역을 크게 벗어나는 수준이기 때문에, 상상할 수 없을 만큼 매우 끔찍한 사태일 가능성이 크다. 악명 높은 '알려지지 않은 미지의 것들unknown unknowns(도널드 럼스펠드Donald Rumsfeld 전前 미 국방장관이 대량 살상 무기를 핑계 삼아 이라크 침공을 정당화하기 위해 사용했던 수사-옮긴이)'의 역할도 여기서는 간단히 일축할 수 없는 매우 그럴듯한 가설이 된다.

대기에 축적된 과도한 이산화탄소를 자연스럽게 제거할 수 있는 체계를 마련하는 데 드는 시간이 짧다면, 기후 변화의 심각한 구조적 불확실성을 다루는 문제도 크게 단순해질 것이다. 아황산가스나 아산화질소나 미립자 등 공기에 떠다니는 오염 물질의 경우가 그렇다. 이 정도 문제라면, 인내심을 갖고 기다려보는 전략으로도 충분할지 모른다. 최선의 기후 변화 정책이라 해도 언제든 백지화될 수 있기 때문에, 지구가 확률 그래프의 꼬리를 얼마나 오래 끌고 가는지 지켜보면서 방법을 찾아보는 것도 이론적으로는 가능하다. 재앙을 향해 나아가는 것 같다면, 중간에 궤도를 수정할 수도 있다.

애석하게도 기후 변화의 문제에는 늘 성가실 정도로 집요한 양의 축적이 관성처럼 따라붙는다. 대기 중 이산화탄소가 그렇고, 바다가 흡수하는 대기 중 이산화탄소와 열기가 그렇고, 그 밖의 다른 물리적·생물학적 과정이 그렇다. 이런 것들은 사태를 역전시키려는 시도에 느리게 반응한다. 그래서 기후 변화 문제는 변화의 기초가 되는 조건을 의미 있게 역전시킬 만한 시간적 여유를 가지고 시행착오를 통해 배우거나 사태를 되돌릴 수 없다는 것이 그 특징이다.

내가 제시하는 기후 변화에 관한 마지막 배경 이슈는 이런 모든 외부 효과의 모태에 의해 제기되는 대중적 공공재와 관계가 있다. 기후 변화가 헤아릴 수 없을 만큼 거대한 세계적 공공재의 문제라고 해도 그 변화의 영향은 지역에 따라 매우 다르고 일정하지 않다. 일반적으로 가난하고 후진적인 나라일수록 기후 변화의 영향을 가장 심각하게 겪을 확률이 높다. 더욱이 종합적으로 판단할 때, 세계적인 규모에서 탄소 기반의 에너지 기술을 비탄소 기반의 에너지 기술로 바꾸려면, 막대한 비용이 소요될 것이다. 어쩌면 그 비용은 상상을 초월하는 액수일지도 모른다. 그래서 기후 변화와 싸우기 위한 효과적이고 통일된 전략에 대해 국제적인 합의를 이루는 것은 상당히 어려운 과제처럼 보인다.

요점만 말하자면 나는 불행한 결과를 피하기 위해 인류가 시의적절하고 의미 있는 조치를 취할 수 있으리라고 보지 않는 입장이다. 기후 변화가 일상생활에 좋지 않은 영향을 미치는 상황을 실제로 보고 피부로 느낄 때까지는 사람들이 별다른 조치를 취하지 않을 것 같다. 어느 정도가 되어야 기후 변화의 문제점을 느낄 수 있을지, 그때가 언제쯤일지, 그때 어떤 조치를 취할지, 그것이 너무 늦은 조치는 아닐지 등은 모두 불확실하여 단정적으로 대답하기가 까다롭다. 확실하게 예측할 수 있는 한 가지는 '미래 기후 변화의 가상적 위협에 대해 반드시 어떤 조치를 취해야 한다'는 대중의 여론이 고조될 때까지, 기후 문제에 대한 세계적 차원의 진지하고 종합적인 대책은 나오지 않으리라는 사실이다.

이런 비관적인 배경을 깔고, 이제부터는 앞으로 한 세기 정도 이후에 지구 공학적 지구가 야기하는 몇 가지 이슈들을 살펴보려고 한다.

지구 공학의 의미

어떤 의미에서 지구 공학geoengineering이라는 용어는 지구의 자연사에서 인간이 이미 원동자prime mover가 된 인류세의 여러 측면을 반영한다. 지구 공학의 이런 측면은 대체로 우연적인 것으로 다른 목표를 위해 인간이 지구를 대대적인 규모로 변경하는 과정에서 나온 우발적 산물이다.

지구 공학의 다른 의미는 목적을 가진 행동을 암시한다. 목적을 가진 지구 공학은 우리가 이미 지구에 우연히 손을 대어 유해하게 변화시킨 부분을 원상 복귀시키는 것을 목표로 한다.

우리는 이미 본의 아니게 지구에 많은 손질을 가했다. 엄청난 양의 화석 연료를 태웠고, 결국 탄소가 이산화탄소로 바뀌는 과정에서 대기 중의 온실가스 농도가 갑자기 증가하는 부수 현상이 나타났다. 그렇게 보면 지구 온난화도 일종의 지구 공학이다. 그리고 화석 연료를 줄이는 것이 기후 변화에 대한 여러 가지 해결책 중 한 가지라면, 그런 해결책에는 인간이 환경에 미친 영향 못지않게 지구의 상당 부분을 윈드팜 wind farm, 태양열 전지 복합시설, 탄소 포집 및 저장 시설 등으로 바꾸는 계획이 반드시 포함되어야 할 것이다.

굳이 기후 변화를 고려하지 않아도 70억이라는 세계의 인구를 먹여 살릴 농업의 필요성 때문에 전 지구적 규모의 거대한 지구 공학적인 풍경이 필요한 판국이다. 더욱이 70억 세계 인구를 위한 주택과 교통시설과 일자리를 마련하기 위해서라도 대대적인 규모의 지구 공학적 접근은 반드시 필요하다. 이들 전 지구적 규모의 대대적인 공학적 작업은 중국과 인도와 그 밖의 개발도상국들이 더 나은 생활수준을 추구하고, 다가올 세기에 세계 인구가 더욱 증가하면서 크게 확장될 것이다.

간단히 말해 지구 공학은 기후 변화와 상관없이 그동안 인류의 커다란 족적과 함께 우리와 함께해왔고, 앞으로도 무서울 정도로 그 세력을 키워갈 것이다. 기후 변화는 분명 전혀 새로운 차원의 아이디어를 지구 공학으로 끌어들인다. 특히 온실가스를 대량으로 배출하는, 지구에 대한 인간의 우연적인 개입 행위를 원상 복귀시키기 위해 고의적으로 지구에 개입하기로 하는 결단이 필요하다. 나중에는 이런 문제가 더 많이 나올 것이다. 그러나 인간에 의해 지구가 대대적으로 변모했다는 기본적인 개념은 이미 자리를 잡은 상태다.

인간의 개입 행위로 인한 기후 변화 때문이 아니더라도 인간과 자연은 이미 얽힐 대로 얽혀 있어 이제는 떼어놓을 수 없는 하나의 실체가 되었다. 나로서는 새삼스러울 것도 없는 생각이지만, 앞으로 한 세기쯤 뒤에 기후 변화의 공격이 심각한 수준에 이르게 되면, 이런 이슈가 전면으로 크게 부각될 것이다.

일차적인 문제는 인간이 자연을 보호하는 것이 아니라 인간이 자연과 더불어 지혜롭게 공진화coevolution하는 문제일 것이다. 나는 기후 변화의 맥락에서 지구 공학을 논의할 때 이런 주제에 대해 더 많이 생각한다. 공진화 문제는 아주 모호한 데다 너무 조용히 다가왔다. 그리고 이런 아이디어는 기후 변화의 피해를 입지 않은 어떤 특정한 사례에 의해 정착되었다.

과거에 이루어졌던 인간과 자연의 대규모 공진화 사례는 얼마든지 많지만, 여기서는 북아메리카의 톨그래스 대초원Tallgrass Prairie을 그 구체적인 사례로 들겠다. 이 거대한 생태계는 인간이 북아메리카 중서부 대초원 아래에 깔린 놀라울 정도로 풍부한 토양을 농경지로 만드느라 철제 쟁기로 끌어내면서 한 세대도 안 되는 짧은 기간에 거의 완벽하게 파괴되었다. 톨그래스 대초원은 농지 전환을 위해 이쪽 끝에서 저쪽 끝까지 단숨에 파헤쳐졌다. 이 사건은 일종의 패러다임으로 활용할 수 있는 문제라 좀 더 자세하게 살펴볼 필요가 있다.

지금은 세계에서 가장 생산성이 높은 대형 농지이지만, 불과 150년 전만 해도 이곳은 세계에서 가장 크고, 사람의 손이 닿지 않은 평원이었다. 그러나 톨그래스 대초원 생태계는 1만 년 정도가 채 안 된 비교적 최근의 현상으로 밝혀졌다. 농사를 짓는 사람이 오늘날 이 비옥한 아이오와 농지를 단념하게 된다면, 그곳은 여러 단계를 거치는 극상 식생으로 대평원이 아니라 어떤 형태의 숙성한 삼림으로 되돌아갈 것이다. 하지만 일정한 간격을 두고 반복되는 화재 때문에, 북아메리카 중서부에 처음 존재했던 것은 삼림이 아니라 대평원이었다. 아메리카 원주민들이 대규모로 평원에 불을 놓았다는 기록도 남아 있다. 불을 놓은 이유는 대부분 사냥을 위해서였다. 요즘 소위 '사전 입화prescribed burning(특정 지역을 산불로부터 보호하고 토양을 비옥하게 만들기 위해 바람이 없는 날을 골라 미리 방화하는 행위-옮긴이)'는 대평원 복구 프로젝트의 주요 절차다.

그러나 사전 입화가 복구하려는 것은 정확히 무엇인가? 사전 입화는 애초부터 인간이 개입하지 않았던 순수한 의미의 '자연'을 되살리려는 시도가 아니다. 그런 자연은 삼림 극상 생태계일 것이다. 하지만 대평원 복구는 인간의 간섭과 공진화한 생태계를 되찾으려 애쓰고 있다. 그렇다면 톨그래스 대초원 생태계는 '자연적'인가, '인공적'인가? 그것을 복구하는 것은 황무지에 대한 경의인가, 과거에 대한 경의인가? 그렇게 한다고 무엇이 달라지는가?

지금부터 한 세기쯤 뒤에 대규모 기후 변화의 영향을 느끼게 되면, 아마도 톨그래스 대초원 복구 딜레마의 패러다임이 중심 테마로 부상하게 될지 모른다. 그런 패러다임에서 기후 변화 이슈는 자연을 보존하는 인간보다는 자연과 현명하게 공진화하는 인간을 주제로 삼을 것이다.

기후 변화 맥락에서 이런 먼 미래의 딜레마 크기를 좀 더 선명하게 보여주기 위해 나는 확률은 낮지만 영향력이 매우 큰 재앙을 두고 "이런 경우에는 어떻게 할 것인가?"라 묻는 극단적인 사례와, 지금부터 한 세기쯤 뒤에 그에 대한 반응으로 나올 만한 사례를 일부러 골랐다.

최악의 시나리오

인간이 유발하는 기후 변화는 손실에 대해 무한 책임을 져야 하기 때문에 흔한 일이 아니다. 재앙을 막을 수 있는 대비책으로 지구를 공매에 붙일 수 있는 시장은 없다. 그러므로 재앙의 가능성을 줄이기 위해 최악의 시나리오 중에서도 아주 잘못될 수 있는 한 가지 사례를 들겠다.

그런 잠재적 재앙의 예는 탄소 순환의 악성 피드백 요소가 장기간에 걸쳐 다량으로 배출되는 문제와 관련이 있다. 그리고 현재 이런 문제는 일반 순환 모델에서 누락되어 있다. 그래서 기간을 짧게 잡았을 때 정상으로 보일 수 있는 지구 온난화 피드백에서 누락된 몇 가지 중요한 요소들을 개념적으로 보충하는 문제가 큰 관심사로 대두된다. 그중 한 가지는 격리된 탄소가 열에 의해 배출되면서 지구 온난화가 무서운 기세로 증폭될 가능성이다.

한 가지 빠진 요소는 격리된 탄소가 열에 의해 배출되면서 지구 온난화가 어쩌면 무서운 기세로 스스로 증폭될 수 있다는 가능성이다. 현재 툰드라 영구 동토층과 그 밖의 습지 토양에 갇혀 있는 엄청난 양의 온실가스가 바로 그런 사례다. 여기에 갇혀 있는 가스는 대부분 메탄가스로 온실가스 중에서도 특히 위력이 강하다. 거리상으로는 좀 더 멀지만, 훨씬 더 위험하고 실감나는 가능성은 클라스레이트clathrate(포접화합물) 형태로 갇혀 있는 더 거대한 근해의 메탄 침전물이 열로 인해 배출되는 사태다.[1]

수백 년에서 수천 년이란 장구한 세월을 놓고 생각할 때 일어날 수 있는, 매우 작지만 알려지지 않은 가능성이 있다. 대륙붕을 덮고 있는 바닷물의 온도가 조금만 올라가도 이들 근해의 클라스레이트 침전물에서 안정성을 잃은 메탄가스가 대기 속으로 스며들 수 있다는 사실이다. 이때 메탄가스의 양이 어느 정도인지는 정확히 알 수 없지만, 어마어마한 규모일 것은 거의 틀림이 없다. 전문가들은 대부분 메탄 침전물의 탄소당량炭素當量(내용물의 영향을 탄소량으로 환산한 수치-옮긴이)이 다른 모든 화석 연료를 합친 것과 같은 차수次數일 것으로 추산한다.

오랜 기간에 걸쳐 메탄가스의 배출이 증폭되는 과정은 어쩌면 끔찍하고 강력한 양성 피드백 온난화를 촉진시킬 수도 있다. 영구 동토층이 녹고 클라스레이트가 분해될 때 나오는 메탄가스가 매우 빠르게 이산화탄소로 바뀐다 해도 결과는 여전히 우려스럽다. 이 메커니즘은 지질학적 기록으로 수만 년의 세월을 거치는 동안 이산화탄소의 양과 기온이 크게 치솟았던 약 5,500만 년 전의 소위 팔레오세-에오세최고온기Paleocene-Eocene Thermal Maximum, PETM 사건을 일으킨 것으로 추정되는 유력한 용의자 중 하나다.

PETM 기간에 증가한 이산화탄소의 양은 현재 우리가 한 세기 정도의 기간에 화석 연료를 연소할 때 발생하는 이산화탄소의 양과 비슷한 수준이다. PETM 기간에 지구 표면의 평균 온도는 섭씨 5도 정도 올라갔을 것이다. 현재 전개되는 기후 변화 드라마에서 그런 일이 일어난다면, 대륙붕 깊이의 바닷물과 영구 동토층의 느리지만 꾸준한 온난화 현상이 기폭제가 되어 수세기 후에는 그런 큰 메탄가스 배출 사건이 현실화될 것이다. 그런 일은 지금부터 불과 몇 세기 뒤에 발생할 사건으로는 확률이 그다지 높지 않지만, 클라스레이트 피드백과 나쁜 영구 동토층에서 비롯되는 기후 붕괴climate meltdown의 가능성은 수학적 이론의 결과일 뿐 아니라 실질적인 물리적 근거를 갖는 결과다.

재앙의 발단이 될 수 있는 실제 물리적 근거는 이외에도 많다. 더욱이 지질학적으로 온실가스가 순식간에 크게 증가하는 경우는 수천만 년(심지어 수억 년)을 뒤져도 전혀 선례가 없는 데다 아무도 그런 문제를 생각해본 적이 없기 때문에, 기후 결과에서 아주 나쁜 블랙 스완black swan이 될 가능성이 크다.

지금부터 한 세기 정도 뒤에 본격적으로 강력한 피드백을 가진 메탄가스나 이산화탄소가 대량으로 배출되기 시작할 것이라는 논쟁에 대해 한번 생각해보자. 고온 증가로 이어지는 궤적을 따라가면서 이런 공상과학 시나리오를 읽다 보면, 그린란드와 서남극西南極의 빙상氷床이 비교적 빠르게 녹거나 심지어 무너지는(아니면 해류 순환 패턴이 바뀌거나 지구적 차원의 강수 패턴이 크게 바뀌는) 일이 나타나지 않을까 걱정하지 않을 수 없다.

이외에도 위험하고 놀라운 티핑 포인트는 얼마든지 있을 수 있다. 그중 몇몇은 지금으로서는 상상하기조차 어려운 블랙 스완의 성격을 띨 것이다. 그때 우리는 무엇을 어떻게 해야 할까? 기온이 급격히 오르게 되면, 응급책으로라도 지구에 공학적으로 개입하고픈 유혹을 뿌리치기 어렵다. 효과가 훨씬 더디기는 하지만 온실가스 배출을 크게 줄일 수 있는 영구적인 조치를 취하면서 한편으로 이런 응급책을 채택한다면, 일시적으로나마 기온을 좀 더 안전한 수준으로 회복시킬 수 있을 것이다.

인공 차양의 효과와 한계

미국국립과학아카데미는 지구 공학을 "대기 화학에서 변화의 영향과 싸우거나 중화시키기 위해 환경에 가하는 대대적인 공학적 행위와 관련된 선택"이라고 정의했다. 마찬가지로 영국왕립학회도 지구 공학을 "인류가 야기한 기후 변화를 중화시키기 위해 지구 환경에 가하는 대규모의 고의적 조작"으로 정의했다. 지구 공학에는 여러 가지 유형이 있지만, 현재 상승하는 기온 문제에 대한 응급조치로는 한 가지 유형만 있는 것 같다. 즉 반사 입자를 성층권에 쏘아 올려 '인공 차양artificial space sunshade'을 만드는 방식이다. 인공 차양은 규모는 작지만, 중요한 태양 복사 유입을 차단할 수 있다.

따라서 이 글에서는 지구 공학이라는 용어를 특별히 인공 차양을 쏘아 올리는 방식과 동일시하여 사용할 것이다(전문 보고서에서 인공 차양은 '이산화탄소 제거carbon dioxide removal'라는 항목과 대립된 개념으로 '태양 복사 관리solar radiation management'라는 항목으로 분류된다). 다른 유형의 지구 공학도 있지만, 지면이 많지 않기 때문에 여기서는 이 한 가지에 집중하는 것이 더 유용할 것 같다. 따라서 지금부터 말하는 지구 공학은 인공 차양을 의미한다고 생각해도 좋을 것 같다.

인공 차양은 그 자체로 엄청난 어려움과 위험과 딜레마를 만들어내지만, 그 문제는 여기서 자세히 다루지 않겠다. 이런 인공 차양을 기후 변화에 대한 1차 방어선으로 지지하는 사람은 거의 없다. 그러나 인공 차양은 지구 온난화를 다룰 완벽한 포트폴리오에서 비상시 대체 선택으로 중요한 틈새 역할을 훌륭히 해내리라 나는 믿는다. 앞서도 대략 설명했지만, 기후 변화의 영향이 세계적인 경기 침체만큼 심각하고 가시적이고 실감날 정도로 커질 때까지 별다른 조치가 취해지지 않는다면 뒤늦게 후회할 일이 벌어질지 모른다. 게다가 구체적인 유형의 인공 차양 사례를 생각하면, 지금부터 한 세기쯤 뒤에 나타날 수 있는 중요한 이슈를 보다 구체적으로 그려볼 수 있을 것이다. 이것이 또한 이 책의 궁극적인 목적이기도 하다.

지구도 강력한 화산 분출을 통해 성층권으로 아황산가스 선구 물질을 발사하여 일시적인 인공 차양을 자연스레 만들어낸다. 그 결과 아황산가스 주변에 합착된 연무질 입자는 지구로 들어오는 햇빛을 반사시키고, 그렇게 해서 지구 표면의 온도를 빠른 속도로 낮춘다. 수명은 짧지만, 성층권의 연무질은 햇빛을 빠르게 분산시키기 때문에 그 효과가 무척 빠르다(그리고 연무질은 성층권에 있어 아황산가스로 인한 산성비를 만들지 않아서 해롭지도 않다). 최근에 이런 자연적 현상이 일어난 것은 1991년 필리핀의 피나투보산 폭발 때였다. 이 폭발은 그 이듬해 지구 표면 온도를 약 섭씨 0.5도 낮춰 기준 온도로 되돌려놓은 것으로 조사되었다.

과학자들은 이렇게 자연이 개입한 인공 차양 효과를 오래 전부터 잘 알고 있었고, 아울러 우리가 원하기만 하면 이런 과정을 그대로 모방할 수 있으며, 심지어 아황산가스가 주축을 이루는 연무질보다 훨씬 더 효과적인 반사 물질을 대체하여 효과를 개선할 수 있다고 믿었다. 2006년 노벨상 수상자인 화학자 파울 크뤼첸Paul Crutzen은 미래에도 온실가스 배출을 통제하려는 시도는 크게 기대할 만한 수준이 못 될 것이므로(나는 더욱 더 그렇게 생각한다) 불행한 기후 사건을 막는 데 실패할 경우에 대비하여 인간이 개입하는 인공 차양의 역할을 공개적으로 논의해야 한다고 진지하게 제안한 바 있다.[2] 크뤼첸은 인간이 만든 클로로플루오르카본(일명 프레온 가스)에 의한 오존층 손상을 연구하여 노벨상을 받은 인물로 그의 제안은 매우 과학적인 데다 도덕적인 신뢰감까지 느껴졌다.

그 후로 인공 차양에 대한 논의는 부쩍 많아졌다. 이 문제는 이례적으로 많은 논란을 불러일으키는 아이디어다. 되풀이해서 말하지만 인공 차양을 기후 변화에 대한 1차 저지선으로 지지하는 전문가는 거의 없다. 그러나 이 방법이 지구의 온도를 즉시 낮출 수 있는 유일한 조치이며, 가속화되는 기온 상승으로 인한 재앙의 영향을 신속하게 물리칠 수 있는 유일한 방법이라는 사실은 여전히 유효하다.

이에 비해 이산화탄소 배출을 줄이는 문제는 관성으로 인한 지연 기간이 매우 길어서인지 기후 변화에 미치는 효과가 매우 느리다. 그런 조치를 당장 이행한다 해도 이산화탄소 배출이 완전히 중지될 때까지는 어떤 재앙이 나타날지 알 수 없다. 기후와 관련된 국제적 공공재 문제의 심각성과 높은 비용과 불확실성 등을 고려할 때, 기후 변화의 위협이 코앞으로 다가와 가시화될 때까지 세계적 차원의 의미 있는 온실가스 감축 조치가 취해지기는 어려울 것으로 보인다.

인공 차양의 또 다른 특징은 믿어지지 않을 만큼 저렴한 비용이다. 물론 저비용이 좋은 것인지 나쁜 것인지도 논란의 여지는 있다. 사실 이례적으로 비용이 들지 않는다는 사실 때문에, 인공 차양은 기후 변화 문제 자체와 맞먹는 크기의 공공재 악몽으로 탈바꿈하기도 한다. 이 두 가지 쌍둥이 외부효과 딜레마는 앞으로도 지구의 미래를 계속 괴롭힐 것이다.

인공 차양의 문제점은 한두 가지가 아니다. 우선 인공 차양은 비정상적으로 밀도가 높은 이산화탄소 문제를 조금도 경감시키지 못한다. 이 가운데 중요한 것은 빠른 속도로 진행되는 해양의 산성화다. 인공 차양에도 불구하고 산호초를 비롯하여 해양 생태계의 총체적 파괴는 달라지지 않을 것이다. 세계가 이산화탄소 수준을 적절히 줄이지 못한 채 표면 온도를 조금 낮추었다고 안심했다가는 심각한 해양 생물 멸종 사태를 감수해야 할지도 모른다.

인공 차양이 어느 정도 기후에 영향을 미칠 수 있을지는 매우 불확실하다. 컴퓨터 시뮬레이션을 해보면 불확실성을 실감할 수 있다. 시뮬레이션은 당연히 모수화parameterization, 기능군functional form 그리고 전반적인 구조를 바로잡는 작업 등에 의존한다. 지역별 강수량 같은 지역별 날씨 유형을 세부적으로 예측하는 것은 수치로 나타내는 글로벌 기후 모델이 특별히 맥을 못 추는 부분이다. 그래서 반사 입자를 성층권으로 쏘아 올리는 방식으로 지구의 평균 표면 온도를 낮출 수 있다고 확신할 수는 있지만, 지구의 어떤 지역에 언제 무슨 일이 일어날지는 확신하지 못한다. 비평가들에게는 '의도하지 않은 결과의 법칙the law of unintended consequences'이 최상의 법칙이 된다.

강수 유형은 분명히 바뀌되, 아마도 아주 나쁜 쪽으로 바뀔 것이다.

또한 오존층에도 위협이 있을 수 있다. 모델에서 중요한 구조적 요소가 빠진다면, 이것은 인간의 오만이 끔찍한 블랙 스완의 사태를 끌어들인 또 하나의 예가 될 수 있다. 이런 식으로 세상을 바라보게 되면, 치료는 질병보다 나쁘고 아는 것이 병일 확률이 매우 높아져 깊이 생각하지 않는 태도가 정당화될 수 있다.

인공 차양은 완벽하게 작동한다 해도 계속 새로 만들어야 하기 때문에 일시적인 해결책일 수밖에 없다. 아황산가스의 경우 연무질 효과의 지속 기간이 겨우 1년 정도여서 로켓, 풍선, 비행기나 그 밖의 다른 것이 만들어내는 황산염 입자는 계속 성층권에 쌓일 것이다. 이런 특징은 보기에 따라서 좋은 것일 수 있고, 또 나쁜 것일 수 있다. 한편 잠깐 온실효과 배출을 크게 줄이고 나면 언제라도 배출 속도를 늦추거나 심지어 중지시킬 수도 있게 되기를 바랄 것이다(비록 그때 그 체계가 '정상'으로 돌아오리라고 확신할 수 있을지에 대해서는 여러 가지 의견이 있을 수 있지만). 다른 한편으로 성층권에 직접 쏘아 올리는 방법은 중독성이 강한 약물 요법이어서 한번 시작하면 쉽게 멈추기가 어려울 것이다.

인공 차양을 반대하는 사람들은 도덕적 해이의 가능성을 내세운다. 성층권에 반사 입자를 올리는 비용은 어이없을 정도로 싸다. 그런 사실을 대중들이 알게 되면, 인공 차양을 기후 변화에 대한 손쉬운 해결책으로 여기게 될 것이다.

이런 정보가 유포되기만 해도 온실가스 배출에 대한 보다 근본적인 대책을 마련하려는 정치적 의지가 약화될 수 있다. 우선은 이런 선택에 대한 토의 자체를 유보하는 편이 더 나을지도 모른다.

논의가 필요한 때

인공 차양 방식에 대한 찬반 논의는 이 글의 목적이 아니다. 나는 단지 이런 기본적인 이슈에 대해 가장 기본적인 지식을 전달하고 싶었을 뿐이다. 인공 차양 방식은 이미 방대한 자료를 확보했을 정도로 많은 관심을 받았고, 그런 자료들은 온라인에서 쉽게 확인할 수 있다.

현재 기후 변화 문제에 대한 인공 차양 방식의 역할에 대해서는 어느 정도 개략적인 과학적 합의가 형성된 것 같다. 내가 여기서 설명하는 것에 대해 모든 사람들이 동의하는 것은 아니겠지만, 그들도 더 이상 지구 온난화가 진행되기 전에 대략적인 논의의 윤곽을 설정할 필요가 있다는 생각에는 동의할 것이다.

인공 차양은 일반적인 전략에 비해 효과가 크게 뒤떨어지는, 그래서 본래적으로 위험성을 내포한 매우 두려운 발상이다. 그 점은 거의 모든 사람들이 동의하는 부분이다. 또한 온실가스 배출을 크게 줄일 수 있는 일반적인 전략에 비해 인공 차양이 훨씬 싼 방법일 수 있다는 사실에도 역시 거의 모든 사람들이 동의한다.

논란의 여지가 있는 부분은 인공 차양을 지금이나 가까운 미래에 연구하지 않을 경우의 손실 위험downside risk이 조기에 연구를 착수했을 때의 손실 위험보다 큰지, 작은지에 대한 합의가 있는가 하는 점이다. 연구를 해야 한다는 대표적인 주장은 2006년에 파울 크뤼첸이 내놓은 것으로 당시에는 별다른 지지를 받지 못했다. 아마도 당시 과학계의 대다수 학자들은 이 의견에 반대했을 것이다. 그의 주장은 간단하다. 지금까지 온실가스 배출을 줄이려는 조치들은 한심할 정도로 부적절했고, 따라서 그런 조치들로 예견할 수 있는 미래도 한심할 정도로 부적합하다는 것이다.

미래에 중대한 사태가 일어나 기온이 크게 올라가고 당장에 전 지구적 재앙이 뒤따를 것처럼 보일 때, 우리의 시선은 어디로 향하게 될까? 인공 차양은 지구의 평균 기온을 순간적으로 떨어뜨릴 수 있는, 현재 생각해볼 수 있는 유일한 선택지다. 결국 모든 점을 고려할 때, 그런 선택을 하고픈 유혹이 일기 전에 이런 선택에 관해 가능한 한 많은 것을 찾아내어 대비하는 편이 더 낫지 않을까? 지금 당장 인공 차양에 대한 연구에 착수해야 한다는 주장은 너무도 당연한 것이다.

나는 특히 인공 차양이 일종의 불가피성을 그 자체로 내포하고 있다는 사실을 상기시킴으로써 이런 주장을 다시 한 번 강조하고 싶다. 이런 '불가피한 불가피성'은 이 기후 변화의 쌍둥이 외부효과 중 두 번째 공공재에서 비롯되는 것으로 훨씬 소홀히 여겨지는 부분이다.

스콧 배럿Scott Barrett은 특유의 통찰력이 엿보이는 논문 〈지구 공학의 놀라운 경제학The Incredible Economics of Geo-engineering〉에서 인공 차양을 성층권에 올리는 방법이 경제적으로 얼마나 싼지 입증하여 세간의 관심을 끌었다.3 심지어 단호한 입장을 고집하는 중진국도 내부의 반대만 없다면 지구 기온을 빨리 낮춰야 할 때 자체적인 해결책으로 인공 차양을 쏘아 올릴 수 있을 정도다.

이것은 온실가스를 감축하는 기존의 외부효과에 대한 진정한 쌍둥이 외부효과다. 기존의 기후 변화 외부효과는 모든 외부효과의 어머니다. 온실가스를 줄이는 문제는 기후 변화를 최소화하는 공공재에 대한 의미 있는 지구적 동의(국제적인 비준과 승인을 얻은)를 이끌어내기 어려운 데다 비용이 너무 많이 들기 때문이다. 그러나 인공 차양은 모든 외부효과의 아버지라고도 불릴 만하다. 아주 저렴한 비용으로 지구의 평균 기온을 낮출 수 있는 데다 필요할 경우 개별 국가가 일방적으로 시행할 수 있고, 그렇게 해서 다른 많은 나라에 위험한 '부의 공공재public bads'를 부과하기 때문이다.

내친 김에 지구 공학적 지구에 대한 추측을 끝까지 밀고 나가보자. 물론 이 글은 어디까지나 공상과학소설이다. 당연한 일이지만, 이런 일은 여러 가지 이유 때문에 결코 발생하지 않을 것이다.

뚜렷하게 존재하는 몇 가지 기후 변화의 위험이 일반인들에게 실질적인 위험으로 인식될 때까지 세계는 온실가스 배출 제한을 최소한으로만 유지할 것이다. 모든 외부효과의 어머니는 너무 강하다. 탄소를 기반으로 하지 않는 기술은 비용이 많이 들어가는 것 같고, 필요한 수준의 국제적 협조는 적어도 아직까지는 감감무소식이다. 기후 변화의 위험은 가설에 불과하고 먼 훗날의 이야기로 느껴져서 당면한 실질적인 문제와 경쟁하기에는 무리가 있다. 국제적인 맥락에서 사람들에게 달리 생각하고 달리 행동하라고 요구한다면, 이는 인간의 본성을 생각하지 않고 너무 많은 것을 요구하는 처사일 것이다.

애석하지만 내 생각에는 기후 변화의 위기가 구체적으로 드러날 때까지 세계는 별다른 조치 없이 계속 많은 온실가스를 배출하게 될 것이다. 우리는 일종의 맬서스의 덫Malthusian trap에 갇혀 있는 셈이다. 나는 즉각적인 조치 등이 필요할 정도로 분명하고 임박한 기후적 위험이 나타날 때까지 온실가스가 대기 중에 계속 쌓이는 것이 세계의 실질적 균형을 이루는 메커니즘일 것 같아 걱정된다. 어떤 두려운 지구적 사건의 실질적 영향(또는 아마도 실제로 당면한 위협)으로 인해 일반 민초들이 정부에 대해 즉각적인 조치를 취해달라고 성화를 부릴 때까지 모든 외부효과의 어머니는 전 세계가 진지하게 협의하여 마련한 대비책에 저항할 것이다.

기후 변화의 거대한 구조적 불확실성은 기후 위협이 어떤 식으로 정의되든 직접적인 위협이 처음 나타나는 시점을 포함하여 그 후로 오랫동안 일어나는 사건의 시점까지 배출 궤적을 하나로 연결한다. 그렇게 되면 위협에 대한 임계 한도가 인식되었다고 해도 위협은 따로 시간을 정해놓고 오는 것이 아니라 무작위적으로 도착한다는 사실을 깨닫는 쪽에서 불확실성이 더 많이 해결될 것이다. 다시 말해 불확실성은 보통 사람이 즉각적인 조치를 요구할 정도의 큰 기후 변화부터 먼저 정의하고, 그런 다음 기후 변화의 평상시 궤적을 달릴 것이다. 실제로 의미 있는 조치를 취해야 할 시점은 불확실한 궤적이 조치가 필요한 최소한의 충격을 인식하게 만들 때다. 그래서 걱정스럽지만, 직접적인 기후 결과의 궤적이 응급조치 임계값을 넘어서는, 알 수도 없고 불확실한 미래의 그 순간까지 우리는 온실가스를 계속 축적할 것이라고 생각할 수밖에 없다.

바로 이 시점에서 모든 외부효과의 아버지가 효력을 드러낸다. 일방적으로 인공 차양을 설치하는 것은 비용이 아주 저렴하여 기후 변화에 특별히 큰 타격을 입고 당장 국민들을 안심시켜야 할 나라들로서는 외면하기 어려울 것이다. 앞으로 한 세기 동안 기후 변화의 두 쌍둥이 외부효과 사이에 믿을 수 없을 정도의 팽팽한 긴장이 형성될 수 있다는 것이 나의 악몽 같은 시나리오다. 이렇게 되면 미래의 세계는 정말로 잘못된 상황에 처할 수밖에 없을 것이다.

그렇다면 어떻게 해야 할까? 나는 인공 차양이 모든 외부효과의 아버지라는 사실을 빨리 깨달을수록, 좀 더 철저한 대비를 할 수 있다는 사실을 강조하고 싶다. 기후 변화의 두 번째 쌍둥이 외부효과를 무시하는 것은 사려 깊지 못한 행동이며, 있을 수 없는 선택이다.

우선 인공 차양을 다루는 국제적 체제가 절실히 필요하다. 현 단계에서 나중에 어떤 체제가 나타날지 추측한다든가 이런 체제가 나타나야 한다고 주장하는 것은 시기상조다. 그러나 이런 문제와 이슈를 논의할 예비 회담은 당장에라도 열 수 있고, 또 열어야 한다. 궁극적인 목표는 언제 그리고 어떻게 국제 사회가 인공 차양을 효과적으로 사용할지를 결정할 통치 구조와 규정과 법규를 만드는 것이다. 이런 규정과 법규의 성격을 말하기는 아직 이르지만, 그런 체제에 포함될 예비 주제를 발표하는 것은 전혀 이른 일이 아니다.

동시에 우리는 작은 규모로라도 현장 실험을 실시하는 등 인공 차양의 과학에 관해 가능한 한 빨리, 가능한 한 많은 사실을 찾아내야 한다. 도덕적 해이를 이유로 인공 차양을 반대하는 사람들은 이런 접근 방식에 돈이 안 든다는 사실을 대중이 알게 되면, 인류에 의한 기후 변화 문제의 비싼 '해결책'이 외면당할 수 있다고 주장한다. 내 생각은 그 반대다. 국제 사회가 어떤 이유에서든 인공 차양을 고려하고 논의하고 있다는 사실을 사람들이 알게 되면, 그 충격 가치shock value가 기후 변화의 심각성을 부각시켜 사람들에게 경각심을 불러일으킬 것이다. 모든 외부효과의 아버지(인공 차양)가 우리를 궁지로 몰아 그 전망을 심각하게 받아들일 정도가 되면, 그때는 아마도 본격적인 국제적 협상을 벌여 탄소 배출을 제한하는 데 들어가는 높은 비용을 분담하는 문제를 구체적으로 논의하는 등 사람들은 모든 외부효과의 어머니를 극복하기 위해 더 많은 노력을 들이게 될 것이다.

공상과학소설을 마치며

간단히 말해 이 글은 지금부터 한 세기쯤 뒤에 펼쳐질지 모르는 세계의 가장 큰 문제를 다룬 공상과학소설이다. '휴머니티'와 '자연'의 얽히고설킨 대규모 긴장은 그것이 형성되기까지 오랜 시간이 걸렸고, 마침내 21세기 벽두에 이르러서야 인류세라는 이름이 붙으며 그 거대한 크기가 처음으로 뚜렷하게 부각되었다. 아마도 22세기가 시작될 무렵이면, 그 크기는 더욱 확대되고, 그 중요성도 한층 강화될 것으로 보인다. 그때는 자연을 '보존하는' 인간에 관해 남아 있는 어떤 착각도 더 이상 존재하지 않을 것이다. 그때는 인간이 자신의 손으로 영원히 바꿔놓은 자연과 더불어 공진화하는 문제가 실질적인 이슈로 등장할 것이다.

이런 변형을 추진하는 힘은 기후 변화의 쌍둥이 외부효과 사이에 형성되는 긴장이다. 모든 외부효과의 어머니는 세력이 너무 강하기 때문에 제때에 적당한 대처를 하기가 어렵다. 보통사람들은 세계적 공공재의 결말을 하나의 가설로 치부하며 먼 미래의 추상적 이야기라고 판단하여, 그에 대한 가격을 오늘 치르려 하지 않을 것이다. 오히려 다른 격정에 대한 중압감이 탄소 배출의 의미 있는 삭감을 방해할 것이다. 이런 상대적 태만은 기나긴 세월에 걸쳐 대기 중 온실가스가 엄청나게 쌓일 무렵 사태 해결을 위한 즉각적인 조치를 요구하는 등 뚜렷하고 당면한 기후 위험을 사람들이 느낄 때까지 계속될 것이다. 그래서 지구적 사건의 실제 영향이나 당면한 위협을 맞아 당장 안심할 수 있게 조치를 취해달라는 민심이 들끓을 때까지는, 현재의 다소 일상적인 궤적이 계속될 수밖에 없을 것이라고 비관적으로 예측한다. 뿌리 깊고 만성적인 경기 침체처럼 기후 변화가 지구 복지를 위협하는 실체라는 사실을 보통사람들이 실감할 때에라야 비로소 강력한 조치가 진지하게 검토될 것이다.

그런 가시적인 기후 위협 임계값이 언제 처음으로 나타날지는 전혀 감을 잡을 수가 없다. 그것은 믿을 수 없을 정도로 복잡한 무작위적 가변성의 결과다. 그러나 그때가 되면 너무 늦어 효과적인 조치를 취할 수 없을지 모른다. 어떤 경우에든 모든 외부효과의 아버지는 비용이 안 드는 인공 차양을 일방적으로 채택하도록 만들어, 견디기 힘들 정도로 복지를 위협받는 나라들을 유혹할 것이다.

물론 구체적으로 예측하기는 어렵지만, 다음 세기에 개발될 수많은 기술은 이런 악몽 열차를 선로에서 이탈시킬 수 있을 것이다. 그러나 중국과 인도가 위험한 속도로 개발을 계속한다고 가정해보라. 그리고 그들의 성장 동력에 선진화된 라이프 스타일을 맛보고 싶어 하는 다른 저개발국이 합세한다고 가정해보라. 미국과 일본 등 여러 경제적 선진국들이 계속 결정을 미루며 미적거린다고 생각해보라. 그렇다면 우리가 과연 다음 한 세기 동안 탄소 없는 획기적 기술이나, 기적에 의존하여 상황을 타개할 수 있으리라 장담할 수 있겠는가?

나는 이런 음울한 시나리오가 절대 실현되지 않기를 바란다. 그러나 지금으로서는 동시에 최선을 위한 로비 활동을 펼치고, 최악에 대비한 계획을 세워두는 것이 현명한 처사일 것이다. 기후 변화의 쌍둥이 외부 효과 딜레마는 국제 사회가 다음 한 세기에 걸쳐 그것을 위해 발군의 역량을 발휘할 일이 많을 것이라는 사실을 우회적으로 보여준다.

1장_ 권리혁명이 미래를 만든다

1. 자료 출처와 정의는 다음 자료 참조. D. Acemoglu, S. Johnson, J. Robinson, and P. Yared, "Income and Democracy," *American Economic Review* 98 (2008): 808.842. on data sources and definitions. 프리덤 하우스Freedom House와 정체 IV 민주주의 지수는 전혀 민주적이지 않은 상태를 0으로, 완벽하게 민주적인 상태를 1로 하여 표준화했다. 두 표는 모두 국가들의 균형 표본balanced sample을 나타내는 (비가중) 평균이다. 정체 IV는 164개국, 프리덤 하우스는 186개국을 대상으로 삼았다. 독립되기 전의 식민지는 모두 0이다. 분리된 국가는 분리 이전의 통합 국가의 점수를 배당했다.

2. W. Lippmann, *Public Opinion* (New York: Free Press, 1965), 195.

3. T. Fujiwara, "Voting Technology, Political Responsiveness, and Infant Health: Evidence from Brazil" (PhD diss., University of British Columbia, 2010).

4. 1인당 GDP 표는 앵거스 매디슨Angus Maddison 역사 자료 세트 http://www.ggdc.nl/maddison/에서 가져왔다. 1인당 세계 GDP는 144개국의 균형 패널을 나타내는 1인당 GDP의 인구 가중 평균으로 표본의 앞부분에 대해서는 여러 다른 지역의 1인당 GDP를 나타낸 매디슨의 추정치를 사용했다. 표3과 표11에서도 같은 자료가 사용되었다.

5. D. Acemoglu, S. Johnson, and J. Robinson, "Reversal of Fortune: Geography and Institutions in the Making of the Modern World Income Distribution," *Quarterly Journal of Economics* 117 (2002): 1231-1294.

6. D. Autor, F. Levy, and R. Murnane, "The Skill Content of Recent Technological Change: An Empirical Exploration," *Quarterly Journal of Economics* 118 (2003): 1279-1334, and Acemoglu and Autor, "Skills, Tasks and Technologies: Implications for Employment Earnings" in O. Ashenfelter and D. Card (eds.), *The Handbook of Labor Economics*, vol. 4b, Elsevier,

Amsterdam, 1043-1171.

7. 다음 자료 참조. Acemoglu and Autor, "Skills, Tasks and Technologies." 표4 와 표5는 모두 16세부터 64세까지의 풀타임 남녀 근로자의 주당 수입을 나타 낸다. 표4는 March Current Population Surveys(CPS)의 자료를 활용했다. 이 들 백분위는 CPS 가중치를 사용한 것으로 추산되며, 임금은 개인 소비 지출 물가지수personal consumption expenditure deflator를 사용하여 실질 임금으로 바꾸었 다. 표5는 1970년과 2008년의 풀타임 근로자에 대한 인구조사Census와 미국 지역사회조사Census and American Community Survey, ACS의 표본을 사용했다. 백분위는 Census/ACS 가중치를 사용하여 주당 실질 임금을 추산했다.

8. 출처는 다음 자료 참조. D. Acemoglu and S. Johnson, S 2007, "Disease and Development: The Effect of Life Expectancy on Economic Growth," *Journal of Political Economy* 115: 925-985. 표의 수치들은 결측치를 성장률 상수를 사용 하여 보완한 비가중 평균이다.

9. 표7은 세계의 GDP 대비 수출입 비율을 보여준다. 1870년부터 1939년까 지의 자료는 다음이 출처다. A. Estevadeordal, B. Frantz, and A. Taylor, "The Rise and Fall of World Trade, 1870-1939," *Quarterly Journal of Economics* 118 (2003): 359-407. 1945년 이후의 자료는 다음이 출처다. IMF International Financial Statistics: http://elibrary-data.imf.org/. 수출가와 수입가는 IMF가 제공한 지수를 사용하여 고정달러로 환산했고, 매디슨에서 가져온 세계 GDP 표는 GDP 대비 무역비를 산출하는 데 사용되었다.

10. 이 표는 B. Lacina and N. Gleditsch, "Monitoring Trends in Global Combat: A New Dataset of Battle Deaths," *European Journal of Population* 21(2005): 145-166에서 가져온 PRIO-UPSALA 자료 세트의 추정치 중 가장 좋은 것을 사용하여 작성한 것이다. 국제전 사망자 수는 둘 이상의 국가 사이의 분쟁에 서 기록된 것들이다. 내란으로 인한 사망자 수는 국경 내에서 정부군과 비정 부군(내란) 또는 비정부군끼리의 전투에서 기록된 것들이다.

11. 스티븐 핑커도 이런 추세를 강조했다. 다음 자료 참조. S. Pinker, *The Better Angels of Our Nature: Why Violence Has Declined*(New York: Viking Press, 2011).

12. 살인율은 WHO의 사망 원인 자료 세트인 http://www.who.int/healthinfo/ statistics/mortality/en/ index.html를 바탕으로 작성했다. WHO는 서유럽 16

개국, 미국, 캐나다, 뉴질랜드, 호주에 대한 정부 보고서를 인용하여 살인율
(전쟁 희생자 제외)을 보고한다. 8가지 관측 자료의 결측치는 성장률 상수를 사
용하여 보완했고, 살인율의 지역적 추세는 총 1,120가지 관측 자료 중 39가지
관측 자료를 사용하여 작성한 추정치다.

13. http://www.who.int/healthinfo/statistics/mortality/en/index.html에서 가져
온 UN 인구 추계推計.

14. 일용품 가격의 출처는 다음과 같다. the U.S. Geological Survey, http://www.
who.int/healthinfo/statistics/mortality/en/index.html. 모든 가격은 1980년을
100으로 하여 고정달러로 표시했다.

15. D. Acemoglu and J. Robinson, *Why Nations Fail: The Origins of Power,
Prosperity and Poverty*(New York: Crown, 2012).

16. D. Acemoglu, S. Johnson, J. Robinson, and P. Yared, "Income and
Democracy," *American Economic Review* 98 (2008): 808-842.

17. Acemoglu and Robinson, *Why Nations Fail*, chap. 9.

18. D. Acemoglu, P. Aghion, and F. Zilibotti, "Distance to Frontier, Selection, and
Economic Growth," *Journal of the European Economic Association* 4 (2006): 37-74.

19. J. Snyder, *The Myths of Empire: Domestic Politics and International Ambition
Ithaca*, NY: Cornell University Press, 1993).

20. C. Murray, *Coming Apart: The State of White America*, 1960-2010(New York:
Crown 2012).

21. D. Acemoglu, "Directed Technical Change," *Review of Economic Studies* 69
(2002): 781-809.

22. W. Hanlon, "Necessity Is the Mother of Innovation: Input Supplies and
Directed Technical Change," PhD diss., Columbia University, 2011.

23. D. Acemoglu, and J. Linn, "Market Size in Innovation: Theory and Evidence
from the Pharmaceutical Industry," *Quarterly Journal of Economics* 119 (2004):
1049-1090.

24. D. Acemoglu and S. Johnson, "Disease and Development: The Effect of Life
Expectancy on Economic Growth," *Journal of Political Economy* 115 (2007):
925-985.

25. E. Meyersson, "Islamic Rule and the Emancipation of the Poor and Pious," working paper, London School of Economics (2011).

26. 세계의 배출 및 농도는 이산화탄소정보분석센터Carbon Dioxide Information Analysis Center, CDIAC서 가져왔다. 다음 자료 참조. http://cdiac.ornl.gov/trends/emis/overview_2008.html 배출은 이산화탄소 환산 10억 메트릭톤으로 표시했다. 대기 중 이산화탄소 농도는 출처가 두 가지다. 1900-1959년 자료는 남극의 로돔Law Dome 기지의 빙핵에서 측정한 것이고, 1960-2010년 자료는 하와이 마우나로아에서 수집한 공기분사 표본에서 가져왔다.

27. D. Acemoglu, P. Aghion, L. Bursztin, and D. Hemous, "The Environment and Directed Technical Change," *American Economic Review* 102 (2012): 131-166.

3장_ 새로운 부의 조건

1. 이런 어마어마한 액수는 다가오는 세기 동안에 일어날 인플레이션의 슬픈 결과다.

2. David S. Landes, *The Wealth and Poverty of Nations*(New York: Norton, 1998), chap. 21.

3. Boston Consulting Group, "Made (Again) in the USA: The Return of American Manufacturing" (August 2011), http://www.bcg.com/documents/file84471.pdf.

4. "Chile's Economy: Stimulating," *Economist*, February 19, 2009.

5. Christopher Drew, "Why Science Majors Change Their Minds (It's Just So Darn Hard)," *New York Times*, November 4, 2011.

6. Milton Friedman, *Capitalism and Freedom*(Chicago: University of Chicago Press, 1962), chap. 12.

7. Herbert Spencer, "State Tamperings with Money and Banks," in his *Essays: Scientific, Political, and Speculative*(New York: D. Appleton & Co., 1891), 354.

8. "The Darwin Awards: In Search of Smart"(February 22, 2013), http://www.darwinawards.com/.

9. 케인스가 한 말을 공식으로 나타내면 그 차이를 분명히 알 수 있다. "모든 개인 X에 대해, X가 T에 죽는 그런 시간 T가 존재한다." 하지만 그 말은 이렇게 바꿔야 한다. "모든 개인 X에 대해, X가 T(X)에 죽는 그런 시간 T(X)가 존재한다." 케인스의 경구는 전면적인 핵 홀로코스트에 적응되지만, 고맙게도 지금 그 가능성은 희박해 보인다.

10. Robert Frank, *Richistan: A Journey through the American Wealth Boom and the Lives of the New Rich*(New York: Crown, 2007).

11. Mancur Olson, *The Rise and Decline of Nations: Economic Growth, Stagflation, and Social Rigidities*(New Haven, CT: Yale University Press, 1982).

4장_ 부와 자위적 사회

1. http://pewresearch.org/?p=2037/poll-obama-approval-state-of-economy-national-conditions-personal-financial-situation.

2. 존 갤브레이스John Galbraith도 마찬가지로 《풍요한 사회*The Affluent Society, New York: New American Library, 1958*》에서 미국인들이 증가하는 부를 여가의 형태로 즐길 것이라고 말해, 부의 효과를 과대평가했다.

3. R. Solow, "Technical Change and the Aggregate Production Function," *Review of Economics and Statistics* 39, no. 3 (1957): 312-320.

4. Chang-Tai Hsieh and Ralph Ossa, "A Global View of Productivity Growth in China," NBER working paper 16778 (2011).

5. Chinhui Juhn and Simon Potter, "Changes in Labor Force Participation in the United States," *Journal of Economic Perspectives* 20, no. 3 (2006): 27-46.

6. Michael Hout and Caroline Hanley, "The Overworked American Family: Trends and Nontrends in Working Hours, 1968-2001: A Century of Difference," University of California, Berkeley, working paper (2002).

7. Suzanne M. Bianchi, Melissa A. Milkie, Liana C. Sayer, and John P. Robinson,

"Is Anyone Doing the Housework? Trends in the Gender Division of Household Labor," *Social Forces* 79 (2000): 191-228.

8. 같은 기간에 결혼한 남성은 이런 활동에 들이는 시간을 매주 1.5시간에서 겨우 1.9시간으로 늘렸다.

9. Robert J. Barro, "Determinants of Democracy," *Journal of Political Economy* 107 (1999): 158-183.

10. 대런 애쓰모글루, 사이먼 존슨Simon Johnson, 제임스 로빈슨, 피에르 야르드Pierre Yared 등은 "Income and Democracy," *American Economic Review* 98 (2008): 808-842에서 소득의 변화와 민주주의의 변화가 별다른 상관관계가 없다는 사실을 근거로 다른 견해를 제시한다.

11. E. L. Glaeser, G. A. M. Ponzetto, and A. Shleifer, "Why Does Democracy Need Education?" *Journal of Economic Growth* 12, no. 2 (2007): 77-99.

12. Xavier Sala-i-Martin, "The World Distribution of Income (Estimated from Individual Country Distributions)," NBER working paper 8933 (2002).

13. Claudia Goldin and Robert A. Margo, "The Great Compression: The Wage Structure in the United States at Mid-Century," *Quarterly Journal of Economics* 107 (1992): 1-34.

14. Chinhui Juhn and Simon Potter, "Changes in Labor Force Participation in the United States," *Journal of Economic Perspectives* 20, no. 3 (2006): 27-46.

15. David G. Blanchflower and Andrew J. Oswald, "Well-Being over Time in Britain and the USA," *Journal of Public Economics* 88 (2004): 1359-1386.

16. A. Abdulkadiroglu, J. Angrist, S. R. Cohodes, S. Dynarski, J. Fullerton, T. J. Kane, and P. Pathak, *Informing the Debate: Comparing Boston's Charter, Pilot, and Traditional Schools*(Boston: Boston Foundation, 2009).

17. Raj Chetty, John N. Friedman, and Jonah E. Rockoff, "The Long-Term Impacts of Teachers: Teacher Value-Added and Student Outcomes in Adulthood," NBER Working Paper 17699 (2011).

18. Martin Daly, Margo Wilson, and Shawn Vasdev, "Income Inequality and Homicide Rates in Canada and the United States," *Canadian Journal of Criminology* 43, no.2 (2001): 219-236.

19. E. F. P. Luttmer, "Neighbors as Negatives: Relative Earnings and Well-Being," *Quarterly Journal of Economics* 120 (2005): 963-1002.

20. David M. Cutler, Edward L. Glaeser, and Jesse M. Shapiro, "Why Have Americans Become More Obese?" *Journal of Economic Perspectives* 17 (2003): 93-118.

21. Darius Lakdawalla and Tomas Philipson, "The Growth of Obesity and Technological Change: A Theoretical and Empirical Examination," NBER working paper 8946 (2002).

22. http://www.cdc.gov/NCHS/data/hestat/obesity_adult_07_08/obesity_adult_07_08.pdf.

23. L. B. Finer, "Trends in Premarital Sex in the United States, 1954-2003," *Public Health Report* 122, no. 1 (2007): 73-78.

24. Andrew M. Greeley, Robert T. Michael, and Tom W. Smith, "Americans and Their Sexual Partners," *Society* 27 (1990): 36-42.

25. Betsey Stevenson and Justin Wolfers, "Marriage and Divorce: Changes and Their Driving Forces," *Journal of Economic Perspectives* 21, no. 2 (2007): 27-52.

26. John H. Johnson and Christopher J. Mazingo, "The Economic Consequences of Unilateral Divorce for Children," University of Illinois CBA Office of Research working paper 00-0112 (2000).

27. Steven Pinker, *The Better Angels of Our Nature: Why Violence Has Declined*(New York: Viking Press, 2011).

28. Edward L. Glaeser, "The Political Economy of Hatred," *Quarterly Journal of Economics* 120, no. 1 (2005): 45-86.

29. Matthew Gentzkow and Jesse M. Shapiro, "Ideological Segregation Online and Offline," *Quarterly Journal of Economics* 126 (2011): 1799-1839.

30. J. M. Twenge and S. T. Campbell, "Generational Differences in Psychological Traits and Their Impact on the Workplace," *Journal of Managerial Psychology* 29 (2008): 862-877.

31. K. H. Trzesniewski and M. B. Donnellan, "Rethinking 'Generation Me':

A Study of Cohort Effects from 1976 to 2006," *Perspectives in Psychological Science* 5 (2010): 58-75.

32. http://psycnet.apa.org/index.cfm?fa=buy.optionToBuy&id=2011-05681-001.

33. Robert D. Putnam, *Bowling Alone: The Collapse and Revival of American Community*(New York: Simon & Schuster, 2000).

34. Matthew E. Kahn, "The Death Toll from Natural Disasters: The Role of Income, Geography and Institutions," *Review of Economics and Statistics* 87 (2005): 271-284.

35. William Rosen, *Justinian's Flea: Plague, Empire, and the Birth of Europe* (New York: Viking Press, 2007).

36. Werner Troesken, "Typhoid Rates and the Public Acquisition of Private Waterworks, 1880-1920," *Journal of Economic History* 59 (1999): 927-948.

37. Paul R. Ehrlich, *The Population Bomb*(New York: Ballantine Books, 1968).

38. Amartya Sen, *Poverty and Famines: An Essay on Entitlement and Deprivation*(Oxford: Clarendon Press, 1981).

39. Stephen Devereux, "Famine in the Twentieth Century," Institute of Development Studies working paper (2000).

40. Dana Cordell, Jan-Olof Drangert, and Stuart Whit, "The Story of Phosphorus: Global Food Security and Food for Thought," *Global Environmental Change 19*(2009): 292-305.

41. ftp://ftp.bls.gov/pub/special.requests/ce/share/2010/higherincome.txt.

42. http://www.whitehouse.gov/sites/default/files/omb/budget/fy2013/assets/hist03z2.xls.

43. Alberto Alesina and Edward L. Glaeser, *Fighting Poverty in the U.S. and Europe: A World of Difference*(New York: Oxford University Press, 2004).

44. Raquel Fernandez and Dani Rodrik, "Resistance to Reform: Status Quo Bias in the Presence of Individual-Specific Uncertainty," *American Economic Review* 81 (1991): 1146-1155.

45. Paul Romer, "Preferences, Promises, and the Politics of Entitlement," in *Individual and Social Responsibility: Child Care, Education, Medical Care, and*

Long-Term Care in America, ed. Victor T. Fuchs, 195-220 (Chicago: University of Chicago Press, 1996).

46. Edward L. Glaeser, "The Political Economy of Hatred." *Quarterly Journal of Economics* 120, no. 1 (2005): 45-86.

47. Edward L. Glaeser, Joseph Gyourko, and Raven E. Saks, "Why Have Housing Prices Gone Up?" Harvard Institute of Economic Research working paper 2061 (2005).

48. Edward L. Glaeser and Bryce A. Ward, "The Causes and Consequences of Land Use Regulation: Evidence from Greater Boston," *Journal of Urban Economics* 65 (2008): 265-278.

49. Edward L. Glaeser, J. Gyourko, and R. E. Saks, "Why Is Manhattan So Expensive? Regulation and the Rise in House Prices," *Journal of Law and Economics* 48 (2005): 331-370.

50. Marianne Bertrand and Francis Kramarz, "Does Entry Regulation Hinder Job Creation? Evidence from the French Retail Industry," *Quarterly Journal of Economics* 117 (2002): 1369-1414.

5장_ 색다른 위기의 출현

1. S. Almenar Palau, "La recepcion e influencia de Keynes y del keynesianismo en Espana (I): 1919.1936," in *Economía y Economistas Españoles*, vol. 6, ed. E. Fuentes-Quintana, 783.851(Galaxia Gutemberg-Funcas, Madrid, 2001); E. Fuentes Quintana, "John Maynard Keynes en España," *Papeles de Economia Española* 17 (1983): 237-334; J. Velarde Fuertes, "Biblioteca hispana de Marx, Keynes y Schumpeter. Una primera aproximacion," *Papeles de Economía Española* 17 (1983): 374-416; and J. Velarde Fuertes, "Keynes en España," in *La herencia de Keynes*, ed. Rubio de Urquia (Alianza Universidad, Madrid, 1988).

2. 선진국은 인구가 감소하겠고, 신흥국들도 2050년부터는 증가세가 둔화될 것으로 예측된다. 다음 자료 참조. A. Madison, *The World Economy: A Millennial*

Perspective(Paris: OECD, 2001), and United Nations, *World Population Prospects*: The 2006 Revision (New York: United Nations, 2006).

3. T. Hobbes, *Leviathan*(New York: Oxford University Press, 1998).

4. 이 문제에 대해서는 다음 자료 참조. D. M. Cutler, *Are the Benefits of Medicine Worth What We Pay for It?* Syracuse University policy brief 27 (2004) or *Your Money or Your Life*(New York: Oxford University Press, 2004). 다른 시각을 보려면 다음 자료 참조. E. Sheshinski, *The Economic Theory of Annuities*(Princeton, NJ: Princeton University Press, 2008); A. Balaz, A. Bogojevic, and R. Karapandza, "Consequences of Increased Longevity for Wealth, Fertility, and Population Growth," *Physica A* 387 (2008), 543-550; and J. Vijg and J. Campisi, "Puzzles, Promises and a Cure for Ageing," *Nature* 454 (2008): 1065-1071.

5. 경제 성장에 대해서는 다음 자료 참조. R. J. Barro and X. Sala-i-Martin, *Economic Growth*, 2nd ed. (Cambridge, MA: MIT Press, 2003).

6. Q. Schiermeier, J. Tollefson, T. Scully, A. Witza, and O. Morton, "Energy Alternatives: Electricity without Carbon," *Nature* 454 (2008), 816-823.

7. Intergovernmental Panel on Climate Change, *Synthesis Report*(Cambridge: Cambridge University Press, 2001); N. Stern, *The Economics of Climate Change*(Cambridge: Cambridge University Press, 2007); W. Nordhaus, *A Question of Balance*(New Haven, CT: Yale University Press, 2008); H. Llavador, J. Roemer, and J. Silvestre, "A Dynamic Analysis of Human Welfare in a Warming Planet," Cowles discussion paper 1673 (2008).

8. C. Camerer, *Behavioral Game Theory: Experiments in Strategic Interaction*(Princeton, NJ: Princeton University Press, 2003); C. Camerer, G. Loewenstein, and M. Rabin, eds., Advances in *Behavioral Economics*(Princeton, NJ: Princeton University Press, 2004).

9. D. A. Schkade and D. Kahneman, "Does Living in California Make People Happy? A Focusing Illusion in Judgments of Life Satisfaction," *Psychological Science* 9 (1998): 340-346.

10. W. J. Baumol and W. Bowen, *Performing Arts: The Economic Dilemma*

(Cambridge, MA: MIT Press, 1996).

11. 다음 자료 참조. C. M. Tiebout, "A Pure Theory of Local Expenditures," *Journal of Political Economy* 64 (1956): 416-424. 티부 모델에서 개인은 완벽한 정보를 갖고 완벽한 기동성을 발휘하여 자유롭게 자신이 속하게 될 사회를 선택한다. 세금을 낼 능력도 개인에 따라 다양하고 공공 서비스에 대한 평가도 다양하다는 사실을 고려할 때, 사람들은 소속 사회를 자유롭게 넘나들 것이다. 이런 과정을 통해 사람들은 '최적의' 공동체로 분류되고 각자 취향에 따라 지역의 공공재가 안정적으로 공급될 것이다.

12. C. Mann, *1491*(New York: Random House, 2005).

13. D. Warsh, "Frame Tale," *Economic Principals*, (10/11/08), www.economicprincipals.com.

6장_ 미국이 위험하다

1. 시민들의 절반이 가장 부유한 집단의 이익에만 관심 있는 정당을 지지한다는 사실을 어떻게 설명해야 하는가? 내가 보기에 공화당은 인종 차별주의를 교묘히 이용하여 국가대표의 지위를 유지하는 것 같다. 백인 남성 유권자의 정당 지지도의 분포가 나머지 정치 조직에서의 분포와 같다면, 공화당은 절대 선거에서 이기지 못할 것이다. 인종주의가 공화당 세력과 경제 정책에 미치는 영향을 분석하려면 다음 자료 참조. J. Roemer, W. Lee, and K. van der Straeten, *Racism, Xenophobia and Distribution: Multi-Issue Politics in Advanced Democracies*(Cambridge, MA: Harvard University Press and Russell Sage Foundation, 2007). 게다가 정치에서의 금력의 영향은 결코 가볍게 평가할 수 없다. 시민연합(Citizens United)이 연방선거관리위원회(FEC)를 상대로 벌인 소송에 대한 대법원 판결로 그 영향은 더욱 커졌다. 이런 면에서 미국은 유럽과 아주 대조적이다.

2. 실제로 과학자들 중에 기후 회의론자들의 층은 매우 엷어지고 있다. 다음 자료 참조. "The Conversion of a Climate Skeptic," *New York Times*, July 30, 2012, 17.

3. J. Heckman and P. LaFontaine, "The American High School Graduation Rate: Trends and Levels," IZA discussion paper 3216(2007), http://ftp.iza.org/dp3216.pdf.

4. A. Atkinson, T. Piketty, and E. Saez, "Top Incomes in the Long Run of History," *Journal of Economic Literature* 49(2011): 3-71.

5. H. Llavador, J. Roemer, and J. Silvestre, "North-South Convergence and the Allocation of CO2 Emissions," Economics Working Paper 1234 (2010), Department of Economics and Business, Universitat Pompeu Fabra.

7장_ 100년 뒤의 시장

1. Alvin E. Roth, "The Economist as Engineer: Game Theory, Experimental Economics and Computation as Tools of Design Economics," *Econometrica* 70(2002): 1341.1378, and "What Have We Learned from Market Design?" *Economic Journal* 118(2008): 285-310.

2. Alvin E. Roth, "Repugnance as a Constraint on Markets," *Journal of Economic Perspectives* 21, no. 3(2007): 37-58, and Stephen Leider and Alvin E. Roth, "Kidneys for Sale: Who Disapproves, and Why?," *American Journal of Transplantation* 10, no. 5(2010), 1221-1227.

3. John Maynard Keynes, "Economic Possibilities for Our Grandchildren," in *Essays in Persuasion*(New York: Norton, 1930), Leider and Roth, "Kidneys for Sale."

8장_ 다음 세기의 위험과 그 관리법

1. Jared Diamond, *Collapse: How Societies Choose to Fail or Succeed*(New York: Viking, 2005); Charles C. Mann, *1491: New Revelations of the Americas before Columbus*(New York: Vintage Books, 2006).

2. Robert J. Shiller, *Macro Markets: Creating Institutions for Managing Society's*

Largest Economic Risks(New York: Oxford University Press, 1993); *The New Financial Order: Risk in the Twenty-First Century*(Princeton, NJ: Princeton University Press, 2003); and *Finance and the Good Society*(Princeton, NJ: Princeton University Press, 2012).

3. Ray Kurzweil, *The Age of Intelligent Machines*(Cambridge, MA: MIT Press, 1992), and *The Age of Spiritual Machines*(New York: Viking Press, 1999).

4. Émile Durkheim, *De la division du travail social*(Paris: Les Presses Universitaires de France, 1893); Maurice Halbwachs, *La mémoire collective*(Paris: Les Presses Universitaires de France, 1967).

5. 나도 여러 해 전부터 GDP와 연계된 증권을 옹호해왔다. 다음 자료 참조. Shiller, *Macro Markets*. Mark J. Kamstra and Robert J. Shiller, "Trills instead of T Bills: It's Time to Replace Part of Government Debt with Shares in GDP," *Economists' Voice*(2010), http://www.markkamstra.com/papers/Economists-Voice-TrillsInsteadofTBills.pdf. 6. Milton Friedman, Capitalism and Freedom(Chicago: University of Chicago Press, 1963).

6. Milton Friedman, *Capitalism and Freedom*(Chicago: University of Chicago Press, 1963).

7. Paul Kennedy, *The Parliament of Man: The Past, Present and Future of the United Nations*(New York: Vintage, 2007).

8. Shiller, *The New Financial Order*.

9. Richard Lugar, "The Lugar Survey on Proliferation Threats and Responses" (2004), http://mx1.nuclearfiles.com/menu/key-issues/nuclear-weapons/issues/proliferation/fuel-cycle/senate-dot-gov_NPSurvey.pdf. See also Hermes L. Marganos, Kathleen Leslie, Andrew J. Tobin, Mark Adams, Steve Atkins, Nigel Miller, Angus Tucker, Risto Talas, Peter A. Walker, and Paul Culham, "War Risks and Terrorism: Insurance Institute of London Research Study Group Report 258" (London: Insurance Institute of London, 2007), and National Commission on Terrorist Attacks upon the United States, *The 9/11 Commission Report*(New York: Norton, 2004).

10. Howard C. Kunreuther and Erwann O. Michel-Kerjan, "Evaluating the

Effectiveness of Terrorism Risk Financing Solutions," National Bureau of Economic Research working paper 13359(October 2007).

11. Dwight Jaffee, Howard Kunreuther, and Erwann Michel-Kerjan, "Long Term Insurance (LTI) for Addressing Catastrophe Risk," National Bureau of Economic Research working paper w14210(August 2008). See also Howard Kunreuther, Mark V. Pauly, and Stacey McMorrow, *Insurance and Behavioral Economics: Improving Decisions in the Most Misunderstood Industry*(Cambridge: Cambridge University Press, 2013).

12. Shiller, *The New Financial Order.*

13. Norbert Wiener, *Cybernetics, or Control and Communication in the Animal and the Machine*(New York: Wiley, 1948), 36-38.

14. Wassily Leontief, 1983(quoted in Hallak and Caillods, *Educational Planning: The International Dimension*), referring to 3-4.

15. Jeremy Rifkin, *The End of Work: The Decline of the Global Labor Force and the Dawn of the Post-Market Era*(New York: J. P. Tarcher, 1996), 5.

10장_ 기후 변화와 인공 차양

1. 클라스레이트(또는 하이드레이트)는 높은 압력과 저온에서 물 입자에 둘러싸이면 어느 정도 안정적이 되는 메탄 분자다. 메탄 클라스레이트에 대한 자세한 내용은 다음에 인용된 자료를 참조. Natalia Shakhova, Igor Semiletov, Anatoly Salyuk, Vladimir Yusupov, Denis Kosmach, and Örjan Gustafsson, "Extensive Methane Venting to the Atmosphere from Sediments of the East Siberian Arctic Shelf," *Science* 327 (5970): 1246-1250.

2. Paul J. Crutzen, "Albedo Enhancement by Stratospheric Sulfur Injections: A Contribution to Resolve a Policy Dilemma?" *Climate Change* 77 (2006): 211-219.

3. Scott Barrett, "The Incredible Economics of Geoengineering," *Environmental and Resource Economics* 39(2008): 45-54. 아울러 이 논문에 인용된 지구 공학에 관한 참고자료를 참조할 것.

In 100 Years
새로운 부의 시대

2015년 2월 1일 초판 1쇄 발행
2015년 3월 5일 초판 3쇄 발행

지은이 | 로버트 J. 실러 외
기획 | 이그나시오 팔라시오스-후에르타
옮긴이 | 이경남
발행인 | 이원주
책임편집 | 김효선
책임마케팅 | 조용호 이재성

발행처 | (주)시공사
출판등록 | 1989년 5월 10일(제3-248호)
브랜드 | 알키

주소 | 서울특별시 서초구 사임당로 82(우편번호 137-879)
전화 | 편집(02)2046-2864·마케팅(02)2046-2800
팩스 | 편집(02)585-1755·마케팅(02)585-1755
홈페이지 www.sigongsa.com

ISBN 978-89-527-7138-1 03320